★ 21世纪国际共产主义运动研究丛书

余维海　主编

列宁和第二国际理论家的比较研究

关于未来社会实现理论

LIENING HE DIER GUOJI LILUNJIA DE BIJIAO YANJIU
GUANYU WEILAI SHEHUI SHIXIAN LILUN

舒　新◎著

华中师范大学出版社

新出图证（鄂）字 10 号

图书在版编目（CIP）数据

列宁和第二国际理论家的比较研究：关于未来社会实现理论/舒新著．—武汉：华中师范大学出版社，2023.7

（21 世纪国际共产主义运动研究丛书）

ISBN 978-7-5769-0120-7

Ⅰ．①列… Ⅱ．①舒… Ⅲ．①列宁主义—第二国际—研究 Ⅳ．①A821.62

中国国家版本馆 CIP 数据核字（2023）第 076976 号

列宁和第二国际理论家的比较研究
——关于未来社会实现理论
ⓒ 舒新　著

责任编辑：陈良军	责任校对：肖绪旭
封面设计：胡　灿	电话：027-67867792/3280
编辑室：学术出版中心	邮编：430079
出版发行：华中师范大学出版社有限责任公司	
社址：湖北省武汉市洪山区珞喻路 152 号	
电话：027-67863426（发行部）	027-67861321（邮购）
传真：027-67863291	
网址：http://press.ccnu.edu.cn	电子信箱：press@mail.ccnu.edu.cn
印刷：武汉市籍缘印刷厂	督印：刘敏
开本：710mm×1000mm　1/16	字数：218 千字
版次：2023 年 11 月第 1 版	印次：2023 年 11 月第 1 次印刷
印张：14	定价：68.00 元

欢迎上网查询、购书

敬告读者：欢迎举报盗版，请打举报电话 027-67867353

目 录

绪论 …………………………………………………………………… 1

  一、本书的研究视阈、研究目的和意义 ………………………… 3

  二、本书相关的研究综述 ………………………………………… 6

  三、本书的研究原则、研究方法与基本框架 …………………… 18

第一章　列宁时代观视阈下俄国资本主义的发展及其限度 ……… 26

  一、时代观——打开列宁主义的钥匙 …………………………… 27

  二、俄国资本主义发展的必然性、进步性和历史地位 ………… 34

  三、俄国资产阶级民主革命与工农民主专政 …………………… 39

第二章　列宁的未来社会实现理论 …………………………………… 55

  一、从"共同胜利"论到"一国首先胜利"论的逻辑理路 ……… 56

  二、俄国社会主义的发展与世界社会主义的胜利 ……………… 65

第三章　"伯恩施坦问题"的缘起与聚焦：资本主义的适应性和马克思主义的"适应性" ………………………………………………… 91

  一、伯恩施坦的思想变迁和修正主义的路线探微 ……………… 92

  二、对修正主义的文本解读以及对修正主义理论旨归的分析 … 97

三、马克思主义和修正主义 ……………………………………… 105

第四章　罗莎·卢森堡：对未来社会的确信和追求 …………… 113

一、资本主义的自我否定和未来社会的实现逻辑 ……………… 114

二、罗莎·卢森堡和列宁：相同的革命信念与不同的理论逻辑

……………………………………………………………………… 139

三、罗莎·卢森堡未来社会理论的历史影响力 ………………… 158

第五章　卡尔·考茨基：既不坐待未来也不急躁冒进 ………… 162

一、卡尔·考茨基的马克思主义观及"正统马克思主义"的代表

……………………………………………………………………… 163

二、卡尔·考茨基有关资本主义发展趋势和未来社会实现路径理论

……………………………………………………………………… 184

三、卡尔·考茨基和列宁：社会主义理论与路线的分野 ……… 199

参考文献 ………………………………………………………………… 213

绪　　论

　　2021年是苏东剧变30周年。苏东剧变是世界社会主义史上的重大事件，不但带来了世界政治格局的重大改变而且也极大地震撼了社会主义国家乃至全世界人民的心灵。20世纪末，世界社会主义的版图大大缩减，资本主义大有"席卷天下"之势。在这样的历史关头，马克思列宁主义和以十月革命为标志的世界社会主义实现路径理论备受质疑和谴责。一个世纪以前列宁回答的马克思主义历史命运的问题，又一次呈现于世界人民面前。有人认为，苏东剧变不仅证明了马列主义的失败，而且还说明了十月革命开创的世界社会主义实现路径理论只是一种乌托邦式的主观臆想，应该作为"历史文物"送进博物馆。西方新自由主义学者弹冠相庆，纷纷抛出"新帝国主义"论、"历史终结"论，断言共产主义已经死亡，西方的自由民主制度无可匹敌，是"人类意识形态发展的终点"和"人类最后一种统治形式"。作为西方传统左翼政治力量的重要代表，社会民主主义者也对苏东剧变持幸灾乐祸的态度，认为社会民主主义和共产主义在意识形态上的长期对立以共产主义的彻底失败而终结。社会党国际雄心勃勃地进行新一轮理论革新和政策调整，力图尽快占领苏东剧变后形成的政治真空，抵御共产主义政治力量的复兴。在这样的历史关头，人们将目光投向了中国。世界上第一个社会主义国家解体了，东欧国家也改弦易辙了，社会主义中国还要高举马克思主义旗帜、坚持社会主义制度吗？在这个大是大非的问题面前，中国共产党和中国人民没有含糊其辞，而是旗帜鲜明地表示中国将继续高举马克思主义旗帜、坚持走社会主义道路。经过30年的砥砺前行，中国不但实现了全面建成小康社会的伟大战略目标，而且迈入了建设社会主义现代化强国的新时代。尤其是，在2020年新冠肺炎疫情的挑战面前，中国不但成功地遏制了疫情的蔓延，为国际社会控制疫情作出了巨大贡献，而且在世界主要经济

列宁和第二国际理论家的比较研究——关于未来社会实现理论

体中唯一实现经济正增长,为世界经济的复苏也作出了重大贡献。在人类共同面临的灾难面前,中国的担当和风范,彰显了社会主义制度优越性。正如习近平总书记指出:"疫情防控斗争实践再次证明,中国共产党领导和我国社会主义制度、我国国家治理体系具有强大生命力和显著优越性,能够战胜任何艰难险阻,能够为人类文明进步作出重大贡献。"①如今,以中国为代表的社会主义国家的发展有力地回击了西方学者"新帝国主义"论和"意识形态终结"论的荒谬。反观放弃社会主义制度的原苏东国家,人民生活没有得到根本好转,民族矛盾持续升级,社会动荡不安。资本主义的自由民主制度并没有带来经济发展和社会繁荣。根纳季·亚纳耶夫感慨地说:"俄罗斯历史的顶峰是苏联时期。在此之前,很糟糕,之后则是下降,并全速走向萎缩。我不会说苏联是好的,我过去和现在都是苏联的批评者。但是,'在沼泽中,土墩也是高地'。"② 正因为此,进入21世纪后,人们愈益追怀20世纪社会主义,认为20世纪末的苏东剧变是"世纪悲剧"。30年来世界社会主义运动在低潮中蓄力,在挫折中前行,已经雄辩地表明马克思列宁主义不是乌托邦式的空想,历史并未终结,世界历史依然处在资本主义和社会主义两种制度并存和竞争的时代。在这个时代,马克思列宁主义关于资本主义发展趋势、未来社会实现路径的思考始终处于历史生成过程之中,仍然具有鲜明的时代价值。

如今,世界资本主义虽面临重大危机但通过重大战略调整依然具有比较优势,中国特色社会主义进入新时代但世界社会主义运动的整体振兴有待时日。资本主义和社会主义之间的斗争呈现出新的样态。如何认识世界资本主义发展的趋势?马克思列宁主义对未来社会实现路径的思考到底还有没有现实意义?从思想史研究的角度来看,梳理和阐释马克思列宁主义关于未来社会实现路径理论形成的渊源和核心问题关切,是深入思考这一问题的前提。一百多年前,列宁和第二国际理论家就当时

---

① 《同舟共济战"疫"记——中国抗击新冠肺炎疫情全纪实》,《人民日报》2020年9月7日。
② [俄]亚纳耶夫:《捍卫苏联的最后一搏》,社会科学文献出版社2012年版,第156页。

资本主义发展的现实情况，围绕着"马克思主义的历史命运"这个核心问题，已经提出过这类问题并展开了激烈争论。走向社会历史的深处，回到一百多年前马克思主义跨时代发展、社会主义跨地域传播的历史关头，第二国际的社会民主党走上了改良主义和修正主义道路，在第一次世界大战中背叛无产阶级国际主义原则，沦为社会沙文主义者。唯有列宁领导的布尔什维克党继续秉持共产党的初心和使命，激发了亿万人民的信心和力量，奋力开辟了走向未来社会的新路径，将马克思主义推向了列宁主义阶段，实现了社会主义由理论到制度的飞跃。在中国共产党迈进新的百年，中国特色社会主义进入新时代的今天，提炼出列宁时代的马克思主义者面对新问题和新挑战时持有的基本立场和方法论，对正确认识社会主义运动的未来和马克思列宁主义的历史命运具有十分重要的理论意义和现实意义。这有利于我们既坚定共产主义的理想和信念，又对今后社会主义运动中出现的挫折保持清醒的头脑，意志坚定且脚踏实地为把我国建设成为社会主义现代化强国而奋斗。

一、本书的研究视阈、研究目的和意义

19世纪末20世纪初，在第二次科技革命的洗礼和世界市场力量的推动下，欧美工业化强国完成了由自由资本主义向帝国主义的转型。东方前资本主义国家自给自足的状态被彻底打破，西方先进、东方落后、东方从属于西方的世界殖民体系得以确立。资本主义全球化使得人类历史的现代化进程以及与这个进程相伴的无产阶级反对资产阶级的斗争走向了世界化。东西方社会历史文化传统和社会结构的不同使马克思主义时代化、民族化和大众化的问题随之而来，世界社会主义运动的格局也面临着划时代的重大变革。在人类历史进入两个时代（自由资本主义和帝国主义）交替和两个世界（东方和西方）交汇的关键时期，第二国际是马克思主义理论发展和社会主义运动发展不断互动的链条上不可或缺的重要一环。第二国际成立于欧美资本主义相对稳定的和平发展时期，采取了比较松散的组织形式。在很长一段时间内，第二国际实际上是各国社会民主党自由地交换意见的平台。从1889年成立至1914年第一次

世界大战爆发,第二国际一共举行过9次代表大会。每次代表大会都是经过集体讨论或争论后达成共识,进而形成大会决议。大会决议对各国党的工作只有指导意义,没有强制性。第二国际组织形式的特点极大增强了第二国际的影响力和感召力,各国党的马克思主义理论家纷纷聚集于第二国际的旗帜下。理论家之间广泛而充分的理论论争成为第二国际传播和发展马克思主义的重要形式。第二国际理论家对马克思主义的多元化阐释、马克思主义与修正主义之间的斗争、第二国际与第三国际的分歧都是通过理论论争的形式得以表达出来,理论家们最富有创见的观点,也是在争论中提出来的。因此,第二国际的理论论争一向是国内外学术界研究第二国际问题的重要抓手。

  在第二国际存续期间,先后进行了反对无政府主义、反对伯恩施坦修正主义以及在帝国主义论语境下关于资本主义发展趋势和社会主义实现路径的争论。在恩格斯的指导下,第二国际反对无政府主义的斗争,以马克思主义在思想上和组织上的胜利而告终,马克思主义从此成为欧美工人运动的主流思想。在取得反对无政府主义斗争胜利的同时,第二国际内部的改良主义抬头,并逐步从个别理论家的思想发展成为修正主义思潮。自此,批判修正主义理论和实践成为第二国际中后期理论论争的主题。关于资本主义发展趋势和未来社会实现路径的论战,发轫于第二国际后期并延续至第三国际,虽然在时间跨度上超越了第二国际,但聚焦争论问题的本质,实际上是第二国际内部反对修正主义的斗争在帝国主义和马克思主义民族化语境下的延续,因此有必要将这个问题与第二国际中后期反对修正主义的斗争并题加以研究。本课题的研究视阈在于,考释第二国际后期反对修正主义的理论论争,并以此为基础,系统解读列宁(第三国际)与第二国际理论家在帝国主义论和马克思主义民族化语境下关于资本主义发展趋势和未来社会实现路径的思想观点,挖掘其中丰富的具有历史意义和现实启迪的理论宝藏。本课题研究的目的在于,比较分析资本主义世界体系下东西方不同的国情民情,探寻第二国际时期马克思主义在迎来辉煌胜利时却发生裂变的秘密,揭示东西方社会主义运动内生机制的差异,阐明信仰、坚持和发展科学社会主义对中国特色社会主义事业的胜利和人类走向美好未来的重要意义。

绪　论

在时代大变局的重要关头，如何认识资本主义新变化？马克思主义在时代变化面前还有没有生命力？在新的历史条件下未来社会的实现路径是什么？面对时代的提问和挑战，列宁和第二国际的理论家们没有逃避。他们积极应战，有力地推动了人类进步事业的发展，拉开了20世纪波澜壮阔的社会主义运动的序幕。但是，列宁和第二国际理论家们都没能阻止修正主义在欧美工人运动中的蔓延，致使马克思主义和社会主义运动在迎来世界性发展的同时走向了分裂。对列宁和第二国际理论家的理论和实践活动进行比较分析，对于当代马克思主义和社会主义运动中若干复杂而尖锐的问题来说，具有溯源考流、澄源洁流的意义。比如，怎样认识列宁主义与第二国际马克思主义之间的关系？怎样认识当代社会民主主义或民主社会主义与第二国际修正主义之间的联系？怎样认识第二国际主流理论家在马克思主义发展史上的历史地位及对社会主义运动的影响？怎样认识西方马克思主义的诞生与沿革？只有厘清了这些复杂的问题，才能真正领会马克思主义的理论品质。当今世界，虽然社会主义运动整体未能走出低谷，但从2008年金融危机以来，马克思主义和中国特色社会主义的影响力却不断扩大。尤其是，在世界遭受新冠肺炎疫情的重袭之下，欧美发达资本主义国家不堪一击，中国在世界抗击新冠肺炎疫情中成为中流砥柱。疫情之下，中国经济社会发展道路、中国制度和中国现代化发展路径彰显出的巨大的优势和合理性，愈加受到世界瞩目。疫情之后，大国战略博弈的进一步加剧必将推动国际体系的深刻变革，人类向更高层次文明社会发展面临着新的机遇和挑战，世界历史迎来了又一个百年未有之大变局。这引发了马克思主义阵营和世界社会主义者对人类走向未来美好社会路径的新思考。如何认识金融危机以来资本主义的新变化？马克思主义还有没有解释力和指导意义？疫情重袭下人类命运共同体的构建路径和生成逻辑是什么？一百年前马克思主义者所面临的问题，被时代赋予新的内容，重新摆在了当今的马克思主义者面前。深刻把握大变局的内涵，抓住历史交汇期的主题，全面统筹谋划推进中国和世界之间的互动，在实现中华民族伟大复兴的前提下，为人类走向未来美好社会、构建人类命运共同体提供中国方案、贡献中国智慧、展现中国担当，是中国共产党和中国人民在21世纪的历史使命。阐释并弘扬第二国际马克思主义者在历史转折关头的担当精神，总结他们同修正主义作斗争的经验教训，为当代马克思主义者发展马克思主义、回答时代提问、完成历史使命提供借鉴，是本课题研究的现实意义。

二、本书相关的研究综述

一百年来，有关列宁主义和第二国际的著作和论文可谓洋洋大观。受学术背景、意识形态立场和民族情感等复杂因素的影响，国内外学术界对列宁主义和第二国际的评介不一而足。

苏联学术界对列宁主义和第二国际的研究，对中国和东欧社会主义国家产生了重要影响。苏联对第二国际的研究，根据研究语境的不同，可以分为斯大林时期、后斯大林时期。1924年斯大林在《论列宁主义基础》一书中说，"在马克思恩格斯两人和列宁之间隔着第二国际机会主义独占统治的整个时代"[①]，"在事实上，第二国际的基本工作是按照机会主义的路线进行的"[②]。受此影响，在整个斯大林时期，第二国际被看作是修正主义独占统治的时期。在这样的语境下，苏联学术界对第二国际历史和理论都缺乏客观科学的研究。苏共二十大后，一些学者开始对斯大林关于第二国际的观点提出异议，指出恩格斯逝世后第二国际机会主义得到了加强，第一次世界大战期间欧洲社会民主党站在了社会沙文主义立场，背叛了社会主义，导致了第二国际在政治上思想上的破产，但是这经历了一个过程，不能武断地说在恩格斯逝世后，机会主义和社会沙文主义就成了第二国际的主要思想和立场。1964年出版的克里沃古斯的专著《第二国际（1889—1914）》对苏联研究路线的转折起到了重要推进作用。克里沃古斯指出，西方学界将第二国际看作是改良主义的国际，贬低列宁主义的国际意义，是不符合历史事实的。同样，斯大林将第二国际看作是机会主义的国际，抹杀第二国际马克思主义者的成就，

[①]《斯大林选集》上卷，人民出版社1979年版，第186页。
[②]《斯大林选集》上卷，人民出版社1979年版，第192页。

绪　论

同样违背了历史主义的原则。1965—1966 年苏联科学院历史研究所出版了由祖波克主编的两卷本《第二国际史》。这是由苏联数十位历史学家集体撰写的大部头著作，具有很高的学术水准。该著作指出，斯大林对第二国际的评价并不是基于历史主义的立场，也不是基于列宁对第二国际的评价，而是基于苏联国内和国际政治斗争的现实需要。这导致学术界将第二国际作为机会主义的代名词，错误地将第二国际与列宁和布尔什维主义对立起来①。20 世纪 70 年代后，苏联学术界基本不再沿用斯大林在《论列宁主义基础》中的提法，对第二国际历史地位的评价趋向客观。苏东剧变前，苏联学者对第二国际的历史脉络从整体上进行了梳理，并对个别重要理论家的理论进行了介绍和研究。除了上述两部著作之外，比较有影响的著作有莫吉列夫斯基的《第二国际的复活》、С. М. 斯切茨凯维奇的《第一国际和第二国际》、加尔金等著的《第二国际·第二半国际》等。苏东剧变后，马克思主义在苏联失去了主流意识形态的地位。现实的剧变，使得俄罗斯学者对马克思主义、列宁主义、修正主义的研究从过去的单一维度走向多元化。围绕着对苏东剧变的反思和考问，俄罗斯学者一度掀起了对列宁主义和第二国际修正主义研究的高潮。值得关注的是，由于苏联社会主义的失败导致对十月革命和列宁主义产生质疑，加上西方民主社会主义思潮的影响，俄罗斯一些学者的立场右转，声称必须开始重新研究和评价伯恩施坦主义，表示要为修正主义辩护。比如，奥伊泽尔曼在《为修正主义辩护》一书中指出，从根源上看，正是列宁主义将苏联社会的发展带入了死胡同，苏东剧变实际上是历史终于还伯恩施坦主义以公正。奥伊泽尔曼为伯恩施坦主义辩护，实际上是对 20 世纪初列宁反对修正主义斗争的全面反对，也是第二国际理论家与列宁之间关于俄国社会发展道路的争论在当代的体现②。

西方学者对第二国际马克思主义的研究始于第一代西方马克思主义者，主要有卢卡奇、柯尔施、葛兰西等。他们的著作开启了一条既有别

---

① 李兴耕：《苏联史学界对第二国际若干问题的研究概况》，《国际共运史研究资料》1985 年第 2 期，第 1—14 页。
② 林艳梅：《当代俄罗斯马克思主义的主要理论关注》，《中共中央党校学报》2014 年第 18 卷第 5 期，第 98—103 页。

于列宁主义又有别于修正主义的批判道路。卢卡奇的《历史与阶级意识》、柯尔施的《马克思主义和哲学》、葛兰西《狱中札记》虽然具体的观点不尽相同，但都是在批判卡尔·考茨基、梅林、普列汉诺夫等第二国际"正统派"理论的基础上进行阐发的。他们一致认为，第二国际正统理论家对历史唯物主义的解读，因受到达尔文主义、实证主义的影响，具有严重的经济决定论的倾向，阉割了马克思主义中辩证法的革命性，严重背离了马克思主义的本质。要解决在新的形势下马克思主义发展的进路问题，就必须跳脱第二国际的主流理论，恢复马克思主义的革命锋芒。为此，第一批西方马克思主义者以对第二国际正统马克思主义的批判为起点，重新阐发马克思主义。第一批西方马克思主义者奠定了西方学者解读马克思主义的理路和方向，此后西方学者对马克思主义的阐释，基本上是遵循反对"经济决定论"这一基本范式而展开。

西方学者对第二国际马克思主义的研究成果颇为丰硕，留下了大量著作和文章。1966年苏联科学院历史研究所编写的两卷本《第二国际史》的最后一章《关于第二国际的历史著作的主要派别》中，将关于第二国际史的著作分成三部分，即"马克思列宁主义著作""社会改良主义历史著作"和"资产阶级历史著作"三类，在"社会改良主义历史著作"和"资产阶级历史著作"这两项下提到的著作就将近一百种。比较有代表性的有1961年德国出版了尤利乌斯·布劳恩塔尔的《国际史》（共三卷，第一卷包括第一国际和第二国际），1985年10月上海译文出版社出版了中译本。英国乔治·道格拉斯·柯尔的五卷本《社会主义思想史》第三卷《第二国际》于1956年出版，分上下两册。上册中译本于1981年由商务印书馆出版。此卷不仅概括论述了第二国际本身的历史，还以大量篇幅论述这一时期欧美各国社会主义思想和运动的历史。移居英国的波兰学者科拉科夫斯基的三卷本《马克思主义的主要流派》，1977年德译本出版，2015年黑龙江大学出版社出版了中译本。在第二卷的开头一章《马克思主义和第二国际》里，以德国和苏俄为重点，概括介绍了第二国际内部左中右三派的理论和策略争论。他根据不同国家对马克思主义的理解，将第二国际理论家分为两个不同的群体。第一个群体，主张马克思主义是关于社会发展尤其是关于资本主义社会发展的理论，它需要通过其他的哲学理论尤其是康德主义来补充完善。他们试图清除历史唯物主义中的辩证法因素，将历史唯物主义与康德的伦理哲学或先验认识论结合起来。第二个群体主要是以卡尔·考茨基和普列汉诺夫为代表的正统马克思主义者。他们认为马克思主义是一个完整的理论体系，无须补充也无须发展，满足于用马克思恩格斯原著的思想解释和研究其他思想领域。科拉科夫斯基指出，从总体上看，第二国际正统马克思主义虽然在传播和解释马克思主义方面做了巨大贡献，但他们是将马克思主义作为"死板的教条或折中主义"加以传扬的，实质上损害了马克思主义的健康发展。科拉科夫斯基的观点与佩里·安德森在《西方马克思主义探讨》中的观点有一定类似之处。佩里·安德森将第二国际马克思主义作为西方马克思主义的起源，他认为在马克思恩格斯之后和西方马克思主义者之前，存在着两代人。第一代是与马克思恩格斯发生过直接联系的卡尔·考茨基、梅林等人。他们处在一个相对和平时期，所关心的问题是对作为资产阶级意识形态对立物的马克思主义的阐释和传播，扩大马克思主义在工人运动中的影响力。因此，他们的著作总体上是"马克思遗产的总括而不是发展"①。第二代人是列宁、罗莎·卢森堡、希法亭、布哈林等。这一代人是在一个"动乱得多的环境中走向成熟的"②。他们对资本主义所发生的变化给予了足够的重视，在帝国主义论的视阈下对资本主义作了持续的分析和批判。面对着帝国主义战争和中东欧无产阶级革命局势，这一代人在马克思恩格斯没有留下任何思想遗产的情况下，努力为无产阶级革命提供系统的理论、战略和策略。佩里·安德森指出，虽然第一代人完全遵循了马克思主义在《资本论》中所确立的资本主义批判模式，但第二代人所作的贡献才代表了马克思主义发展的"新方向"。1978年戴维·麦克莱伦发表《马克思以后的马克思主义》，中译本于2004年、2008年和2016年出了3版。该著作以个别人物的思想为线索，述及马克思逝世后整个马克思主义的发展历程，视

---

① ［英］佩里·安德森：《西方马克思主义的探讨》，高铦等译，人民出版社1981年版，第13—14页。
② ［英］佩里·安德森：《西方马克思主义的探讨》，高铦等译，人民出版社1981年版，第14页。

野横扫第二国际德国社会民主党内的理论以及列宁主义,两次世界大战期间的欧洲新马克思主义、中国与东方落后国家的马克思主义,再到当代欧美马克思主义,被誉为西方发达国家对马克思之后的马克思主义发展史的权威解读。在麦克莱伦看来,卡尔·考茨基所代表的"正统派"和伯恩施坦所代表的修正主义者,对马克思主义的曲解和误读实质上"并无二致"。二者都对马克思主义中的辩证法表现出极度"无知",却都十分热衷达尔文主义和实证主义。伯恩施坦摈弃辩证法,用新康德主义对马克思主义的哲学进行"修正"或替代。卡尔·考茨基的"过分强调生产力和客观规律"的社会进化观本质上也是受达尔文主义影响的。作者甚至说卡尔·考茨基终其一生就是一个达尔文主义者,比伯恩施坦更系统地接受了达尔文主义的影响。从这一维度深入,作者得出卡尔·考茨基其实就是一个间接的、隐藏着的"修正主义者",在遇到压力的关键时刻,他必然会采取与修正主义者一样的立场[①]。1996年唐纳德·萨松出版了《社会主义百年史——20世纪的西欧左翼》,中译本于2008年由社会科学文献出版社出版。在第一章"1914年之前社会主义的确立"中,作者对伯恩施坦修正主义、考茨基主义和列宁主义做了述评,指出东西方因国情差异所导致的社会主义发展的任务不同,造成东西方社会主义发展的不同路径。这部著作的最大特点是以史为主,着重阐述社会主义思想的演进及相关重要人物思想的沿革。因此,第二国际的理论发展及其理论争论不是该著作的重点内容。作为西方学者,科拉科夫斯基、佩里·安德森和戴维·麦克莱伦的这些观点是难能可贵并值得借鉴的。总的说来,西方学者的著作虽然写作背景和写作时间不尽相同,作者的立场也不一致,但是基本上把第二国际看成是社会改良主义的国际,一定程度上贬低了列宁和左派政治家在第二国际中的地位和作用。对于第二国际关于战争问题、工会问题、合法斗争问题和社会主义实现策略问题的争论,均没有从阶级分析的角度进行探讨。但是,西方学者的著作提供的大量关于第二国际的资料,是非常值得中国学术界参考的,抛开

---

① [英]戴维·麦克莱伦:《马克思以后的马克思主义》,李智译,中国人民大学出版社2008年版,第43页。

意识形态立场，西方学者研究问题的视角和方法，也值得中国学者借鉴。

近年来，尤其是苏东剧变后，随着对苏联社会主义理论和道路失败的反思，西方学者重新开始思考第二国际时期的理论争论中的相关问题。对第二国际理论中的民主和社会主义的问题进行重新审视和重新阐释成为后马克思主义政治哲学兴起的重要支撑点。与此同时，伯恩施坦修正主义与民主社会主义的关系、列宁主义与苏联社会主义失败的关系等问题成为研究的热点。西方学者对伯恩施坦理论的评价、对列宁主义的评价出现了一些新的变化。这一点，值得中国学术界继续关注。

中国学术界对第二国际的研究，经历了"意识形态语境下的完全拒斥—思想史语境下源流考释—理论层面下的视野融合与问题聚焦"三个阶段。列宁主义是帝国主义时代的马克思主义，是中国共产党和中国人民指导思想的重要内容。中国学术界对列宁主义的研究随着马克思主义中国化历程的发展不断深入，呈现出明显的阶段性特征。

19世纪末至20世纪上半叶，中国知识界先后接触到第二国际社会主义理论和列宁主义。鸦片战争后，中国资产阶级知识分子开始向西方寻求救国道路。中国资产阶级改良派和革命派的代表人物都曾对西欧蓬勃发展的社会主义运动产生了极大兴趣。梁启超主办的《时务报》对第二国际及德国社会民主党做过报道。19世纪90年代流亡伦敦时期的孙中山亲身体会了第二国际影响下欧洲社会主义运动的盛况，并留下了深刻的印象。1905年，孙中山来到布鲁塞尔，向社会党国际局主席王德威尔得和书记胡斯曼表达了希望加入第二国际的愿望。从此，孙中山一直与第二国际保持着密切联系。虽然江亢虎于1911年成立的中国社会党也曾经申请加入第二国际，第二国际也考虑了中国社会党加入第二国际的请求，但1913年袁世凯下令解散了中国社会党，此事便没有了下文①。直到第一次世界大战前，孙中山一直是联系中国革命者与第二国际之间的桥梁。由于孙中山主要是通过旅欧华人与第二国际进行接触，对于国内的学术界和广大民众来说，远在欧洲的第二国际的活动并没有引起他

---

① 高放：《国际共产主义运动史纲1847—1917》，陕西师范大学出版社2018年版，第439页。

们过多关注。第一次世界大战爆发后,国际风云急剧动荡,第二国际自顾不暇,中国革命形势一日千里,第二国际与中国人的联系被彻底割断。孙中山与第二国际之间的这段史实被历史湮没长达七十多年。

俄国十月革命后,中国先进知识分子的目光由西欧转向苏俄。中俄两国国情的相似性,使得中国先进知识分子迫切希望中国走上俄国革命的道路。1918年李大钊发表了《法俄革命之比较观》《庶民的胜利》和《布尔什维主义的胜利》等文章,是中国知识界对十月革命最早的公开赞美。在十月革命的影响下,中国一批先进的知识分子迅速成长起来,开始踏上马克思主义中国化的征途。1920年陈独秀等在上海成立第一个中国共产党早期组织后,将《新青年》作为该组织的公开刊物。从此,列宁主义在中国进入了有组织的传播阶段。《新青年》设立了"俄罗斯研究专栏",发表了多篇介绍和诠释苏俄革命和建设的文献。1923年后,《新青年》正式成为中国共产党的理论刊物,先后刊发了"共产国际号"和"列宁号",登载了多篇共产国际理论家的文章。据统计,中国共产党成立后,《新青年》发表的共产国际相关文献及诠释列宁主义的文章占到了46%[1]。除了《新青年》杂志外,相继在上海和广州创刊的《劳动界》《劳动者》和《共产党》等刊物,在宣传俄国革命和列宁主义方面也作出了重大贡献。列宁逝世以后,共产国际掀起了学习和传播列宁主义的高潮。中国共产党创立的《列宁号特刊》《少年国际五周年纪念特刊》等成为宣传列宁主义的重要阵地。一批列宁本人的著作、斯大林和布哈林等阐释列宁主义的著作、共产国际文件和苏联共产党党纲被翻译成中文,对中国早期的共产主义者起到了重要的思想启蒙作用。很显然,在此期间,中国共产党和中国知识分子所接触到的列宁主义,很大程度上是经过苏联共产党和第三国际阐释的列宁主义。就是说,在中国知识分子还未开始对第二国际理论与实践进行系统研判之时,"第三国际化"的列宁主义便在中国广泛传播,并迅速转变成强大的物质力量改变了中国革命的面貌。历史的际遇使得中国学术界在对第二国际相关问题的认知上,

---

[1] 曾银慧、孙厚权:《列宁主义早期传播与马克思主义中国化研究》,《马克思主义与现实》2017年1期。

直接承袭了第三国际和苏联的论调。在第三国际的话语体系中,第二国际始终被看作是"机会主义"和"修正主义"的代名词,强调对第二国际修正主义的斗争。这样的研究视野和思维定式对中国学术界产生了深远的影响。

1956年苏共二十大后,苏联学术界改变了过去的教条主义倾向,发表了一些比较客观的专著和论文。遗憾的是,这对于一向追随苏联学术成果的中国来说,并没有产生正面影响。由于中苏关系的交恶,中国开始了反对苏共"现代修正主义"的论战。在这场论战中,中国学术界非但没有突破旧说,反而将固有的思维定式推向极致,不但无限放大了列宁与第二国际理论家之间的斗争,而且严重扭曲了第二国际及其重要理论家在马克思主义史和世界社会主义运动中的形象。随着"左"倾思潮的泛起,正常的学术研究陷入停顿,作为政治斗争工具的反对"修正主义"的话语畸形发展。这种情况一直延续至20世纪80年代。在此期间,为了配合批判的需要,中共中央编译局翻译了大量第二国际著名理论家的著作和相关研究资料,以"灰皮书"的形式作为内部资料发行。尽管是作为"反面的批判资料"问世,但却是中国学术界第一次比较系统地整理和译介第二国际理论家的著作,成为中国学术界研究第二国际的最重要的第一手资料。

80年代,随着学术氛围的渐次开放,中国学术界开始突破长期以来深受苏联及"左"的影响的局面。1979年,殷叙彝率先提出第二国际在马克思主义和国际共产主义运动中具有"承先启后"的作用,必须将第二国际作为工人阶级在一个时期的重要的国际性组织来加以研究。李兴耕对苏联学术界在斯大林时期研究第二国际的概况和弊端进行了综述,明确指出中国学术界必须改变长期以来受制于苏联的学术传统,重新研究第二国际的相关问题。李宗禹、高放、许寒等纷纷撰文,呼吁重新认识马克思恩格斯逝世后马克思主义理论演进和社会主义运动发展等问题。这些论著,起到了破题立论的作用,各类期刊上争鸣性的文章不断涌现。在高校的国际共运史教材中,有关第二国际的论述已经有所改观。1979—1989年间,为了配合重新认识和研究第二国际的需要,大量有关第二国际历史与理论的著作得以出版发行,第二国际历次代表大会的资料文献得到系统而全面的翻译和出版。1985年、1988年、1989年召开了全国性的有关第二国际的学术研讨会,发表了大量的纪念性和探讨性的文章,一度掀起了研究第二国际的高潮。这个时期的论著,以从总体上对第二国际的历史和理论进行追本溯源为题旨,着力对第二国际的历史分期、历史地位、组织原则和性质等宏观问题进行重新认识。周海乐编著的《第二国际史》是这一时期比较有代表性的重要著作。学术界在对第二国际的理论发展线索进行溯考时,列宁主义和第二国际理论之间的关系问题得以重新提出。许多学者认为,苏联学术界将第二国际看成是横亘在马克思恩格斯和列宁之间的"机会主义独占统治的时代",是不符合历史事实的。第二国际曾经对列宁主义的形成起到了积极的促进作用,列宁和第二国际理论家之间、俄国社会民主工党和第二国际成员党之间有着深入交往的历史。即便是后来的决裂和斗争,对于二者来说,也不乏是另一种特殊形态下的相互影响和相互作用。进入90年代,鉴于新自由主义对列宁开创的苏联社会主义道路的围攻、西欧民主社会主义力量的回归,国内资产阶级自由化和民主社会主义思潮的激荡,国内学术研究的重心由历史转向现实。大量学术成果以现实社会主义运动中所出现的问题为核心,循着"历史—现实"的逻辑线索,在综合分析现实问题发生的历史根源以及未来发展趋势的基础上寻求解决方案。1998年中央编译出版社出版的殷叙彝、李兴耕等著的《第二国际研究》,是这一时期的代表作。该著作不再以历史线索为脉络,而是以专题分析为体例,在扎实占有史料的基础上,以问题的来龙去脉为线索,对问题的实质和有关争论进行系统分析,并为现实问题的解决提供借鉴。《第二国际研究》是中国学者研究第二国际的重要专著,对学术界研究视野和研究方法的开拓和转型起到了重要作用,至今依然是中国学者在第二国际问题研究上成就最高的代表作之一。

进入21世纪以来,由于学术氛围的进一步开放,国内外学术交流活动频繁而活跃,有关列宁主义和第二国际研究的成果日益丰富。第二国际理论研究从宏观和微观两个层面继续拓展。从宏观方面来看,将第二国际理论看作是马克思主义理论发展链条上的重要一环,将20世纪初的第二国际理论、列宁主义和西方马克思主义都纳入第二国际研究的问题域中，进一步完善了20世纪初马克思主义多元化发展的整体图景。从微观方面来说，伯恩施坦、普列汉诺夫、卡尔·考茨基和罗莎·卢森堡等重要理论家的著作得以翻译出版，对第二国际重要理论家进行专门研究的成果不断涌现。许多论著将列宁理论与卡尔·考茨基、罗莎·卢森堡等的思想进行多角度的比较分析，强调必须廓清列宁与其他理论家在"帝国主义时代无产阶级革命策略"等问题上产生分歧的根源。姚顺良在《马克思主义哲学史：从创立到第二国际》中，将第二国际对马克思主义的理解范式大致分为狄慈根、普列汉诺夫的唯物主义认识论模式，拉布里奥拉、罗莎·卢森堡的历史主义实践论模式和奥地利马克思主义学派的实证主义研究型模式。这种分类相对于笼统地将庸俗的经济决定论"帽子"简单地扣在第二国际所有理论家头上的方法，更符合理论演变的逻辑。

近年来，尤其是金融危机后，挖掘马克思主义经典理论的当代价值，对世界资本主义的新动态进行当代审视，对未来共产主义社会实现路径进行现实性研判，成为学术研究的主题。在这一主题下，中国学术界通过举行《帝国主义是资本主义的最高阶段》发表100周年、十月革命100周年、列宁诞辰150周年的纪念活动，推动了学术研究与时代问题的承接，从当今世界多样性的现实对抗中阐明世界社会主义运动的当前任务与人类历史发展整体过程关系的成果不断涌现。经过多学科的视野融合和问题聚焦，一些学者对第二国际理论论争与20世纪三大马克思主义思潮的角逐、列宁主义和第二国际的理论分野与东西方社会主义运动的分裂等既具有思想史意义又具有哲学意义的课题进行了探讨，发表了许多具有启发性的成果。本项研究正是以这些成果为基础而开展。国家出版基金项目成果《20世纪马克思主义发展史》，一共九辑。该部著作站在新的历史高度，对20世纪的马克思主义和社会主义运动发展的历史和理论进行了全面总结和梳理，其对第二国际历史、理论和作用的分析和评价代表了中国学术界最新的成果水平。在充分肯定第二国际作为工人运动的国际组织在时代转折关头所作出的重要贡献的前提下，该部著作对第二国际破产的原因进行了多层面的新阐释。作者还专门设立章节论述第二国际重要理论家的观点，肯定了他们在传播马克思主义、反对

列宁和第二国际理论家的比较研究——关于未来社会实现理论

修正主义方面的伟大贡献。但在探讨西欧和俄国社会主义运动问题时,该著作依然采用了分章表述的体裁。这样的体裁有利于问题纵深方向的透视,却没有在综合比较的视阈下,将列宁和第二国际理论家之间既相互借鉴、相互斗争又相互促进的复杂关系进行分析和梳理。高放的《国际共产主义运动史纲》以时间为顺序,通过对第二国际历次代表大会所讨论的问题进行述评,对第二国际的功绩和教训进行了细致且独到的分析,剖析了学术界关于第二国际研究中长期以来存在的痼疾,提到要科学看待第二国际及其后裔——当今社会民主党及民主社会主义的问题。在谈到列宁主义和俄国革命时,主要着墨于分析俄国国内形势以及俄国党内布尔什维克和孟什维克的斗争,没有对东西方马克思主义的角逐和社会主义运动的歧路进行比较分析。该著作在最后的"结语"中对德国社会民主党和俄国布尔什维克党在国际共产主义运动中的成败进行了比较,指出"列宁把马克思主义科学时代化、俄国化、大众化是完全正确的。如果像第二国际理论家那样教条式地对待马克思主义,就会错过十月革命这一难得机遇"①。孙玉健的著作《列宁和第二国际》,在历史观、帝国主义论问题上,将列宁和第二国际理论家之间进行了比较分析,新颖的研究视角和研究方法是该著作的重大特点。刘雅琪在《第二国际的理论争论与马克思主义的分野》中,将关于俄国十月革命合理性的争论纳入第二国际的理论争论中进行了探讨,认为第二国际理论争论蕴含了马克思主义理论分野的缘起。

综观国内学界在此选题上的研究成果,主要涉及如下几个层面:(1)史学层面:对第二国际成立背景、主要活动、历史分期及下限等问题进行再认识。殷叙彝等提出,第二国际是在资本主义经济的发展、工人运动高涨、马克思主义进一步传播、欧美国家第一批社会主义工人政党建立的基础上成立的。对于第二国际的分期,有学者提出了1905年、1910年、1912年等几个分期节点,突破了以恩格斯逝世为界限,将第二国际分为前后两个时期的传统分期法。对于第二国际的下限,有学者认

---

① 高放:《国际共产主义运动史纲1847—1917》,陕西师范大学出版社2018年版,第681页。

为，第一次世界大战爆发后，第二国际作为一个组织既没有消失也没有停止活动，因此，以1914年作为第二国际历史时期的下限值得商榷。（2）哲学层面：重新审视"经济决定论"，对第二国际理论家方阵进行更细致的划分，将西方马克思主义思潮纳入第二国际研究视阈中，探讨当今列宁主义、第二国际修正主义、西方马克思主义在哲学上的争论和分歧。（3）理论层面：主要集中于对第二国际理论家关于资本主义发展趋势的再认识、民主社会主义与第二国际的关系探源等。多数学者认为，民主社会主义与修正主义在社会主义的伦理解释、世界观的实用主义两方面具有紧密的历史延续性。

对此选题研究的不足也是显而易见的：（1）未能完全突破旧说。将列宁对第二国际的评价看作是一以贯之的批判范式，列宁思想研究和第二国际研究被割裂开来，第二国际理论家的思想只能作为反面材料来为列宁主义做论证。这就不能客观地从世界社会主义运动的宏观视角揭示出列宁、俄国革命与第二国际之间互动的历史、特征及规律，导致一些重要的问题至今未能完全廓清。比如，马克思主义和修正主义有没有一条明确的分界线？以恩格斯的逝世为界限，将第二国际分为"前期马克思主义"和"后期修正主义"两个阶段，将功绩归功于马克思主义，把错误全算到修正主义头上，如此简单地分割，显然不能客观地呈现第二国际理论家在时代考验面前所作的贡献及其历史教训，无法科学地解释一百多年来马克思主义和世界社会主义运动跌宕起伏的内在机理。（2）缺乏系统的比较研究。列宁与第二国际理论家之间的思想交流、理论互动和路径分歧，从一个侧面体现了马克思主义从原生态向民族化发展的面貌，现有的研究成果很少考虑到这一点，大多数学者把经典马克思主义、列宁主义、第二国际作为各自孤立的思想体系进行研究，缺乏系统的比较研究的视野。这就导致至今没有对第二国际这一在马克思主义发展和社会主义运动链条上重要的"过渡性"的一环进行整体上的研究，也无法解释波澜壮阔的社会主义运动为什么会出现分裂？滥觞于第二国际的以改良主义为标识的修正主义路线为什么不能在俄国得以发展？以十月革命道路为标识的俄国马克思主义即列宁主义为什么不能得到第二国际理论家（包括左派）的认同？（3）缺乏深入的规律性探讨。列宁与第二国际理论家之间的思想理论几经转折，直到列宁主义形成时期才有了东西方不同的社会主义理论和实践模式。那么，其中经历了一些什么阶段和环节？有什么经验教训值得总结和吸取？这些问题的科学解决对整个马克思主义的发展乃至无产阶级解放事业有什么意义等，现有研究成果缺乏深入的探讨。

基于以上研究的成果，本书试图将第二国际"嵌入"马克思主义发展史和世界社会主义运动史的链条中，结合当时的历史环境和时代问题，以马克思恩格斯和第二国际理论家的"文本"为依据，从纵向上理清马克思恩格斯的理论与第二国际理论的关系、第二国际理论与列宁主义之间的关系、第二国际理论与民主社会主义之间的关系。从横向上，力图对列宁和第二国际理论家的理论框架和论证方式进行比较分析，如实展现当时的理论家之间"交锋"和"碰撞"情景，进而描绘出东西方马克思主义和社会主义运动分裂的路径图。

三、本书的研究原则、研究方法与基本框架

一百多年来，受学术背景、意识形态立场和民族情感等复杂因素的影响，国内外学术界对列宁主义和第二国际的评介不一而足。列宁与第二国际理论家的论争，是第二国际关于修正主义问题争论的延续。在研究列宁主义和修正主义时，学术界一向存在着两种截然相反的倾向。一种是对修正主义的全盘肯定，要"还伯恩施坦主义以历史公正"，要为"修正主义正名"。另一种是对"左"的语境下的"反修防修"理论予以全盘肯定。在没有明确界定"修正主义"的前提下，将列宁在特定环境下的个别论断作为普遍适用的原则，将一切不同论断都划归"修正主义"予以批判。这两种倾向均不利于对第二国际和列宁主义的性质和历史地位进行准确认知和评价，也不利于中国特色社会主义正确吸收和借鉴马克思主义和人类文明的优秀成果。本课题研究坚持以下三项原则：

第一，党性原则。在全球化时代，意识形态斗争受到各国的高度重视，西方敌对势力从未放弃对社会主义国家进行和平演变的企图。当今世界正经历百年未有之大变局，疫情的重袭使得变局加速发展，这在一

定程度上加剧了全球意识形态斗争的烈度。坚持党性原则,是坚持马克思主义,坚定理想信念,坚定政治信仰,坚定中国特色社会主义道路必然胜利的信心和决心的基石。习近平总书记指出,"党性原则不仅要讲,而且要理直气壮讲,不能躲躲闪闪、扭扭捏捏"①。在对马克思主义经典理论和社会主义运动发展的研究中,党性原则显得尤为突出。既要对过去马克思主义和第二国际理论家的斗争作出客观公正的评价,也要对当今资本主义国家和资产阶级政党、对中国共产党和社会主义中国持审慎态度。只有坚持党性原则,才能撇清理论研究中的"左"的、右的干扰,使理论研究服从于、服务于创造性构建中国主流意识形态的政治需要,具有鲜明的政治性。

第二,将历史研究与现实研究结合起来。马克思主义的发展史,就是不断同各种错误思潮作斗争并取得胜利的历史。马克思主义与修正主义斗争呈现出明显的阶段性特征,每个阶段都具有其突出的特点。随着马克思主义的发展和社会主义运动的演进,马克思主义和修正主义的斗争不断以新的形式呈现出来。在面对这一问题时,既要站在历史的高度将问题放到当时的历史条件下进行客观考察,又要与现实相结合将问题放到人类历史发展的整体过程中去考察,全面而科学地总结马克思主义以及马克思主义民族化、时代化历程中的经验和教训,为中国特色社会主义的发展提供借鉴,增强研究成果的科学性、现实性和前瞻性。

第三,将对基本理论问题的研究与对修正主义的理性批判结合起来。伯恩施坦修正主义出台后,在马克思主义阵营和世界社会主义运动中引发了规模巨大的争论。随着时代的发展,修正主义总是会以各种新的形态出现在当代话题中。列宁和第二国际理论家虽在理论上对伯恩施坦进行了激烈的批判,但在现实中仍未能阻挡修正主义思潮的蔓延。在研究过程中,课题组探讨了列宁主义和第二国际基本的理论问题,并将这些问题与批判当前存在于中国的错误观点结合起来,增强了研究成果的针对性。

---

① 中共党史和文献研究院:《十八大以来重要文献选编》(下),中央文献出版社2018年版,第212页。

列宁和第二国际理论家的比较研究——关于未来社会实现理论

本研究以唯物史观为指导,综合运用史料文献研究法、历史和逻辑相统一的分析法、比较归纳法和理论联系实际等多种研究方法,通过查阅和掌握列宁主义和第二国际理论家的著作,结合当时的历史背景和时代问题,解读、概括、比较分析列宁和第二国际理论家理论争论的要点和观点,展示列宁和第二国际重要理论家观照和回答时代问题的理论框架和论证方式,并结合当今世界发展的现实,阐明列宁和第二国际理论家的理论中依然契合当今时代发展的理论观点,挖掘产生于一百年前那个时空中的理论的当代价值。

除绪论部分外,本书分为两大部分。

第一部分(第一章和第二章)是对列宁关于俄国资本主义发展趋势和未来社会实现路径相关思想的梳理和提炼。19世纪末20世纪初,世界资本主义已经发展到帝国主义阶段,俄国资本主义发展还十分不充分且受到封建制度的束缚,但在世界历史的推动下,俄国也进入了帝国主义阶段,并与其他帝国主义国家因争夺殖民地而产生了深刻矛盾。在这样复杂的背景下,俄国资本主义如何发展、俄国无产阶级的解放需要经历哪些阶段和步骤,成为摆在俄国马克思主义者面前必须回答的基本问题。列宁在对俄国资本主义发展状况进行深入分析后,将马克思主义与俄国实际相结合,系统分析了俄国资本主义的发展趋势及世界走向未来社会的新路径。他站在时代发展的高度,以历史唯物主义为思想武器,通过同俄国自由民粹主义和"合法马克思主义"的辩论,对俄国资本主义发展的必然性和进步性、俄国资本主义发展的局限性和矛盾性以及俄国资本主义发展的未来趋势做了最初的阐释,创造性地提出了无产阶级在资产阶级民主革命中的领导权问题,阐发了工农民主专政理论,这一思想是列宁关于俄国乃至东方社会主义理论构建中关键性的一环,也是列宁主义逻辑主线的开端。列宁同孟什维克围绕工农民主专政所进行的争论,是马克思主义与修正主义的斗争在东方国家最早的交锋。在同孟什维克的论战中,列宁完成了对工农民主专政的理论构建。在工农民主专政理论中,列宁规划了俄国通过资产阶级民主革命走向资本主义共和国的路线图。无产阶级领导权和建立资本主义民主共和国之间存在的结构性矛盾,决定了列宁必将把这一理论推向前进。1905年革命时期,列宁已经看到俄国民主革命同西欧无产阶级革命是休戚相关的命运共同体。俄国的民主革命首先推翻沙皇政府，为西欧无产阶级革命的胜利创造条件。反过来西欧无产阶级革命的胜利会带动落后的俄国走向社会主义。此时俄国通过民主革命走向社会主义的构想只是作为一个命题存在于列宁的思想深处，但这却是将马克思主义基本原理中的生产力决定性与东方国家人民迫切希望改变自身命运的革命能动性统摄起来的最初思考，是对马克思主义东方化方法论的最初阐发。工农民主专政理论中体现出来的经济文化落后国家对社会主义美好未来的向往，是列宁一以贯之的初心和使命。在列宁的时代观视阈下，当人类历史进入无产阶级社会主义革命时代，经济文化落后国家的资本主义发展虽然有一定的进步意义，但其历史地位是暂时的，历史发展是有限度的。登上了历史舞台并取得了世界革命胜利的无产阶级，会帮助并促使这些国家走向社会主义。列宁的时代观是他在直面当时国际国内政治的现实问题时形成的，是俄国社会主义理论的切入点，是打开列宁主义关于俄国和世界走向社会主义道路的钥匙，是马克思主义东方化方法论原则的体现。在列宁的时代观中，始终有两个维度：一是世界历史的维度，一是民族国家的维度。一方面，列宁明确地将时代问题与世界无产阶级历史使命结合起来，赋予时代问题以鲜明的世界历史特色。另一方面，列宁将民族国家的具体特征与世界历史的普遍趋势结合起来，赋予时代问题以民族特色。面对帝国主义大战带来的世界社会主义运动的危机，欧洲大部分社会民主党沦为社会沙文主义政党，站在本国资产阶级立场支持战争，马克思恩格斯提出的以欧洲革命共同胜利为引领的世界社会主义革命道路，已经变得不现实。列宁带领俄国布尔什维克党坚定地站在无产阶级革命立场上，对俄国革命以及世界社会主义革命路径进行了新的探索，提出了"一国首先胜利"论。列宁认为，俄国革命"首先胜利"是世界革命"共同胜利"的一个战略步骤，世界革命的"共同胜利"才是最终目标。无论是战时共产主义的昂扬激进还是新经济政策的"迂回退却"，都是为了在政治上捍卫无产阶级政权，将首先胜利的俄国作为世界革命的策源地，为世界革命"共同胜利"的到来而奋斗。在此理论的指导下，俄国取得了十月革命的伟大胜利，为20世纪马克思主义民族化发展和世界社会主义运动新局面的开辟作出了重大贡献。

第二部分（第三章、第四章、第五章）对列宁和第二国际理论家关于资本主义发展趋势和未来社会实现路径的理论进行了比较研究。马克思主义发展的历史，就是同各种错误思潮不断斗争并取得胜利的历史。从思想史层面追溯源头可以看出，20世纪初列宁和第二国际理论家有关资本主义发展趋势和社会主义实现路径的论战，是第二国际关于修正主义问题争论的延续。

恩格斯逝世后，伯恩施坦拉开了马克思主义和修正主义斗争的序幕。他以资本主义发展的新情况为借口，从否定资本主义崩溃理论和社会主义革命理论入手，对马克思主义进行了全面的"修正"。一百多年来，马克思主义和修正主义在资本主义发展趋势和未来社会实现路径问题上的分歧，是二者之间斗争的起点和焦点。说它是起点是因为，修正主义对马克思主义的质疑和攻击都是从这个问题开始的，修正主义的理路构建也是以此为起点的。说它是焦点是因为，马克思主义和修正主义之间的斗争，始终是围绕着这个问题而展开的。伯恩施坦以资本主义发展趋势和社会主义实现路径问题为支点，对马克思主义的科学性和时效性发起质问。随着资本主义全球化的深入推进和社会主义运动的曲折发展，借口资本主义发展的新情况"修正"马克思主义的企图频频被激活，曾经遭受过批判的"修正主义"总是以新的论题和新的形态出现在当代话题中。马克思主义和修正主义之间的斗争，归根结底是无产阶级和其他阶级在思想意识形态领域的斗争。"伯恩施坦问题"之所以能在马克思主义发展史上引起持久的关注和争论，根本原因不在于伯恩施坦提出了具有深刻学术力和思想力的理论，而在于他提出了马克思主义的时代性和"修正"马克思主义的任务的问题。这个问题对于马克思主义发展来说是无法回避的。只要资本主义和马克思主义都在发展，马克思主义者就不可能一劳永逸地战胜"全部的"修正主义。列宁指出，只要世界上还存在着资产阶级的反动统治，就存在着修正主义产生的根源。一百年来修正主义并不是要通过对这个问题的回答来发展马克思主义，而是彻底背离并反叛马克思主义。明确这一点，对于马克思主义者来说，具有重要意义。它既是马克思主义者认识修正主义本质的前提，也是马克思主义者战胜修正主义的起点。从一种意义上来说，马克思主义同修正主义的斗争，是马克思主义同资产阶级反动统治作斗争的题中应有之义。所以，对修正主义的斗争，对于无产阶级革命的爆发和胜利、对于人类走向未来社会来说，都具有重要意义。

在第二国际的理论家方阵中，罗莎·卢森堡和列宁共同为反对修正主义、捍卫马克思主义作出了重大贡献。长期以来，提到罗莎·卢森堡，人们只知道她的生平和为革命而牺牲的英雄事迹，对她的理论总体上持否定态度。冷战后，一些新解密的材料为罗莎·卢森堡理论的研究提供了宝贵的文献资料，对罗莎·卢森堡理论全面而系统的研究也随之展开。站在新的历史高度重新审视列宁和罗莎·卢森堡这两位伟人之间的思想交锋，是其中一项具有重要现实意义的课题。罗莎·卢森堡以对伯恩施坦主义的批判为基础，提出并建构了她的资本积累理论和社会主义理论。她关于资本主义发展趋势的论述，是建立在她的资本积累论基础之上的。在资本积累的过程中，资本主义社会环境不断吞噬非资本主义社会环境，最终导致资本主义国家在世界范围内为争夺非资本主义环境而斗争，这就是帝国主义。罗莎·卢森堡和列宁帝国主义论的逻辑起点分别建立在不同的理论抽象层级上。罗莎·卢森堡是将资本主义发展作为一个总体对象进行研究的，将对帝国主义的理解引向资本主义经济关系的"一般性"矛盾中，强调帝国主义阶段相比于先前的资本主义阶段具有同质性。相反，列宁的帝国主义论将垄断作为帝国主义的本质，立足于自由资本主义和垄断资本主义两个阶段在本质上的不同，将帝国主义阶段作为研究对象，对帝国主义的特征、现象和发展趋势做了深刻具体的研究和总结。列宁抓住帝国主义阶段相比于先前的自由资本主义阶段的特殊性和异质性，对帝国主义阶段世界政治经济格局的变化、世界社会主义运动的裂变、世界无产阶级革命所面临的新挑战等重大问题进行了论证。虽然罗莎·卢森堡和列宁都是坚定的无产阶级革命家和理论家，但由于在帝国主义问题上的不同理论构建路径，决定了他们在如何反抗帝国主义世界、如何建立社会主义新世界问题上的观点截然不同。列宁和罗莎·卢森堡之间的理论分歧，源自东西方国家迥异的社会历史条件，也反映了二者在学术文化背景上的差别，体现了马克思主义在东西方不同发展路径的渊源。罗莎·卢森堡站在西方无产阶级理论家的立场，强调社会主义世界革命首要的主体的力量，来自发达资本主义国家的无产阶级，非资本主义国家及其人民始终处于被动的地位。她的学术视野和实践活动范围，使得她无法看到东西方国家之间的民族矛盾在帝国主义时代的重要历史意义，也无法洞察东方国家人民对帝国主义世界体系的反抗之于世界社会主义革命的重要作用。她对俄国布尔什维克党组织原则和苏维埃俄国民主建设策略的批评，严重脱离俄国的国情。这使得她的理论因脱离现实，而越来越走向哲学化、学院化。反观列宁，他正是从被罗莎·卢森堡理论所忽视的东方国家的角度出发，阐发了东方国家在帝国主义时代的革命作用，并将其付诸实践，推进了马克思主义在东方国家发展的新形态，开辟了社会主义革命新时代。罗莎·卢森堡反对第二国际正统派的经济决定论，主张恢复马克思主义辩证法的革命锋芒；反对伯恩施坦主义，坚持无产阶级世界革命的最终目标；她支持十月革命，但对布尔什维克党的组织原则和民主政治建设措施提出了严厉的批评。罗莎·卢森堡的理论路向对20世纪西方马克思主义的诞生产生了重要影响。

列宁与卡尔·考茨基之间的比较研究，围绕中派主义的定位、卡尔·考茨基是不是无产阶级革命事业的叛徒而展开。一方面，卡尔·考茨基坚持无产阶级革命理想，认为革命必将到来，告诫社会民主党不能醉心于眼前的点滴改良，不能忘了无产阶级的历史使命；另一方面，卡尔·考茨基强调，无产阶级革命时机的到来，取决于生产力的高度发展和无产阶级道德水平进入更高层次，而德国乃至西欧都不具备革命条件。"叛徒"是指完全改变先前的立场而转向对立面的人。但从卡尔·考茨基理论的整体路向来看，他始终是坚持经典马克思主义原则的。列宁曾经对卡尔·考茨基在国家与革命问题上的观点是持肯定态度的。列宁评价卡尔·考茨基为"叛徒"，不在于卡尔·考茨基在某一时刻彻底转变了立场，而在于二人对世界革命时机成熟度的判断不同。列宁认为帝国主义大战的爆发表明世界革命时机已经到来，在这个关键时刻，卡尔·考茨基仍然专注于社会改良，实质上已经转到资产阶级那边去了。而卡尔·考茨基的判断正好相反。卡尔·考茨基认为，即使帝国主义大战爆发，资本主义仍具有生命力，工人阶级的民主素养等主观条件远没有成熟，世界革命的时机还没有到来。二人的分歧反映了第二国际和第三国际正统思想之间的本质差异，是社会主义运动由欧洲走向世界、马克思主义由原生态向民族化发展的体现。

第一章　列宁时代观视阈下俄国资本主义的发展及其限度

列宁是继马克思恩格斯之后伟大的马克思主义理论家，但他首先是带领俄国人民探索摆脱沙皇专制制度走向社会主义的无产阶级革命领袖。根据《列宁全集》第2版增订版收录的最早的文章分析，列宁在19世纪90年代初就已经是一个理论上相当成熟的马克思主义者。这说明，当俄国资本主义发展还不是十分充分的时候，俄国就有了一批掌握了先进思想成果的知识分子。这必然深刻影响着俄国走向现代社会的道路，使俄国的社会主义运动呈现出与西欧不同的鲜明特点。

列宁的时代观是俄国社会主义理论的切入点，是打开列宁主义的钥匙。19世纪末20世纪初，资本主义发展进入帝国主义阶段。欧美资本主义发展的新情况、帝国主义矛盾在俄国的特殊表现以及第一次世界大战的爆发，为这一时期的马克思主义理论发展提出了重要的时代课题。如何在世界历史的大视野下正确把握时代性质的变化、俄国能否成为新的时代世界革命的策源地，是列宁时代观的主要内容。在世界历史和东西方不同社会背景的共同作用下，托庇于沙皇专制制度的俄国资本主义虽然只经历了几十年的发展，但也进入了帝国主义阶段，在国际上与其他帝国主义国家因为争夺殖民地而产生了深刻的矛盾。俄国资本主义如何发展、俄国无产阶级的解放需要经历哪些阶段和步骤，成为摆在俄国马克思主义者面前必须回答的基本问题。随着俄国革命形势的发展，列宁对这个问题的思考有一个逐步深入的过程。列宁关于俄国革命发展的理论，是建立在对俄国社会进行深入而科学的研究基础之上的。因此，列宁关于俄国革命发展的理论，亦可以看作是独特的关于俄国资本主义发展和未来社会实现的理论。

第一章　列宁时代观视阈下俄国资本主义的发展及其限度

一、时代观——打开列宁主义的钥匙

列宁的时代观，是他对世界历史时代的总的看法和根本观点。列宁的时代观是俄国社会主义理论的切入点，也是打开列宁主义关于俄国和世界走向社会主义道路的钥匙。

在列宁的时代观中，始终有两个维度。一个是民族国家的维度或者说俄国维度；一个是世界维度或者说国际维度。在列宁的著作中，没有专门论述"时代观"问题的文章。列宁是在论及建党、革命、民族、帝国主义等问题时，涉及并阐述了时代划分的标准、时代界分的意义、时代本质、时代主题等问题。因此，必须结合19世纪末20世纪初列宁的革命实践及相关思想成果，找出列宁关注时代问题的致因，才能准确地提炼和把握他的时代观。

（一）列宁时代观的发展理路

在俄国建党初期，列宁为了捍卫马克思主义、反对修正主义和改良主义对新生的俄国党的影响，就如何制定党的纲领的问题，发表了一系列文章。在这些文章中，列宁提到正确认识俄国所处的时代，对于建立一个坚强有力的革命性政党具有重要的意义。这是列宁对时代问题所作的最早的思考和阐发。他说，俄国正处于"动荡和爆发的时代"，俄国无产阶级政党的任务是将在全国各地爆发的风暴引领成为"反对专制政府的自觉运动"，如果党受西方社会民主党改良主义思想的影响，对所面临的时代认识不清，就会像第二国际中的修正主义政党那样保守落后，贻误战机①。1903年，在俄国社会民主工党第二次代表大会前关于党纲草案的讨论中，有关"民族自决权"的条文引发了激烈的争议。波兰社会党人认为党纲中有关"民族自决权"的阐述充满了"无政府主义"的论调，似乎无产阶级政党除了对"彻底消灭资产阶级"的目标感兴趣之外，对其他诸如"民族""文化""语言"等问题都漠不关心。他们还翻出马

---

① 《列宁全集》第4卷，人民出版社2013年版，第328页。

克思、恩格斯曾在《新莱茵报》上发表的支持波兰民族独立的文章作为依据来反对列宁的观点。为此列宁指出，从表面上看，波兰社会党所提的是一个关于"民族自决"的问题，但实际上却是一个"时代问题"。也就是说，波兰社会党之所以在民族问题上认识不清，根源在于它们不能正确认识不同时代的本质区别。由于19世纪中叶和20世纪初分属于两个不同的时代，一个是"最后的资产阶级革命运动的时代"，一个是"无产阶级革命前夕"，这"两个时代的区别是极其明显的"，不能脱离变化的时代而空泛地讨论民族独立问题[1]。社会民主党在无产阶级革命时代的真正任务是将各国的无产阶级联合起来，努力为无产阶级的彻底解放创造条件。在这个时代，民族自决应该永远无条件地服从实现无产阶级自决的最终目标。也就是说，无产阶级政党要用时代的眼光来看待民族独立问题，并不是在任何情况下都无条件地支持民族独立，民族的利益要与无产阶级的整体利益相符合而不能相违背。根据抽象的"民主""全民"的观点或者所谓的"永恒的道德"的要求，无条件地要求实现所谓"民族独立"，是资产阶级唯心主义历史观的体现。列宁指出，马克思恩格斯在19世纪中叶曾经支持波兰的民族独立，但那个时代的民族独立运动具有反对封建专制制度的进步性，是整个欧洲彻底摆脱宗法封建专制政体的革命力量。然而到了20世纪初，就必须将民族独立运动置于世界无产阶级革命的时代主题下进行探讨，使之服从于无产阶级革命最终胜利的需要。如果不顾时代的发展，盲目地将马克思恩格斯的个别论断作为依据来裁决现实问题，不但有违马克思主义的精神实质，而且还会脱离无产阶级革命立场而沦为资产阶级民主派的附庸[2]。可见，列宁是在建党时期就解答波兰民族自决问题时，就如何在世界历史的大视野下正确把握时代性质变化的重大意义，提出了一些新的观点，但此时还没有针对时代的界分、时代的性质和主题等具体问题展开系统而深入的思考。

第一次世界大战前夕，在俄国革命和帝国主义大战相互交织的背景下，时代的剧变通过民族问题集中且尖锐地表现出来，民族自决权成为

---

[1]《列宁全集》第7卷，人民出版社2013年版，第222页。
[2]《列宁全集》第7卷，人民出版社2013年版，第222页。

第一章　列宁时代观视阈下俄国资本主义的发展及其限度

了一个热点问题。俄国国内的民族矛盾与俄国革命性质之间的关系、俄国革命与世界革命的关系、西欧社会民主党的社会沙文主义路线与世界无产阶级革命利益之间的矛盾等重大问题，都与"民族自决"问题紧密相关。列宁鲜明地指出，马克思主义理论之所以也被看成是历史唯物主义，很重要的原因是因为它要求人们在分析任何社会问题时，都要把问题提到一定的历史范围之内，不能脱离具体的历史情境来抽象地谈论问题。这是马克思主义"绝对的要求"。他说，马克思主义者和无产阶级政党必须厘清"两个资本主义时代"的根本区别。一个是"封建制度和专制制度崩溃的时代"，另一个是处在"资本主义崩溃的前夜"的"无产阶级同资产阶级的对抗大大发展的时代"①。在前一个时代，争取民族解放的运动和争取政治自由的运动可以相互结合、相互促进，争取民族自决有利于加速封建社会的彻底崩溃和促进资产阶级民主，是具有进步意义的运动。在后一个时代，由于资本主义的发展已经完全打破民族国家的界限，跨民族的资本将国际资产阶级和无产阶级的斗争提到了第一位，各国无产阶级的民族斗争必须服从国际无产阶级社会主义革命的利益。这时对"民族自决"的要求必须具体分析，盲目强调"民族自决"就犯了严重的时代错误。当然，两个时代之间的转换是十分复杂的，有许多过渡性的环节，具体到不同的国家，情况也不尽相同。因此，在谈到某一国家的民族纲领时，既要估计到这个国家不同于同一时代其他国家的具体特点，又要考虑到世界历史时代的本质和主要矛盾。对于俄国来说，必须从俄国的具体情况和大的历史时代两个方面来提出问题。"俄国究竟处在什么历史时代？这个国家在这个时代的民族问题和民族运动究竟有哪些具体特点？"② 与西欧相比，俄国革命具有资产阶级民主革命的性质，反对大俄罗斯民族主义、承认国内各民族完全平等是俄国民主革命重要任务之一。从无产阶级革命的大历史时代来看，俄国的资产阶级民主革命是世界无产阶级革命的重要组成部分，俄国无产阶级必须与国际无产阶级结成跨民族的统一战线，坚持国际无产阶级的利益，反对国际

---

① 《列宁全集》第 25 卷，人民出版社 2017 年版，第 232 页。
② 《列宁全集》第 25 卷，人民出版社 2017 年版，第 233 页。

资产阶级和社会沙文主义。只有世界无产阶级革命取得最终胜利,才能彻底解决民族问题①。显然,列宁此时关于时代的观点,较之建党时期来说更为丰富。尤其是将资本主义明确划分为两个时代,对两个时代的主题进行了提炼,明确指出了结合一定的时代主题分析问题的重要意义。这标志着列宁的时代理论的基本框架已经形成。

随着第一次世界大战和俄国革命形势的发展,俄国党内和第二国际中有关时代问题的争论日益激烈。1915年1月,彼得格勒的杂志《我们的事业》刊登了亚历山大·尼古拉耶维奇·波特列索夫(以下简称波特列索夫)的一篇题为《两个时代的交界点》的文章。这篇文章的作者是俄国第一批社会民主党人,在党内具有一定的影响力。尤为重要的是,他在这篇文章自称为一个马克思主义者,而他关于时代的观点似是而非,内容极具欺骗性。首先他指出,19世纪末和20世纪初处在旧时代和新时代的交界点。新旧两个时代根本区别就在于现代民主派必须从狭隘的民族观点向国际观点转变。现代民主派不同于具有18世纪末和19世纪初叶与中叶的特色的旧资产阶级民主派,是具有新时代特色的民主派。从这段话看起来,似乎波特列索夫确实是一个民族自由主义倾向的批评者,一个无产阶级国际主义的支持者。然而,列宁揭露说,波特列索夫其实"是在国际观点的旗帜下偷运机会主义"②。为了批判波特列索夫的机会主义倾向,列宁写了《打着别人的旗帜》。列宁指出,波特列索夫强调当时正处于"两个时代的交界点",这固然没有错,但他划分时代的标准以及对时代的客观内容把握却完全是错误的。在此基础上,列宁系统阐述了有关时代的重要理论,如时代划分的标准、时代的本质特征、时代的主要内容、正确认识和把握时代的重要意义等。《打着别人的旗帜》由此被学术界作为列宁时代观成熟的标志。

总之,列宁的时代观是他在直面当时国际国内政治的现实问题时形成的。世纪剧变是列宁思考时代问题的致因,对现实政治斗争中的民族、战争、革命等问题的思考是列宁时代观的原发路径。

---

① 《列宁全集》第25卷,人民出版社2017年版,第285—288页。
② 《列宁全集》第26卷,人民出版社2017年版,第135页。

（二）列宁时代观的主要内容

马克思曾经说过，任何理论"都是自己时代的精神上的精华……不仅在内部通过自己的内容，而且在外部通过自己的表现，同自己时代的现实世界接触并相互作用"①。恩格斯也说："任何哲学都只不过是它所处的时代的思想内容。"② 作为继承者的列宁，他的理论无疑是对新时代挑战的应战，是对新时代的本质内容、基本特征以及发展趋势的理性思考。

首先，列宁论述了正确认识时代的重要意义以及正确划分时代的原则、依据和方法。在列宁看来，正确认识时代，包括两层含义。第一层含义，必须准确认识世界经济政治体系的整体面貌和一般特征，再据此考察某一个国家的具体特点，才能够正确地制定政策和策略。他说："首先考虑到各个'时代'的不同的基本特征（而不是个别国家的个别历史事件），我们才能够正确地制定自己的策略；只有了解了某一时代的基本特征，才能在这一基础上去考虑这个国家或那个国家的更具体的特点。"③ 第二层含义，必须忠于马克思主义的精神，结合时代条件推进理论和实践的发展，而不能从本本出发，恪守教条，脱离实际。列宁曾多次批判俄国党内存在的无视时代变化而故步自封的倾向。他说："忽视从那时以来已经变化了的条件，坚持马克思主义的旧的答案，那就是只忠于学说的字句，而不是忠于学说的精神，就是只背诵过去的结论，而不善于用马克思主义的研究方法来分析新的政治局势。"④ "只有不可救药的书呆子，才会单靠引证马克思关于另一历史时代的某一论述，来解决当前发生的独特而复杂的问题。"⑤ 关于正确划分时代的原则、方法和依据，学术界曾将阶级斗争作为列宁划分时代的唯一标准，依据是列宁在《打着别人的旗帜》中说过这样一段话："我们无法知道，一个时代的各

---

① 《马克思恩格斯全集》第1卷，人民出版社1995年版，第220页。
② 《马克思恩格斯全集》第2卷，人民出版社2005年版，第338页。
③ 《列宁全集》第26卷，人民出版社2017年版，第143页。
④ 《列宁全集》第7卷，人民出版社2013年版，第222页。
⑤ 《列宁全集》第3卷，人民出版社2013年版，第13页。

个历史运动的发展会有多快,有多少成就。但是我们能够知道,而且确实知道,哪一个阶级是这个或那个时代的中心,决定着时代的主要内容、时代发展的主要方向、时代的历史背景的主要特点等等。"① 必须将这段话放到当时极其特殊的历史背景下去考察。1915 年初帝国主义国家纷纷卷入了战争。列宁指出当前的战争不是过去常见的那种民族战争,而是一场帝国主义战争,社会党人的任务是利用世界大战所造成的局面,发动国内战争。《打着别人的旗帜》旨在怒斥各交战国社会党领袖"保卫祖国"口号的虚伪性和背叛性,激扬俄国无产阶级的革命斗志。在战争与革命的背景下、在论战的语境中,列宁突出强调了阶级斗争的重要意义,但列宁并不是将阶级斗争作为划分时代的根本标准。就在同一篇文章中,列宁谈道:"只有首先分析从一个时代转变到另一个时代的客观条件,才能理解我们面前发生的各种重大历史事件。"② "马克思的方法首先是考虑具体时间、具体环境里的历史过程的客观内容,以便首先了解,哪一个阶级的运动是这个具体环境里可能出现的进步的主要动力。"③ 他还在"客观"这一词下加了着重号。可见,完整理解列宁的意思应该是:要考察时代问题,必须以"历史阶段的客观内容"为根本准则。哪个阶级、哪种阶级斗争在这个时代是进步的,是由"历史阶段的客观内容"决定的,也就是说,是由一段时期的世界政治经济矛盾运动的基本状态决定的。

其次,列宁对时代的具体表述。列宁将资本主义分为三个时代:第一个时代是从 1789 年至 1871 年,标志是"法国大革命到普法战争";第二个时代是从 1871 年至 1914 年,标志是"普法战争到第一次世界大战";第三个时代是"1914—",列宁没有给出这个时代的上限。列宁说"两个时代没有被一堵墙隔开,而是由许多过渡环节联系在一起"④。对于第三个时代,由于具体的语境不同,列宁的表述不尽一致。归纳起来,最主要有四种基本的提法:第一,"帝国主义时代"的提法。最早形成于

---

① 《列宁全集》第 26 卷,人民出版社 2017 年版,第 143 页。
② 《列宁全集》第 26 卷,人民出版社 2017 年版,第 142—143 页。
③ 《列宁全集》第 26 卷,人民出版社 2017 年版,第 140—141 页。
④ 《列宁全集》第 25 卷,人民出版社 2017 年版,第 233 页。

第一章 列宁时代观视阈下俄国资本主义的发展及其限度

1915年左右。在次年发表的《帝国主义是资本主义的最高阶段》中，列宁对这个时代做了详尽的论述。与此相关的表述很多。比如"最新资本主义时代""垄断资本主义时代""最反动的金融资本时代"等。这种提法侧重于强调资本主义发展趋势的"腐朽性、反动性、垂死性"，是列宁对于当下时代的总的看法和根本的观点。第二，"无产阶级革命时代"的提法。这主要出现在俄国革命和欧洲工人运动高涨的重大关头的文章中。类似的提法有"无产阶级社会主义革命的时代""无产阶级的政治统治代替资产阶级政治统治的时代""无产阶级世界革命的时代"等。侧重于强调无产阶级世界革命是实现社会主义的路径。第三，"无产阶级专政时代"的提法。主要出现在俄国革命胜利后尤其是共产国际的文献以及与第二国际机会主义论战的文章中。如"无产阶级专政时代已经开始"[①]、"资本家议会制度时代和无产阶级苏维埃国家制度时代的世界性交替的开始"[②]，侧重于强调无产阶级专政对于社会主义的重要意义。

  总之，列宁以资本主义社会为研究对象，以社会基本矛盾运动的变化作为划分时代的准则，以重大的历史事件为时代变迁的分界线——分界线"只是大致地以那些特别突出和引人注目的历史事件作为重大的历史运动的里程碑"[③]，从各种个别的、局部的运动和现象相互作用的"合力"中判断时代发展方向。在列宁的时代观中，存在着两个维度：一是世界历史的维度；一是民族国家的维度。这两个维度并不是决然对立的，而是相互联系、相互作用的。在判断时代问题时，列宁一方面力图对世界政治经济矛盾运动的基本状态作出一般性判断，明确地将时代问题与世界无产阶级历史使命结合起来，赋予时代问题以鲜明的世界历史特色。另一方面列宁并不排斥对民族国家具体特征的总结，而是将民族国家的具体特征与世界历史的普遍趋势结合起来，赋予时代问题以民族特色和实践特色。

[①]《列宁全集》第39卷，人民出版社2017年版，第36页。
[②]《列宁全集》第36卷，人民出版社2017年版，第208页。
[③]《列宁全集》第26卷，人民出版社2017年版，第144页。

二、俄国资本主义发展的必然性、进步性和历史地位

19世纪后期第二国际内部的争论和斗争，在俄国也引起了很大的反响。"民粹主义"与"合法马克思主义"是此时俄国流行最广的两大思潮。民粹主义产生于19世纪中叶，是俄国知识分子将西方的空想社会主义理论与俄国无政府主义思想传统结合起来的产物，也是俄国经济文化落后、农民和小生产者人数占人口绝大多数这样一种国情的反映。民粹主义过分强调俄国国情的特殊性，拒绝承认世界历史的普遍规律，否认俄国已经进入资本主义的现实，否定资本主义社会的进步意义，片面夸大农民和农村公社在俄国社会变革中的作用，以至于将农民作为俄国社会历史变革的决定性力量，将村社作为俄国进入社会主义的基础。民粹主义在其发展历程中经历了几次蜕变，但主张俄国在广泛存在的农村公社的基础上避开资本主义发展阶段直接走向社会主义，始终是其思想的重要标识。"合法马克思主义"者则走向了另一个极端。19世纪90年代，俄国一批知识分子在沙皇政府的合法刊物上打着宣传马克思主义的旗号发表文章，故称"合法马克思主义"。他们反对封建专制主义，宣扬资产阶级自由主义。"合法马克思主义"坚持客观主义立场，承认世界历史发展的一般规律。受西欧社会改良主义的影响，"合法马克思主义"者虽然承认社会主义，但认为社会主义只存在于思想意识或价值观念中，在现实中是不可能实现的。"合法马克思主义"认为俄国在政治、经济、文化上已经完全步入资本主义发展道路，并将资本主义社会说成是最美好的、永恒的社会，宣称俄国只有在资本主义制度下才能走向未来。列宁站在时代发展的高度，以历史唯物主义为思想武器，通过同俄国自由民粹主义和"合法马克思主义"的辩论，对俄国资本主义发展的必然性和进步性、俄国资本主义发展的局限性和矛盾性以及俄国资本主义发展的未来趋势做了最初的阐释。

（一）俄国走资本主义道路的可能性和必然性

民粹主义者认为，俄国根本就不具有发展资本主义的根基，不可能

发展资本主义。资本主义的建立和发展，依赖于发达的国内外市场。俄国是一个经济文化落后的国家，农民和小生产者占人口的绝大多数，而俄国的农民和小生产者日益遭到破产，购买能力不断缩减。在这种情况下，俄国国内市场不可能建立起来。开拓和建立国外市场，对于落后的俄国来说，更是可望而不可即的。这样一来，俄国民粹主义者就直接"宣布俄国资本主义没有根基和没有生命力"[1]。民粹主义者虽然承认俄国已经出现了资本主义生产方式，但认为这不是俄国社会发展的客观结果，而是沙皇政府因偏爱大工业而"人为"造成的。列宁对民粹主义的观点进行了批驳。他指出，农民和小生产者的破产，使得一部分生产者从生产资料中"游离"出来，这不但不是资本主义发展的障碍，反而为资本主义发展创造了重要的前提条件。一方面，从生产资料的生产和需求来看，推动国内市场不断扩大的决定因素，与其说是靠消费品生产，不如说是靠生产资料生产。俄国处在资本主义发展的初期，新兴的资本家为了扩大再生产，会不断追加对新工具、能源、原料和交通工具等的需求，俄国的国内市场会因此而不断扩大。另一方面，从消费资料的生产和消费来看，农村居民从自然经济条件下游离出来，使得他们对市场的依赖程度加深，直至于他们只有通过市场出卖自身的劳动力来维持生活。而资本家也必须要通过国内市场购买自己工厂不生产的消费品和奢侈品。因此，列宁强调，农民和小生产者的破产所表明出来的情况，不但不意味着国内市场的缩小，反而是国内市场建立不可或缺的条件，是资本主义的发展趋势加强的结果[2]。针对民粹派提出的建立国外市场的问题，列宁指出，资本主义国家国外市场的建立，不是国内市场缺乏的要求，而是资本主义商品流通和资本的逻辑即资本对剩余价值的无限追求的必然结果。资本主义商品流通打破"国家的孤立和闭关自守的状态"、俄国资本主义"超出村社、地方市场、地区以及国家的界限"是不可避免的趋势。在《俄国资本主义发展》中，列宁在深入分析所掌握的调查数据的基础上，对俄国农业中资本主义的发展状况和俄国工业资本

---

[1] 《列宁全集》第3卷，人民出版社2013年版，第23页。
[2] 《列宁全集》第3卷，人民出版社2013年版，第22页。

主义发展的三个阶段进行了阐述,雄辩地说明了俄国资本主义发展是世界历史时代和俄国经济社会发展共同作用的必然趋势和必然结果。

(二) 俄国资本主义发展的进步意义

资本主义在经济发展方面的进步作用,主要体现在两个方面:一是促进社会生产力的发展;二是提高生产社会化的程度。但由于俄国还处在资本主义发展的初级阶段,资本主义工业在国民经济的各个部门之间的发展还十分不平衡,这种进步作用还没有完全展现出来。俄国只有度过了不平衡、不充分的发展阶段、建立起资本主义大工业之后,资本主义对俄国社会的促进作用才会更加彰显。机器大工业发展越迅速、生产社会化程度越提高,旧的经济制度和人身依附式的宗法关系的崩溃就会越彻底,这些必将给俄国的社会面貌带来深刻改变。鉴于此,列宁说"民粹派对正在俄国进行的资本主义发展过程的理解,以及他们对俄国资本主义以前的经济关系结构的观念,我们不能不认为是绝对错误的"[1]。列宁指出,对于俄国资本主义发展的评价和探讨,必须以俄国社会已经是资本主义社会这一基本判断为前提。民粹派基于主观的体念和"这种或那种道德上的结论",认为资本主义是一种衰落和退步,竭尽全力否定俄国资本主义的发展,主张俄国在落后的经济基础上直接走向社会主义,违背了社会历史发展的客观规律,是不切实际的空想,是阻碍俄国马克思主义传播和无产阶级革命运动发展的重要障碍。

资本主义在政治上的进步意义在于,促进俄国走向民主政治。通过将俄国和西欧人民所拥有的民主权利进行对比,列宁说明了俄国向西欧学习、建立民主共和国的重要意义。他说,"无论俄国工人还是全体俄国人民,直到现在还没有处理自己全民事务的自由。正像过去农民是地主的农奴一样,现在全国人民都是官吏的农奴。俄国人民没有权利选举官吏,没有权利选举代表来为全国立法。俄国人民甚至没有权利集会讨论国家的事务"[2],而在欧洲国家,"工厂的工人和种田的雇农都能进入国

---

[1]《列宁全集》第3卷,人民出版社2013年版,第551页。
[2]《列宁全集》第7卷,人民出版社2013年版,第114页。

家杜马（议会）：他们在全体人民面前自由地讲工人的贫苦生活，号召工人团结起来为更好的生活而斗争。谁也不敢出来阻止人民代表的这种讲话，哪个警察也不敢用指头触动他们一下"①。列宁还特别举了德国的例子。列宁评价说，即便是德国这个在欧洲相对落后的国家，与俄国相比，也有许多先进之处："德国人民早在50多年以前就打垮了专制制度，用武力取得了政治自由。德国不像俄国，那里的法律不是由一小撮官吏颁布的，而是由人民代表会议、议会，或者是德国人所说的帝国国会颁布的。凡是成年男子都有选举这个国会的议员的资格。因此可以算出投社会民主党人的有多少票。"②毫无疑问，列宁认为，向西欧资本主义国家学习，建立民主共和国，是俄国走向现代文明的必由之路。列宁指出民粹派过分强调俄国国情的特殊性，"不仅不把西欧进步思想界对资本主义及其一切现象的分析用之于神圣的俄罗斯，反而竭力想出一些借口不对俄国资本主义作出人们曾对欧洲资本主义作出过的结论"③，体现了民粹派"虚伪的理想化"④的理论特质。

（三）俄国资本主义发展的矛盾性和历史地位

同欧美发达资本主义相比较，资本主义在俄国发展受到残存的旧制度的束缚，发展十分缓慢。俄国人民受到旧制度和资本主义的双重剥削，生存状况"无限制地恶化"。为了掩饰资本主义发展给俄国社会所带来的多重社会矛盾，达到美化资本主义的目的，"合法马克思主义"者通过偷换概念的手法，将"资本"定义为"为了继续生产而积累的劳动"。在这样的逻辑前提下，资本追求剩余价值的剥削本性完全被抹杀了。"合法马克思主义"将工人贫困（将俄国人民群众贫穷）的根源归结为"土地肥力递减"等自然因素，宣称小农和无产阶级在资本主义制度下可以稳固发展和安居乐业，鼓吹资本主义社会发展的永恒性。列宁对"合法马克思主义"进行了批判。首先，列宁揭露了"合法马克思主义"与真正的

---

① 《列宁全集》第7卷，人民出版社2013年版，第116页。
② 《列宁全集》第7卷，人民出版社2013年版，第119页。
③ 《列宁全集》第2卷，人民出版社2013年版，第410页。
④ 《列宁全集》第2卷，人民出版社2013年版，第400页。

马克思主义的区别。列宁指出,从表面上看,"合法马克思主义"和马克思主义者都承认历史发展的客观必然性,但是二者之间却有着原则区别。"合法马克思主义"在证明现有的一切历史事实(资本主义)的客观必然性的同时,又站在为这些历史事实(资本主义)辩护的立场上;而马克思主义者却要从历史事实(资本主义)中分辨出阶级对立并确定自己的阶级立场。马克思主义者不但要说明社会历史发展过程的客观性,更重要的是,要分辨出社会历史发展过程背后存在的阶级,说明是哪个阶级"决定着当前制度的内容",哪个阶级"除了自己起来斗争就不可能有别的出路"①。因此,站在一定的阶级立场上谈论历史事实,说明现有的历史事实的局限性和暂时性,才是真正的马克思主义的立场。其次,列宁批驳了"合法马克思主义"者将土地等自然因素看作是俄国社会落后的根本原因的错误观点。"合法马克思主义"认为,"土地肥力递减规律"是致使俄国农民和农村不断走向贫困的根本原因。因为土地等自然资源有着自身的发展规律,人为地在同一块土地上不断追加资本和劳动,土地的肥力会不断递减,所收获的产品数量就会依次减少。列宁批判说,所谓的"土地肥力递减规律"根本不具有科学性。在现代社会里,导致社会贫困的原因不可能完全来自自然界,生产关系的发展和生产方式变革才是主要原因。导致俄国人民群众普遍贫困的根本原因是资本主义在俄国的初步发展。由于俄国农民日益失去生产资料而沦为雇佣工人,使得正在破产的或刚刚沦为无产者的农民,在获取生活资料方面必然比过去更加困难。鉴于此,列宁说土地肥力递减规律"所包含的无非是辩护术和糊涂思想",目的就是为了掩盖资本主义社会的历史暂时性,因而是一个"臭名远扬的规律"②。再次,列宁批驳了"小农经济稳固论",指出在资本主义制度下的"小农经济稳固论"纯属于无稽之谈。在资本主义社会中,小农成为真正资本家的情况是极少的。不论是在生产技术还是在经营规模上,小农都不可能与资本家相提并论。资本主义要推动生产力的发展,只有一个办法,那就是不断欺负和压榨广大小生产者③。

---

① 《列宁全集》第 1 卷,人民出版社 2013 年版,第 369 页。
② 《列宁全集》第 5 卷,人民出版社 2013 年版,第 210 页。
③ 《列宁全集》第 19 卷,人民出版社 2017 年版,第 338 页。

广大农民只有与工人阶级结成联盟,并在工人阶级的领导下进行反对资产阶级的斗争,彻底推翻资本主义制度,才能摆脱悲惨的命运。

可见,列宁对俄国国情的认识、对俄国资本主义发展的现状及其历史地位的判断,既不同于民粹主义,又不同于"合法马克思主义"者。他认为,俄国社会已经是资本主义社会,资本主义在俄国的发展具有重大的进步意义。但俄国资本主义与沙皇专制制度联系在一起,带有浓厚的封建色彩,它的发展必将使俄国社会矛盾日益复杂而尖锐,最终导致全面而深刻的社会危机。这既决定了俄国资本主义发展的限度,也决定了俄国社会变革的历史任务具有多重性的特点。因此,无产阶级在变革俄国社会的过程中,既要摆脱封建制度残余的束缚,又要反对资本主义制度的剥削和压迫。

三、俄国资产阶级民主革命与工农民主专政

在对俄国资本主义的发展状况进行深入分析后,列宁将马克思主义与俄国实际相结合,开始了对俄国资本主义发展和社会主义实现的各种可能性的思考。在马克思主义与俄国实际相结合的早期历程中,1905年革命具有里程碑式的意义。在这场革命中,俄国社会各阶级都充分展示了自己的政治面貌和实际力量,列宁提出了"工农民主专政"的理论[①]。"工农民主专政"是马克思主义与俄国革命相结合所产生的第一个具有重要意义的理论成果,是列宁关于俄国乃至东方社会主义理论构建中关键性的一环,也是列宁主义逻辑主线的开端。

(一)俄国民主革命的领导权及革命的两种前途

在1905年革命时期,列宁指出,沙皇专制制度是俄国社会发展进步的最大障碍,是俄国革命的首要对象。俄国革命的性质是扫除封建专制制度残余、促进资本主义充分发展的资产阶级民主革命。革命有两种可

---

① 在列宁的著作中,与"工农民主专政"类似的提法有"无产阶级和农民的革命民主专政""革命专政""人民专制""工农民主专政"等。

能的前途（或者说结果），一是1789年式的，二是1848年式的。这两种革命前途的区别是很明显的。前者以革命规模巨大、革命形式激烈、革命成果的完全彻底而闻名于历史；后者的结果是资产阶级和封建专制制度达成妥协，实行君主立宪制，革命半途而废。列宁分析说，这两种革命前途在俄国都有实现的可能性。他说："（在俄国——引者注）为资本主义清扫基地，可以沿着两大路线进行。既可以在保证农民和无产阶级群众在资本主义制度下能够得到最大福利的条件下把农奴制的俄国改造成资产阶级的俄国，也可以在首先保证地主和资本家这两个有产阶级利益的条件下实行这种改造。"① 然而，俄国革命将走向哪种前途，取决于俄国社会各阶级力量的博弈和社会民主工党内两条路线之间的斗争。

受第二国际马克思主义和修正主义斗争的影响，在俄国社会民主工党建党之始，就存在着布尔什维克和孟什维克两个派别、两条路线的斗争。孟什维克从资产阶级民主革命的一般规律出发，认为俄国革命既然是资产阶级民主革命，目的是为资本主义发展扫清道路，那么无产阶级就不要去尝试夺取革命的领导权，而是尽量将资产阶级推向革命的领导地位。如果无产阶级掌握了民主革命的领导权，一旦革命成功后，掌握领导权的无产阶级就不得不越出资产阶级革命的范围，将革命推向社会主义革命。由于俄国不具备进行社会主义革命的条件，这就必然导致革命失败。所以"应当劝告无产阶级不要起义，要等待，要组织起来，后退是为了跳得更远"②。列宁判定，按照孟什维克的策略，俄国革命必将走向1848年式的君主立宪的前途。与此相反，布尔什维克的策略是，无产阶级在民主革命中努力夺取革命的领导权，联合广大城乡小业主阶层，用暴力来推翻沙皇政府，建立"工农民主专政"，引领俄国革命走向1789年式的民主共和国的前途。布尔什维克绝对不走君主立宪式的改良主义道路，这是"从马克思主义革命理论中得出的战斗结论"③。可见，布尔什维克和孟什维克的分歧不在于对俄国民主革命性质的认定，而在于俄国民主革命应该由哪个阶级来领导，革命后是建立资产阶级专政还

---

① 《列宁全集》第14卷，人民出版社2017年版，第13—14页。
② 《列宁全集》第9卷，人民出版社2017年版，第364页。
③ 《列宁全集》第10卷，人民出版社2017年版，第294页。

是工农民主专政。在列宁看来，孟什维克所犯错误的根源在于，没有认识到俄国的资产阶级民主革命与一般意义上（或者说欧洲）的资产阶级民主革命相比，具有不同的特点。

第一，发生的时代不同。欧洲的资产阶级民主革命爆发于封建主义向资本主义过渡的时代。相比于无产阶级来说，欧洲资产阶级具有更成熟的阶级意识和革命意识，是欧洲资产阶级革命的天然的领导阶级。而俄国革命发生时，国际资产阶级已经丧失进步性，国际无产阶级已然登上了历史舞台，世界历史"无疑地已经进入了一个新的时代"[①]。另外，欧洲革命发生在封建制度趋于没落的社会历史条件下，任务是推翻封建制度，建立和发展资本主义。而俄国资产阶级革命不是在纯粹的封建制度的基础上进行的，而是在资本主义生产关系上进行的，目的是使发展不充分的资本主义充分发展。列宁说，俄国革命"是在资本主义生产关系的基础上进行的，而且变革的结果必然正是这种生产关系的进一步发展。简单地说……资本的统治仍然保持着"[②]。鉴于此，在有关俄国革命领导权的问题上，布尔什维克"决不可把自己束缚在陈规旧套当中"[③]，不能用旧时代的眼光看待俄国革命问题。

第二，俄国资产阶级不具有将资产阶级民主革命进行到底的政治诉求。俄国资本主义是在沙皇政府实行的农奴制改革的推动下发展起来的，俄国资产阶级与封建专制制度之间有着千丝万缕的联系，许多大资产阶级本身就由封建官僚转变而来。俄国资产阶级的利益与其说受到旧制度残余的束缚，不如说已经与其紧密联系在一起。因此，俄国资产阶级更倾向于保留旧制度的一部分而不是彻底推翻旧制度。资产阶级一方面试图争取自由，另一方面却"将另一只手始终伸给沙皇，向沙皇保证要保持并巩固他的政权，使农民同地主和解，'安抚''好闹事的'工人"[④]，他们希望革命采取温和渐进的改良方式，希望"革命不过分坚决地扫除

---

① 《列宁全集》第11卷，人民出版社2017年版，第14页。
② 《列宁全集》第15卷，人民出版社2017年版，第169—170页。
③ 《列宁全集》第11卷，人民出版社2017年版，第14页。
④ 《列宁全集》第19卷，人民出版社2017年版，第414—415页。

旧时代的一切残余……革命不十分彻底，不进行到底，不坚决无情"①。列宁强调，受自身财产和经济地位的影响，资产阶级在革命高潮到来时会走向反动，与沙皇专制政府一道阻止无产阶级和农民将革命推向前进。从这个意义上说，"资产阶级在资本主义社会中的阶级地位必然使它在民主革命中表现不彻底"②，"资产阶级出卖自由事业，资产阶级不能实行彻底的民主主义"③。总之，资产阶级不具有将民主革命进行到底的政治诉求。如果资产阶级掌握民主革命领导权，俄国革命必将走上与沙皇政府妥协的改良道路，结果是实行君主立宪制，革命半途而废。

第三，俄国无产阶级是领导俄国民主革命走向彻底胜利的政治力量。俄国无产阶级深受封建主义和资本主义的双重压迫，是俄国最具革命彻底性的阶级。19世纪末20世纪初的俄国，无产阶级已经作为独立的政治力量成长起来。无产阶级建立了自己的政党组织，并拥有一批成熟的马克思主义理论家和广泛的宣传刊物。基于此，列宁号召无产阶级"不要对资产阶级革命漠不关心，不要把革命中的领导权交给资产阶级，相反地，要尽最大的努力参加革命，最坚决地为彻底的无产阶级民主主义、为把革命进行到底而奋斗"④。

第四，无产阶级夺取革命的领导权，并不意味着俄国革命性质的改变。俄国革命的性质是由革命的经济内容、社会的阶级构成以及俄国群众的觉悟程度决定的。从革命的经济内容看，由于农奴制严重阻碍了俄国资本主义的发展，使得封建专制制度与资本主义发展之间的矛盾成为俄国的主要矛盾。俄国革命要反对的是封建土地所有制，不反对资产阶级所有制，工人和农民谋求的是在资本主义范围内的权益，革命胜利后要发展资本主义。列宁说："一切社会民主党人都深信，我们的革命，按正在进行的社会经济变革的内容来讲，是资产阶级革命。"⑤ "只有最无

---

① 《列宁全集》第11卷，人民出版社2017年版，第32页。
② 《列宁全集》第11卷，人民出版社2017年版，第33页。
③ 《列宁全集》第11卷，人民出版社2017年版，第32页。
④ 《列宁全集》第11卷，人民出版社2017年版，第34页。
⑤ 《列宁全集》第15卷，人民出版社2017年版，第169页。

第一章 列宁时代观视阈下俄国资本主义的发展及其限度

知的人,才能忽视当前的民主革命的资产阶级性质。"① 从俄国社会的阶级状况来看,俄国是一个小农经济占很大比重的国家,在资产阶级和无产阶级之间存在着广泛的农民和小资产阶级阶层。这个庞大的"中间阶层"的存在,决定了俄国革命不可能是社会主义革命。因为"民主主义变革同社会主义变革之间的区别,无非是存在着人口众多的农民和小资产阶级,他们能够支持民主主义变革,而在目前还不能支持社会主义变革"②。列宁还从俄国无产阶级的觉悟程度和组织程度等主观方面论证了俄国不具备进行社会主义革命的条件,革命不能越出资产阶级革命的范畴③。

鉴于此,列宁对孟什维克的路线进行了批判,指出孟什维克的路线其实是伯恩施坦修正主义在俄国的变种④。列宁指出,孟什维克在民主革命中放弃夺取革命领导权的主张、在革命关键时刻限制无产阶级的革命行为和革命胜利的信心的言论,实际上就是要在俄国人民争取政治自由的斗争中推行第二国际的修正主义路线。布尔什维克必须时时刻刻保持警惕,防止孟什维克对无产阶级革命事业的叛卖。马克思主义政党只有战胜修正主义,才能保障无产阶级革命事业顺利发展。与此同时,列宁对孟什维克在方法论上所犯的错误进行了批判。列宁指出,孟什维克不是从俄国的现实出发,而是从抽象原理或经典作家的语录出发来论证俄国革命的路线问题。他说,孟什维克从"我国革命基本性质的一般真理的单纯逻辑发展中去寻找具体问题的答案",不但"把马克思主义庸俗化",而且"完全是对辩证唯物主义的嘲弄"⑤。在同列宁的论战中,孟什维克的代表人物马尔丁诺夫引用恩格斯的论断为自己的观点作辩护。恩格斯在《德国农民战争》一书中提到,如果一个先进阶级在运动还没有达到成熟的地步、在进行统治的条件还没有具备之时却"被迫出来掌

---

① 《列宁全集》第 11 卷,人民出版社 2017 年版,第 12 页。
② 《列宁全集》第 10 卷,人民出版社 2017 年版,第 8 页。
③ 《列宁全集》第 11 卷,人民出版社 2017 年版,第 12 页。
④ 舒新:《承袭与僭越——中国共产党对社会民主党及民主社会主义的认知历程》,中国社会科学出版社 2013 年版,第 52—54 页。
⑤ 《列宁全集》第 3 卷,人民出版社 2013 年版,第 12 页。

握政权",是"最糟糕的事情"①。马尔丁诺夫认为,俄国社会还不具有实现社会主义的物质前提,如果无产阶级在民主革命中掌握了政权而实行社会主义政策,恰就是恩格斯所说的"最糟糕的事"。列宁驳斥说,马尔丁诺夫脱离俄国革命的实际,完全不了解俄国革命所要解决的主要矛盾,荒唐地将俄国推翻封建专制制度后建立的"无产阶级和农民的民主专政"说成是推翻资产阶级专政后建立的"工人阶级的社会主义专政",从而将俄国无产阶级领导的民主革命与未来无产阶级领导的社会主义革命混为一谈。列宁反讽说,马尔丁诺夫断章取义地解读恩格斯的话,搬出恩格斯来为他的"糊涂观念"作"伪证人",实在是恩格斯的"不幸"②。

总的说来,俄国革命的性质是资产阶级民主革命,布尔什维克和孟什维克的策略分别指向两种不同的前途。在反对孟什维克的带有修正主义立场的革命策略时,列宁提出了工农民主专政的理论,并论证了只有实现工农民主专政才能使俄国民主革命走向彻底胜利。此外没有任何力量能完成领导俄国人民推翻封建专制政府、发展资本主义的任务。

(二)工农民主专政理论——列宁主义的逻辑起点

在对俄国民主革命的领导权及革命的两种前途进行分析论证的基础上,列宁提出了工农民主专政理论,主张将资产阶级同资产阶级民主革命剥离开来,由无产阶级领导并联合城乡小业主阶层掌握政权,建立美国式的民主共和国。统摄历史主体的能动性和生产力决定性之间的关系是工农民主专政理论的方法论原则,这一原则规范着列宁主义的唯物辩证性质和民族化特点。无产阶级的领导权和资本主义共和国之间的张力,决定了列宁必定会将这一思想推向前进。工农民主专政理论,是列宁关于俄国社会主义理论建构中的关键一环,是马克思主义俄国化的开端,也是列宁主义的逻辑起点。在1905年革命时期,俄国人民在无产阶级及其政党的领导下走上社会主义道路只是作为一个命题存在于列宁的头脑

---

① 《马克思恩格斯文集》第2卷,人民出版社2009年版,第303—304页。
② 《列宁全集》第10卷,人民出版社2017年版,第3页。

中。仅在十年之后这一命题便转化为布尔什维克党的指导思想和行动纲领,取得了十月革命的胜利,开辟了人类历史的新纪元。为此,列宁做了艰苦卓绝的理论补充和创建工作。

1. 工农民主专政理论的核心要义

工农民主专政是列宁将马克思主义运用于俄国实际所产生的最初的理论成果,带有鲜明的俄国特色,其要义就是从理论上和实践上将软弱的资产阶级与资产阶级民主革命剥离开来,要求无产阶级以独立的姿态参与资产阶级革命,并与占人口大多数的城乡小业主阶层联手夺取政权并掌握政权,将俄国民主革命进行到底,建立资本主义性质的民主共和国。

第一,将资产阶级与资产阶级民主革命剥离开来。在列宁看来,俄国资产阶级民主革命要取得彻底胜利,不但不能由资产阶级来领导,而且必须将资产阶级彻底排除在革命队伍之外。列宁提出工农民主专政理论的最本初的缘由,就是坚决反对孟什维克的"资产阶级革命必由资产阶级领导"的逻辑主张,反对资产阶级将俄国革命引向君主立宪的前途。孟什维克的代表人物马尔丁诺夫认为,如果将资产阶级排斥在革命队伍之外,必然会削弱革命力量,导致革命失败。列宁认为,将资产阶级排除出民主革命的队伍,不但不会削弱革命力量,反而是俄国革命取得胜利的重要保障,资产阶级在革命高潮到来时的动摇和背叛行为才是导致革命失败的根本原因[①]。资产阶级既不是俄国民主革命的领导阶级,也不是俄国民主革命的力量,在革命胜利后建立的工农民主专政中当然也没有政治地位。这一点与中国新民主主义革命完全不同。在中国新民主主义革命中,无产阶级是革命的领导阶级,广大的农民是革命的核心力量,但中国的民族资产阶级也是革命力量之一,在革命胜利后所建立的人民民主专政中,民族资产阶级是占有一定地位的。

第二,无产阶级和农民联合掌握政权。由于俄国资本主义不发达,无产阶级在人数上只占少数,要引领俄国革命走向胜利,还必须联合在

---

① 《列宁全集》第 11 卷,人民出版社 2017 年版,第 83 页。

人口上占优势的农民阶层，建立无产阶级与农民的政治联盟，此外"没有任何力量能够取得对沙皇制度的彻底胜利"①。列宁说，"如果专制政府真的被推翻了，那么它就应当由别的政府取而代之。而这个别的政府……的支柱只能是革命人民，即无产阶级和农民"；"成功的变革不可能不是无产阶级和农民的民主专政"②。必须说明的是，在列宁的著作中，"农民"一词在不同语境下有不同的内涵，必须严格区分。在20世纪初，列宁通过论证资本主义在俄国农村的发展，揭示了农村经济的变动和阶级结构的变化。在俄国农村，不但包括与封建土地所有制联系在一起的地主阶级，还包括因资本主义发展而形成的农民资产阶级（富农）、农民小资产阶级（中农）和贫苦农民（农村中的失去土地的无产者）。从广义上说，"农民"一词应该包括从事农事活动的一切人，涵盖农村中的各个阶级。而"工农民主专政"中的"农民"，显然不是广义的泛指，而是特指存在于俄国城乡的广大小业主阶层。由于俄国是一个小农经济占主体的国家，资本主义发展不充分，在俄国无产阶级和资产阶级之间，有一个人数众多的、由城市小资产阶级和农村小业主组成的阶层。这个阶层是俄国革命的主要力量。由于农村小业主是这个阶层的主体，列宁在很多场合将这个阶层直接简称为"农民"。但有时列宁也非常准确地将"工农民主专政"的构成表达为："无产阶级加上千百万过着小资产阶级生活的城乡贫民。"③

孟什维克反对工农民主专政的一个重要理由是，无产阶级和广大城乡小业主不可能形成统一的意志，因为无产阶级和广大小业主阶级在经济上不具有共同的利益，在政治上缺乏共同信仰。列宁认为，对于这个问题，必须进行具体的历史的分析。由于城乡小业主是私有者，无产阶级与城乡小业主在"社会主义问题上和争取社会主义的斗争中缺乏意志的统一"④是肯定的。但是，当前的俄国革命是民主革命，无产阶级和城乡小业主"并不排除在民主主义问题上和争取共和制的斗争中的意志

---

① 《列宁全集》第11卷，人民出版社2017年版，第38页。
② 《列宁全集》第10卷，人民出版社2017年版，第123—124页。
③ 《列宁全集》第10卷，人民出版社2017年版，第11页。
④ 《列宁全集》第11卷，人民出版社2017年版，第67页。

的统一"①。也就是说，在俄国革命的性质和发展阶段问题上，不能把将来社会主义革命中的无产阶级和广大城乡小业主矛盾提到当前民主革命中来考虑。工农民主专政是俄国民主革命胜利的成果，与社会主义革命胜利后建立的无产阶级专政具有本质区别，对此必须严格区分。

2. 工农民主专政理论的方法论原则

在马克思主义俄国化历程开启之初，在如何将马克思主义理论运用于俄国实际的问题上，布尔什维克和孟什维克之间爆发了巨大的争论。孟什维克认为，根据历史唯物主义原则，在历史发展的生产力决定性和工农群众的革命能动性之间，后者必须服从前者。落后的俄国只有经过资本主义的充分发展阶段才能积累起实现社会主义的物质前提，从而走向社会主义。为了实现理论自洽，孟什维克主张抑制人民群众的革命能动性，将革命的领导权交给资产阶级，保障资产阶级在政治上掌握政权并发展资本主义。这种抽象地运用马克思主义，片面追求所谓理论自洽的方法论原则，使孟什维克坠入了改良主义和修正主义的泥潭。布尔什维克提出了完全不同的方法论原则。布尔什维克主张将马克思主义与俄国实际相结合，在实践中将历史主体的主观能动性和历史发展的生产力决定性统摄起来，提炼出既符合马克思主义基本原理又能解决俄国复杂而尖锐的现实问题的新理论，并以此作为俄国革命的指导思想。工农民主专政正是这一方法论原则的产物。

第一，对历史主体能动性的发扬。列宁提出的工农民主专政的要义，无论是无产阶级对民主革命领导权的争夺，还是工农联合掌握政权，都是无产阶级和广大人民群众的主体能动性充分发扬的结果。在无产阶级革命事业必胜的信念下，通过历史活动主体能动性的充分发扬，在实践中不断探索进取的品质，贯穿于列宁革命生涯的始终并生动地体现在列宁主义的理论特质中。列宁谴责了孟什维克为了恰合抽象的理论逻辑而打击群众革命热情的做法，指出这种做法既是错误的，也是十分愚蠢的。列宁说："无产阶级革命情绪的高涨不是与日俱增，而是与时俱增。因此

---

① 《列宁全集》第 11 卷，人民出版社 2017 年版，第 67 页。

在这样的时刻,马尔丁诺夫主义不仅是一种蠢举,而且是一种犯罪,因为它有损于无产阶级革命能量的发挥,挫伤了无产阶级的革命热情。"①"如果我们不利用群众这种盛大节日的活力及其革命热情来为直接而坚决的道路无情地奋不顾身地斗争,我们就会成为背叛革命和出卖革命的人。"②

第二,对历史发展的生产力决定性的遵循。作为一个马克思主义者,列宁对历史唯物主义的基本原理熟谙于心,对历史发展的生产力决定性了然于胸。如前所述,在1905年革命时期,列宁虽然极力主张发扬历史主体的能动性,要求无产阶级夺取资产阶级革命的领导权,但是在俄国民主革命的前途这一点上,他是主张走向资本主义的。列宁对俄国资本主义生产方式的必然性和进步性的肯定,体现了他对历史发展的生产力决定性的信守。

第三,马克思主义民族化发展的开端。列宁的工农民主专政理论,深受马克思、恩格斯1848年德国革命思想的影响,是对马克思、恩格斯民主革命思想的继承和发展。马克思、恩格斯根据德国革命是资产阶级性质的革命这一基本前提,结合德国当时的实际情况,写成了《共产党在德国的要求》,提出了无产阶级在革命中同民主派结成联盟,高举民主主义旗帜,推翻封建专制政府,建立民主共和国的要求。马克思恩格斯有关民主共和国的主要观点有:(1)民主共和国作为一种政体,它的性质是由国家的阶级内容所决定的,"只要它是资产阶级的统治形式,它就同任何君主国一样敌视我们"③。(2)民主共和国是资产阶级政治形式中最高级的形式,同时也是最后的形式,即无产阶级和资产阶级能在这种形式下进行决战④、资产阶级统治将在这种形式下走向灭亡⑤。(3)无产阶级可以对民主共和国加以改造利用,为无产阶级事业发展创造条件。"我们的党和工人阶级只有在民主共和国这种形势下,才能取得统治。民

---

① 《列宁全集》第10卷,人民出版社2017年版,第132页。
② 《列宁全集》第11卷,人民出版社2017年版,第96页。
③ 《马克思恩格斯文集》第10卷,人民出版社2009年版,第671页。
④ 《马克思恩格斯文集》第4卷,人民出版社2009年版,第192页。
⑤ 《马克思恩格斯文集》第10卷,人民出版社2009年版,第515页。

主共和国甚至是无产阶级专政的特殊形势"①;"对无产阶级来说……共和国是无产阶级将来进行统治的现成的政治形势"②。马克思恩格斯的这些思想深刻影响了1905年革命时期的列宁。俄国社会民主工党历史上著名的"三条鲸鱼"口号,即建立民主共和国、没收地主全部土地、实行八小时工作制,是对列宁的民主革命纲领的简洁归纳。不难看出,"三条鲸鱼"口号和马克思、恩格斯的《共产党在德国的要求》在核心思想上完全是一致的。从经济目标来看,无论是没收地主土地还是八小时工作制,都不具有社会主义性质。从政治目标来看,建立民主共和国是经济目标彻底实现的政治保障。在列宁看来,君主立宪"保证地主和资本家这两个有产阶级利益",是资产阶级统治的低级形式;民主共和国"保证农民和无产阶级群众在资本主义制度下能够得到最大的福利",是资产阶级统治的高级形式③。俄国革命不能建立君主立宪制,要建立先进的民主共和制,而工农民主专政就是在俄国建立民主共和制的唯一保障。显然,列宁有关俄国民主革命前途及工农民主专政的构思,是对马克思、恩格斯民主革命思想的继承,是运用马克思主义解决俄国实际问题的最初尝试,也是马克思主义俄国化的开端。

统摄历史主体的能动性和历史发展的生产力决定性的关系,立足本国国情,在实践中坚持和发展马克思主义,这是工农民主专政所体现出来的方法论原则。这一原则后来成为贯穿列宁主义所有命题和原理的精髓,规范着列宁主义的唯物辩证性质和民族化的特色。恩格斯曾经指出:"历史从哪里开始,思想进程也应当从哪里开始,而思想进程的进一步发展不过是历史过程在抽象的、理论上前后一贯的形式上的反映。"④ 根据历史与逻辑相统一的原则,列宁对工农民主专政理论的探索和论证,是俄国革命道路乃至东方社会革命道路的历史起点,亦是马克思主义俄国化的理论成果——列宁主义的逻辑起点。

---

① 《马克思恩格斯文集》第4卷,人民出版社2009年版,第415页。
② 《马克思恩格斯文集》第10卷,人民出版社2009年版,第671页。
③ 《列宁全集》第14卷,人民出版社2017年版,第13—14页。
④ 《马克思恩格斯选集》第2卷,人民出版社2012年版,第14页。

3. 工农民主专政理论的意蕴

在同孟什维克的论战中,列宁阐述了他的工农民主专政理论,提出了俄国革命走向社会主义前途的构想。只不过相比于对资本主义前途的强调,此时列宁对社会主义前途的构想还不是十分明显,只能从他的某些特定语境下的论述中体悟出他这一思想的暗流①。列宁指出,"我们在即将来临的民主主义革命中获得胜利,这样就会向我们的社会主义目标前进一大步"②;工农民主专政是"取得资产阶级民主主义的胜利后开始进行真正的争取社会主义的斗争的一个当然的和必要的步骤"③;除了工农民主专政,"没有而且也不可能有其他手段可以加速社会主义的到来"④;工农民主专政是"最有利于无产阶级的形式",它"使无产阶级下一步争取社会主义的斗争得以最顺利地进行"⑤。这样看来,列宁是将工农民主专政看成是一个环节或一个阶段,俄国通过工农民主专政由过去的沙皇专制制度走向未来的社会主义。

在1905年革命时期,列宁对工农民主专政下资本主义的发展因缺乏与之相应的经济基础而难以持久是有所察觉的。一方面,无产阶级和农民在政治上掌握权力,却不拥有推动社会经济发展的资本,难以掌控社会的经济命脉;而资产阶级拥有推动社会经济发展的资本,但在政治上已经失权。工农民主专政理论内在的不平衡性,决定了列宁必然会将这一理论推向前进。由于当时俄国人民的革命实践还未能提供足够的素材,列宁只能根据当时的现实情况和已有的实践经验进行抽象的预测。列宁曾经预计,工农群众在取得民主革命胜利,建立工农民主专政后,资产阶级一定会来争夺革命胜利的成果。他说:"资产阶级在一定时期必然会采取一切手段来尽量夺取俄国无产阶级在革命时期获得的成果。"⑥ 面对

---

① 曹浩瀚:《列宁革命思想研究》,中央编译出版社2012年版,第94—95页。
② 《列宁全集》第10卷,人民出版社2017年版,第203页。
③ 《列宁全集》第12卷,人民出版社2017年版,第237页。
④ 《列宁全集》第11卷,人民出版社2017年版,第95页。
⑤ 《列宁全集》第11卷,人民出版社2017年版,第70页。
⑥ 《列宁全集》第10卷,人民出版社2017年版,第136页。

第一章 列宁时代观视阈下俄国资本主义的发展及其限度

资产阶级的进攻,工农群众面临两种抉择:一是工农民主政权被资产阶级夺了去,整个民主革命的成果被葬送,俄国退回到革命前的旧制度。二是将工农民主专政作为推进革命继续前进的政治工具或政治手段,最大限度地扩大资产阶级革命的胜利成果,向社会主义过渡。列宁说,"或者是资产阶级在民主革命后壮大起来(民主革命当然会使资产阶级壮大),把工人和农民群众的胜利果实全部夺去,——或者是无产阶级和农民群众给自己打通前进的道路。这就是说要有共和制度和彻底的人民专制"[①]。作为特别注重发扬无产阶级主观能动性和革命斗争精神的列宁,他绝不可能希望无产阶级和农民将手中的政权拱手让给资产阶级,让资产阶级建立统治并发展资本主义。相反,他主张不断激扬无产阶级和农民的革命斗争激情,鼓励他们为夺取革命的最终胜利而奋斗。实际上,在列宁的思想意识的深处,存在着一种理想,那就是利用政权的力量,通过无产阶级政党革命能动性的发扬,领导俄国人民走向更美好的社会主义前景。

俄国是一个经济文化落后的国家,要走向社会主义,有一个无法避开的问题就是,俄国具不具备社会主义的客观物质前提?与发达的西欧相比,落后的俄国显然是不具备的。那么如何才能使俄国补上这一客观前提?在列宁的一生中,他始终将俄国革命置于世界革命的宏伟蓝图之中,从俄国革命和世界革命的互动中探索俄国人民的解放之路。早在1895年起草的俄国社会民主工党的党纲草案中,列宁就提出"俄国工人阶级运动,就其性质和目的来说,是世界各国工人阶级国际(社会民主主义)运动的一部分"[②]。在以后俄国党的历次纲领中,都传承了这个观点。在列宁的构想中,俄国通过工农民主专政走向社会主义的路径分三步走。第一步,俄国革命推翻沙皇政府,取得彻底胜利,建立工农民主专政,使"整个欧洲甩掉反动军事强国的沉重枷锁"[③],为欧洲革命的胜利创造有利条件。第二步,俄国革命的胜利极大激发了欧洲(或者说世界)无产阶级的革命激情,点燃了欧洲(或者说世界)革命的烈火,拉

[①]《列宁全集》第 12 卷,人民出版社 2017 年版,第 237 页。
[②]《列宁全集》第 2 卷,人民出版社 2013 年版,第 70 页。
[③]《列宁全集》第 10 卷,人民出版社 2017 年版,第 203 页。

开了世界社会主义革命的序幕①。第三步,俄国无产阶级在欧洲(或者说世界)无产阶级的帮助下联手走向社会主义。在这三个步骤中,俄国无产阶级的至关要务在于第一步,即率先发动革命并掌握政权。只要俄国无产阶级在革命中掌握了政权,欧洲(或者说世界)革命就会"更迅速、更坚决、更勇敢地向社会主义迈进",欧洲(或者世界)革命胜利后,俄国"在欧洲的社会主义无产阶级的援助下","不仅能捍卫住民主共和国,而且能向社会主义阔步前进"②。换句话说,"如果没有欧洲的社会主义无产阶级对俄国无产阶级的支援,那么,这个斗争对于孤军作战的俄国无产阶级,几乎是毫无希望的,而且必然要遭到失败"③。可以看出,列宁提出工农民主专政理论时,已经初步勾勒出在俄国革命和世界革命的互动中实现社会主义的壮丽图景。在这个图景中,俄国无产阶级必须实现两个联合,取得两个胜利。一是同本国小业主阶层联合,取得俄国民主革命的胜利;二是作为国际无产阶级大军中的一员与世界无产阶级联合,取得世界社会主义革命的胜利。只有这样,俄国才能得到发达国家无产阶级的帮助并走向社会主义。在后来的十月革命和苏维埃俄国的战时共产主义时期,列宁一直秉持这种战略思想。直到新经济政策时期,列宁才重新部署了俄国走向社会主义的步骤④。

工农民主专政理论中体现出来的经济文化落后国家对社会主义美好未来的向往,是列宁一以贯之的初心和使命。为此,在后来领导俄国人民走向社会主义的伟大征途中,列宁做了大量的艰苦卓绝的理论补充和创建工作。在1905年革命时期,由于马克思主义与俄国实际相结合的历程才刚刚开启,工人运动还处于启蒙阶段,许多重大的理论问题和实践问题还没有在实践中得以展开。列宁在面对俄国经济文化落后的现实时,他倾向于俄国走向资本主义;当他用世界历史眼光、采取国际主义立场

---

① 列宁常用"信号""序幕""一级阶梯"等来表述俄国革命引发世界革命。参见《列宁全集》第10卷,人民出版社2017年版,第296页;《列宁全集》第12卷,人民出版社2017年版,第24页;《列宁全集》第29卷,人民出版社2017年版,第90页等。
② 《列宁全集》第10卷,人民出版社2017年版,第203页。
③ 《列宁全集》第12卷,人民出版社2017年版,第142页。
④ 舒新:《新经济政策的理论价值和现实启迪再探》,《社会主义研究》2020年第3期,第37—44页。

看待俄国革命的前途时，他倾向于俄国走向社会主义。随着世界大战的爆发和俄国革命一日千里的发展，列宁关于社会主义前途的构想不再作为理论命题存在于党的争论中，而是作为布尔什维克的行动纲领胜利地推动俄国走向了社会主义道路。

列宁早期关于俄国资本主义发展的理论在列宁一生的理论构建中占有重要的地位，是他后期关于俄国社会主义革命和建设思想的前提和基础。无奈列宁早期思想的价值被十月革命之后思想价值的光环所掩盖，不能不说是学术研究中的缺憾。这导致了列宁主义和东方社会主义研究逻辑链条上的重要缺环，以至于引发了在许多重大问题上的学术争论。

列宁有关俄国民主革命的理论，深受马克思、恩格斯德国革命理论的影响。在列宁看来，1848年欧洲革命时期的德国与20世纪初的俄国在国情上具有一定的相似性，都是封建的、军事的资本主义国家。1905年革命时期，列宁在创建俄国民主革命理论时，基本借鉴了马克思、恩格斯的德国民主革命的理论框架。在马克思、恩格斯的理论框架中，起着重要支撑作用的思想观点主要有：资产阶级的革命不彻底性、民主共和国理论及无产阶级与农民的联盟等。列宁在研究俄国问题时，对马克思、恩格斯的这些思想观点进行了发展，并提炼出了关于俄国民主革命的理论。

列宁在概念上将资产阶级和资产阶级民主革命剥离开来，从而大大丰富了马克思主义民主革命理论。列宁的这一理论创新，为他日后的理论创建工作留下了巨大的发挥空间，进而叩开了经济文化落后国家马克思主义民族化发展的大门。在俄国这样的经济文化落后的国家，资本主义发展和封建制度的残余纠结在一起，社会矛盾复杂而尖锐，生活状况的极度窘迫迫使人民群众的革命激情高涨。正确处理人民群众的革命能动性和经济文化落后的现实国情之间的矛盾，统摄历史发展生产力决定性和历史主体的能动性之间的关系，是马克思主义民族化（俄国化）发展必须解决的首要问题。俄国民主革命两种前途的抉择、孟什维克和布尔什维克之间的争论都是围绕这个问题而展开的。布尔什维克和孟什维克都认可俄国革命的民主性质和俄国资本主义发展前途，分歧在于无产阶级和革命群众是否要通过主观能动性的发挥而掌握政权。孟什维克认为，如果无产阶级和农民发挥主观能动精神而掌握了政权，就违背了历史发展的一般规律。没有资产阶级的资产阶级民主革命与没有资产阶级专政的资本主义社会一样，都是不符合历史发展逻辑的。布尔什维克主张积极弘扬无产阶级和广大群众的革命斗争精神，将马克思主义与现实国情结合起来，提炼出既符合马克思主义基本原理又能够解决尖锐的现实问题的新理论，并作为本国无产阶级和劳动人民谋求自身解放的指导思想。列宁的工农民主专政构想就是这一方法论指导下的最早的理论产物。这一方法论原则，是列宁主义的生成机制，也是列宁主义的逻辑起点，同时也是俄国乃至东方社会发展道路得以开辟的历史起点。

俄国资产阶级与旧制度之间的联系、俄国资产阶级的不彻底性，决定了俄国资产阶级不具有解决民主革命问题的能力。这是列宁将资产阶级从资产阶级民主革命中剥离出去的根本原因。列宁虽然强调工农民主专政的前途是资本主义，但列宁对非资产阶级政权下资本主义的发展路径却并没有进行论证。不包含资产阶级的工农民主专政与资本主义发展前途之间体现出来的某种紧张，决定了列宁必然会把工农民主专政理论推向发展。在世界历史的推动下，俄国无产阶级登上了历史舞台并建立了政党，拥有一批成熟的马克思主义理论家和宣传刊物。列宁认为，在俄国革命和世界革命的互动推进的战略中，俄国无产阶级的任务在于领导本国民主革命取得胜利并点燃世界革命的烈火；发达国家无产阶级的任务是在世界革命胜利后帮助俄国走向社会主义。年轻的列宁谋划的俄国无产阶级和世界无产阶级携手谋求人类解放的战略大局，体现了列宁的思想意识中对社会主义未来的向往。为此列宁做了大量的理论创建工作。在列宁的时代观视阈下，当人类历史进入无产阶级社会主义革命时代，经济文化落后国家的资本主义发展虽然有一定的进步意义，但其历史地位是暂时的，历史发展是有限度的。登上了历史舞台并取得了世界革命胜利的无产阶级，会帮助并促使这些国家走向社会主义。

第二章　列宁的未来社会实现理论

　　19世纪末20世纪初，随着垄断资本主义阶段的到来以及欧洲民主政治的进一步发展，欧洲资本主义呈现出明显不同于马克思、恩格斯所处的自由资本主义时代的新特点，欧洲社会主义运动的形势也发生了变化。这一时期，随着议会斗争实践的发展，机会主义、改良主义思潮在西方工人阶级中不断蔓延，马克思、恩格斯所提出的无产阶级革命在几个发达资本主义国家"共同胜利"的未来社会实现路径面临挑战。在欧洲社会主义运动整体走向改良主义的现实情况下，列宁将目光转向了东方经济文化落后国家。东方经济文化落后国家复杂而尖锐的社会矛盾，使得这些国家的人民具有强烈的革命意愿。虽然这些国家的资本主义和无产阶级发展不成熟，但这些国家却诞生了在理论上和组织上相当成熟的马克思主义政党，这为东方国家由民族民主革命走向社会主义革命提供了保障。在坚持马克思、恩格斯"共同胜利"论的世界历史性原则的前提下，列宁提出了未来社会实现的新路径。在列宁的眼中，俄国是世界革命的火山口，他主张由俄国革命的首先胜利带动世界革命的最终胜利，从而在世界范围内实现社会主义。这就是"一国首先胜利"论。在这一理论的指导下，俄国取得了十月革命的胜利，建立了苏维埃政权，并为发动世界革命做了许多工作。然而，世界革命并没有如期到来，在此情况下，列宁对世界革命战略进行了重新部署。他希望通过在俄国改行新经济政策重构工农联盟以增强苏维埃政权的群众基础，坚守俄国这一世界革命的策源地，在战略退却中等待世界革命高潮的重新到来。由此，列宁的未来社会实现理论得到了进一步完善，也为其他经济文化落后国家走向社会主义道路提供了宝贵的理论资源。

一、从"共同胜利"论到"一国首先胜利"论的逻辑理路

面对帝国主义大战带来的世界社会主义运动的危机，欧洲大部分社会民主党沦为社会沙文主义政党，站在本国资产阶级立场支持战争。列宁带领俄国布尔什维克党坚定地站在无产阶级革命立场上，对俄国革命以及世界社会主义革命路径进行了新的探索。通过一系列艰苦卓绝的革命实践和理论创建工作，列宁提出了"一国首先胜利"论。在此理论的指导下，俄国取得了十月革命的伟大胜利，为20世纪马克思主义民族化发展和世界社会主义运动新局面的开辟作出了重大贡献。

（一）"一国首先胜利"论的来龙去脉

1915年在列宁的理论生涯中无疑具有重要的转折意义。1月，列宁发表了《打着别人的旗帜》，系统提出了他的时代观。他以1914年帝国主义大战的爆发为标志，明确指出世界历史和资本主义的发展已经进入了帝国主义时代。帝国主义论是列宁在第一次世界大战和俄国革命前夕创立的最具代表性的理论成果。基于帝国主义是无产阶级社会主义革命前夜的总观点，列宁对世界大战的性质、大国的关系、民族殖民地国家争取民主的斗争、马克思主义和修正主义的斗争等理论问题做了系统阐发，提出了"一国首先胜利"论。"一国首先胜利"论是帝国主义时代无产阶级革命的新路径，为世界社会主义运动越出欧洲走向世界奠定了理论基础。

第一，"一国首先胜利"论的提出。1915年8月《论欧洲联邦口号》和次年的《无产阶级革命的军事纲领》的发表，是列宁明确提出"一国胜利"论的标志。欧洲联邦口号是列宁在1914年8月世界大战刚刚爆发之时提出的。列宁当时认为，世界大战必然引起全欧范围内广泛的社会危机，各国无产阶级和社会民主党人团结一致，借助战争所造成的危机去发动社会主义革命，社会主义的"欧洲联邦"指日可待。然而世界大战爆发一年后，欧洲主要帝国主义国家的无产阶级政党不但没有起来革

命，反而在"保卫祖国"的口号下支持本国政府进行帝国主义战争。在这种形势下，指望英、法、德等国的无产阶级及其政党同时发动革命已经完全不可能了，列宁自我纠错，在收回"欧洲联邦口号"的同时，提出了"一国首先胜利"论。列宁说，在帝国主义大战的背景下，欧洲资本主义国家分成两大集团相互厮杀，建立社会主义的"欧洲联邦"已经不现实。社会主义与欧洲国家工人运动联系在一起的历史一去不复返了。此外，社会主义的"欧洲联邦"口号还会使人们产生一种曲解，以为社会主义革命不能在一个国家内首先取得胜利。在帝国主义时代，"社会主义可能首先在少数甚至在单独一个资本主义国家内获得胜利。这个国家的获得胜利的无产阶级既然剥夺了资本家并在本国组织了社会主义生产，就会奋起同其余的资本主义世界抗衡，把其他国家的被压迫阶级吸引到自己方面来，在这些国家中发动反对资本家的起义，必要时甚至用武力去反对各剥削阶级及其国家"[①]。这是列宁首次提出"一国首先胜利"论。列宁对"胜利"所包含的内容也作了简要的阐释：（1）夺取政权；（2）剥夺资本家；（3）组织社会主义生产；（4）推动其他国家进行社会主义革命。在1916年的《无产阶级革命的军事纲领》中，列宁阐述了取得首先胜利的社会主义国家与整个资本主义世界之间的关系。列宁说，在"猖狂的帝国主义"新世纪，"社会主义不能在所有国家内同时获得胜利。它将首先在一个或者几个国家内获得胜利，而其余的国家在一段时间内将仍然是资产阶级的或资产阶级以前的国家"[②]。世界资产阶级为了颠覆这个社会主义国家，必然会联合采取行动对其进行围剿。第一个社会主义国家奋起反对其他国家资产阶级的斗争，就是"争取社会主义、争取把其他各国人民从资产阶级压迫下解放出来的战争"[③]。此时列宁不但认为首先取得革命胜利的国家在一定时期内能够捍卫住政权，而且能够在和整个资本主义世界的博弈中为其他国家人民革命创造条件。这种思想与1905年时期相比，已经发生了重要的变化。可以看出，列宁的"一国首先胜利"的思想是不容否定的。

---

① 《列宁全集》第26卷，人民出版社2017年版，第367页。
② 《列宁全集》第28卷，人民出版社2017年版，第88页。
③ 《列宁全集》第28卷，人民出版社2017年版，第88页。

第二，从"共同胜利"论到"一国首先胜利"论。学术界关于"一国首先胜利"论和"共同胜利"论的争论由来已久。通过多年的探索与争鸣，大多数学者在这一问题上达成了共识。但一些学者依然持有不同的意见，使得这一问题还有很大的学术探讨空间。在"一国首先胜利"论和"共同胜利"论的关系问题上，存在三种观点。第一种观点将"一国首先胜利"论与"共同胜利"论完全等同起来。认为"一国首先胜利"论与"共同胜利"论具有完全相同的理论原则和内容，否认"一国首先胜利"论具有创新性的内容。第二种观点认为，"一国首先胜利"论是对"共同胜利"论的否定或者抛弃。"一国首先胜利"论是列宁在帝国主义新时代提出的，"共同胜利"论是马克思、恩格斯在资本主义自由竞争时代提出的。由于资本主义已经从自由竞争时代进入帝国主义时代，"共同胜利"论已经过时了，必须对其进行否定或者抛弃。第三种观点认为，"一国首先胜利"论是对"共同胜利"论的继承和发展。但在继承和发展的具体内容上，又有各种不同的看法。要厘清有关"一国首先胜利"论与"共同胜利"论问题的纷争，唯一正确的途径就是阐明"一国首先胜利"论与"共同胜利"论提出的时代背景和理论原则，并在此基础上提炼出由"共同胜利"论到"一国首先胜利"论的发展理路。

"共同胜利"论是对无产阶级解放事业的世界历史性原则的遵循。科学社会主义的创始人马克思、恩格斯是从人类历史进入世界历史这一命题出发，论证资本主义的必然灭亡和社会主义必然胜利的。世界历史的形成具有两个先决条件：一是生产力的高度发展促进了人们之间的普遍交往；二是地域性的个人为世界历史性的个人所代替。在世界历史条件下，每一个国家的"无产阶级只有在世界历史意义上才能存在"，无产阶级的共产主义事业"只有作为'世界历史性的'存在才有可能实现"[①]。"共同胜利"论的现实基础是自由资本主义时期欧洲国家发展程度的同步性。19世纪中叶，由于大工业的发展和世界市场的形成，资本的跨民族发展使得资产阶级和无产阶级之间的阶级斗争走向了国际化。为了镇压无产阶级革命，各国资产阶级联合起来了。在这种情况下，马克思、恩

[①]《马克思恩格斯选集》第1卷，人民出版社2012年版，第166—167页。

格斯认为,无产阶级要实现自身的解放,也必须联合起来共同反对资产阶级的统治,社会主义革命只有在几个主要国家无产阶级的共同行动下才能取得胜利。"共产主义革命将不是仅仅一个国家的革命,而是将在一切文明国家里,至少在英国、美国、法国、德国同时发生的革命。"① 学术界将马克思、恩格斯以欧洲为中心的社会主义革命理论,称为"共同胜利"论。但马克思、恩格斯并不否认各国革命运动发展的具体情况会有先有后、有快有慢。比如,19 世纪 60 年代,马克思、恩格斯根据英国生产力发展水平和在世界市场中的地位,认为英国是革命所需要的物质条件发展得最成熟的国家,是进行共产主义革命最快最容易的国家,在世界革命中起最为重要的作用。因此,国际工人协会(第一国际)最重要的任务是加速推动英国革命的胜利②。再比如,1892 年,恩格斯根据当时欧洲工人运动的情况,设想法国首先爆发革命,"德国会立即跟上,接着法德两国无产阶级联盟将迫使英国行动起来,一举粉碎三国阴谋以及法俄阴谋"③。总的说来,马克思、恩格斯所说的"共同胜利"是指欧洲资本主义国家的无产阶级在同一时期内陆续发动革命,在相互策应中共同取得胜利。

  列宁的世界革命思想直接源于马克思和恩格斯。列宁很早就认为俄国无产阶级是国际无产阶级中的一员,俄国工人运动是世界各国工人运动的一部分④。这决定了列宁在考察俄国革命问题时不只将眼光局限于俄国国内,而是具有宽广的世界革命视野。1905 年革命时期,结合当时的国际关系和俄国阶级斗争的实际,列宁提出了俄国民主革命是欧洲社会主义革命序幕(信号)的观点(1905 年革命性质是资产阶级民主革命,列宁强调革命的前途是建立资本主义的民主共和国。但当时列宁已然注意到俄国民主革命与世界社会主义革命的关系,对俄国民主革命的社会主义前途作了最初的预测——见上文)。列宁认为,虽然俄国革命的性质是资产阶级民主革命,但在世界历史的作用下,俄国民主革命与欧

---

① 《马克思恩格斯选集》第 1 卷,人民出版社 2012 年版,第 306 页。
② 《马克思恩格斯选集》第 4 卷,人民出版社 2012 年版,第 485 页。
③ 《马克思恩格斯全集》第 38 卷,人民出版社 1972 年版,第 553 页。
④ 《列宁全集》第 32 卷,人民出版社 2017 年版,第 345 页。

列宁和第二国际理论家的比较研究——关于未来社会实现理论

洲社会主义革命之间具有紧密的内在关系。在1905年的《欧洲资本和专制制度》中，列宁说："俄国革命运动的巨大发展，使欧洲资产阶级对于一场可能也燃及欧洲的爆发惊恐万分。"① 欧洲资产阶级对俄国民主革命的干涉，增强了俄国民主革命胜利的难度，也使得欧洲资产阶级成为俄国无产阶级和欧洲无产阶级的共同的敌人。其一，俄国民主革命推翻了沙皇专制政府，使得欧洲无产阶级社会主义革命甩掉了"反动军事强国的沉重枷锁"，从而削弱了欧洲反革命的力量，增强了欧洲革命胜利的可能性，使得欧洲社会主义革命能"更迅速、更坚决、更勇敢"地走向胜利②。其二，俄国民主革命只有在欧洲社会主义革命胜利的前提下，才有可能"捍卫住民主共和国，而且能向社会主义阔步前进"③。俄国民主革命和欧洲社会主义革命只有联手共进，才能走向世界社会主义的最终胜利。在这个过程中，俄国民主革命的胜利是"第一次胜利"，俄国无产阶级与欧洲无产阶级联手共进，"一起进行社会主义革命"，才能取得"第二次胜利"——世界社会主义革命的共同胜利④。在这一条路径上，欧洲社会主义革命是联系着"第一步胜利"和"第二步胜利"的中间环节，也是决胜性的环节。列宁的"俄国革命是欧洲革命的序幕（信号）"的设想，源自于马克思和恩格斯，阐发于卡尔·考茨基，继发于列宁。早在1848年革命期间，在无产阶级刚刚觉醒的时候，恩格斯就提醒道：俄国封建专制政府就与欧洲资产阶级反动势力已经勾结起来了。当时的沙皇政府充当了欧洲资产阶级的救星，成了欧洲反动势力的首领。到了80年代，资本主义在俄国的迅猛发展，导致封建帝国的落后性和资本主义进一步发展之间的矛盾愈加尖锐，俄国民主革命爆发的趋势日益明显。面对这样的形势，马克思和恩格斯在1882年的《共产党宣言俄文版序言》中提出，俄国即将爆发的民主革命假如能成为"西方无产阶级革命的信号而双方互相补充的话"，那么俄国革命就是"欧洲革命运动的先进

---

① 《列宁全集》第9卷，人民出版社2017年版，第354页。
② 《列宁全集》第10卷，人民出版社2017年版，第203页。
③ 《列宁全集》第10卷，人民出版社2017年版，第203页。
④ 《列宁全集》第12卷，人民出版社2017年版，第142页。

部队"①。在恩格斯逝世后,卡尔·考茨基发展了马克思和恩格斯的观点。他敏锐地观察到世界革命中心的转移,托拉斯等垄断组织的发展将对世界社会主义运动产生的重大影响。顺着恩格斯的思路,卡尔·考茨基对俄国革命与世界社会主义革命的关系进行了新概括。卡尔·考茨基1902年写成了《斯拉夫人与革命》一文,发表在列宁主编的《火星报》上。卡尔·考茨基在文中指出,1871年巴黎公社失败后,世界革命的中心"从法国移向了德国",到了20世纪世界革命的中心必将由欧洲"移向俄国"②。卡尔·考茨基的这一观点对列宁产生了重要的影响。可见,列宁的"序幕说"与马克思、恩格斯和卡尔·考茨基的观点在理论原则上和逻辑理路上具有一致性,从属于"共同胜利"论的理论谱系。

"一国首先胜利"论的立论基础是帝国主义时代经济政治发展不平衡的规律。在《论欧洲联邦口号》和《无产阶级革命的军事纲领》中,列宁都强调了经济和政治发展不平衡是资本主义的绝对规律。帝国主义国家之间发展速度的不平衡,使得后起的帝国主义国家在综合国力上超过了老牌的帝国主义强国。帝国主义国家之间的实力均势被打破,要求重新划分势力范围的世界大战因此而爆发。在战争中各国垄断资产阶级之间的矛盾日益加深,已经不可能在反对无产阶级革命时采取一致的行动。所有这些使得社会主义革命有可能在资本主义链条中实力最薄弱的环节首先取得胜利。从对马克思、恩格斯的"共同胜利"论的继承到"一国首先胜利"论的提出,列宁的无产阶级革命理论经历了一个转变过程,帝国主义时代的到来和列宁时代观的确立是促成理论转变的根本原因。

在马克思主义史上,理论发展有两种情况:一是过去的理论经过实践的检验是脱离实际的错误理论,必须彻底抛弃;二是由于时代的发展,对过去的理论在坚持基本原则的基础上进行适应时代的扬弃。显然,"一国首先胜利"论是对"共同胜利"论的扬弃。"世界历史"理论是历史唯物主义的重要内容,是科学社会主义的出发点。列宁的"一国首先胜利"论并不是要在这个基本原则上推翻马克思恩格斯。"共同胜利"着眼于自

---

① 《马克思恩格斯选集》第1卷,人民出版社2012年版,第379页。
② 王学东编:《考茨基文选》,人民出版社2008年版,第90页。

由资本主义时期欧洲国家紧密的经济交往和同步性发展,强调无产阶级跨民族的国际性行动是革命胜利的必要条件,但没有排除各国革命发展的特殊性,承认不同国家革命形势的发展会有快有慢。"一国首先胜利"论着眼于帝国主义时期经济政治发展的不平衡和各国革命条件成熟程度的不同,强调一国首先突破帝国主义链条薄弱环节的重大意义,但坚持认为共产主义事业只有在全世界范围内才能最终取得胜利。"共同胜利"论和"一国首先胜利"论产生于不同的时代,统一于社会主义革命的"世界历史性"原则。因此,将"共同胜利"论和"一国首先胜利"论完全对立或完全等同都是不合理的。只有正确把握从"共同胜利"论到"一国首先胜利"论的逻辑进路,才能正确认识列宁对马克思主义无产阶级革命理论所作的继创性贡献。

(二)"一国首先胜利"论的核心要义

"一国首先胜利"论是列宁在帝国主义时代提出的世界社会主义革命的新路径,其核心要义是"俄国首先胜利",由俄国革命的首先胜利带动世界革命的最终胜利,从而在世界范围内实现社会主义。在与《论欧洲联邦口号》几乎是同时期发表的《俄国的战败和革命危机》中,列宁实际上就明确提出了俄国革命首先取得胜利的问题。列宁说,世界大战在俄国所造成的危机超过其他任何国家。俄国首先爆发革命并取得胜利是最直接的、"危害最小的"、"拯救各国人民的唯一道路"。列宁说:"生活正通过俄国的战败走向在俄国的革命,并通过这一革命或由于这一革命而走向西欧的国内战争。生活就是沿着这条道路前进的。"[1] 他要求俄国布尔什维克党"奋力地沿着既定的道路前进"[2]。

在1905年革命期间,列宁的社会主义革命理论还从属于"共同胜利"论谱系。列宁认为俄国革命的性质是资产阶级民主革命,俄国要走向社会主义,必须在欧洲革命胜利后在欧洲国家无产阶级的帮助下才能成功。帝国主义大战爆发后,虽然列宁并没有改变对俄国革命性质的看

---

[1] 《列宁全集》第27卷,人民出版社2017年版,第35页。
[2] 《列宁全集》第27卷,人民出版社2017年版,第35页。

法，但对俄国民主革命在世界社会主义革命中的地位和作用的看法却发生了变化。对1915—1917年列宁的理论创建工作进行整体性梳理和系统性观照后可以看出，列宁通过对帝国主义问题的阐述、对修正主义（社会沙文主义）的批判、对无产阶级国家与革命理论的阐发，从经济条件、政治条件和现实斗争形势三个方面论证了俄国是"革命首胜"的国家。从经济上看，俄国虽然是一个经济文化落后的国家，但自从1861年农奴制改革后，俄国资本主义也获得了长足发展。20世纪初的俄国已经是一个军事帝国主义国家，具有一定的资本主义经济基础，存在一定规模的无产阶级。从政治上来看，俄国布尔什维克党是一个思想上组织上成熟的无产阶级政党，人民群众经历了1905年革命的锻炼，具备一定的革命基础和革命觉悟。更为关键的是，布尔什维克党是第二国际中唯一保持无产阶级革命性的党。列宁要求俄国布尔什维克坚决地将同机会主义的斗争进行到底，并沿着彻底的革命的道路前进[①]。为了利用战争所造成的危机发动无产阶级世界社会主义革命，布尔什维克党提出了"使本国政府在战争中失败""变帝国主义战争为国内战争"的口号。从现实斗争的形势来看，在帝国主义大战的背景下，工人阶级反对资产阶级的斗争、农民反对地主阶级的斗争、大俄罗斯民族与其他民族之间的斗争以及沙皇俄国同殖民地国家之间的斗争汇集成一股巨大的力量，将沙皇专制政府推向了革命的火山口，沙皇俄国成了帝国主义链条上最容易突破的薄弱环节。

同时期的欧洲国家虽然生产力发达，具有成熟的社会主义革命的经济条件，但社会民主党在政治上总体走上了机会主义道路，背叛了无产阶级革命事业。战争爆发后，各交战国社会民主党的领袖抛弃他们在国际社会党代表大会上通过的反对帝国主义战争的决议，纷纷站到本国资产阶级一边，支持本国政府进行战争，成为社会沙文主义者。社会沙文主义是登峰造极的机会主义。第二国际最有影响的德国社会民主党在帝国国会投票赞成政府的军事拨款。法国社会党不仅如此，它的领袖还直接参加了资产阶级政府。俄国的孟什维克也主张支持沙皇政府进行战争。

[①]《列宁全集》第26卷，人民出版社2017年版，第363页。

面对这种局面，列宁十分愤怒地说："问一问任何一个自命为国际主义者的社会民主党人：他是否赞同各交战国的社会民主党人就采取共同的革命行动以反对所有交战国政府而达成协议？许多人会回答说，这是不可能的。"① 所以列宁说，社会主义事业仅仅与欧洲大陆相联系的时代一去不复返了②。反观广大的民族殖民地国家，由于人民群众受到帝国主义和本国封建势力的双重压迫，生活十分悲惨。这些国家经济文化落后，工业基础薄弱，前资本主义经济占主导地位，现代无产阶级人数极少，马克思主义还没有得到广泛传播，无产阶级政党还没有完全建立起来。民族殖民地国家革命的任务是反对帝国主义以获得民族独立、反对封建主义以建立人民民主，革命性质是民族民主革命。20 世纪初亚洲国家的民族解放运动有力地打击了帝国主义势力，是世界无产阶级社会主义革命胜利的重要推动力量，但不可能是社会主义革命首胜的国家。20 世纪初，世界历史将处于东西方地缘政治中间地带的俄国推向了潮头，成为引领世界社会主义革命胜利潮流的"首先胜利"的国家。

值得强调的是，从俄国革命的直接对象和任务来说，俄国革命依然是推翻沙皇专制政府的资产阶级民主革命。1917 年二月革命后，俄国无产阶级引领俄国革命向社会主义革命过渡，既是俄国民主革命彻底胜利的保障，也是世界社会主义革命首先胜利的保障。总之，从无产阶级事业的世界历史性角度来看，"一国首先胜利"是指俄国无产阶级本着不断革命的精神，领导俄国人民首先推翻沙皇政府，取得民主革命的胜利，突破帝国主义链条中的薄弱环节，进而在国际、国内两个大局中推进社会主义革命，为世界社会主义革命的最终胜利开辟新的道路。"首胜"和"终胜"是对立统一的，"首先胜利"是相对于世界革命的最终胜利而言的，离开世界革命的最终胜利，"首先胜利"就无从谈起了。

综上所述，"一国首先胜利"的道路，是帝国主义时代世界走向未来社会的新路径。处在东西方地缘政治中间地带的俄国成为社会主义革命"一国首先胜利"的国家。列宁对世界社会主义革命路径的新概括，为

---

① 《列宁全集》第 26 卷，人民出版社 2017 年版，第 299 页。
② 《列宁全集》第 26 卷，人民出版社 2017 年版，第 367 页。

20世纪马克思主义和社会主义发展进入新时期奠定了基础。

二、俄国社会主义的发展与世界社会主义的胜利

在世界历史上，1917年无疑是具有转折意义的一年。1917年3月8日二月革命的爆发，看似偶然，实则必然。由于首都彼得堡的面包短缺，妇女们率先上街抗议示威。广大人民群众积淀已久的反饥饿、反内战的革命情绪终于爆发了。二月革命是一场伟大的人民革命。在巨大的人民革命的浪潮面前，具有370多年历史的罗曼诺夫王朝似乎在一夜之间土崩瓦解了。但推翻沙皇政府并不等于一劳永逸地解决俄国社会所面临的诸多问题。粮食短缺、物价飞涨导致工人罢工日益增多，农民对土地的要求更加强烈，士兵的厌战情绪不断蔓延。围绕这些问题，俄国各种政治力量提出了不同的解决方案并展开了激烈的斗争，推动着俄国革命的浪潮继续前进，直至10月25日十月革命爆发，布尔什维克带领工农群众成功夺取了政权，建立了世界上第一个社会主义国家。社会主义从建立社会主义制度的理论发展到实践。从此，世界社会主义运动进入了两种制度并存的历史时期。

从二月革命到十月革命的8个月，俄国布尔什维克从一个在群众中的影响力相对比较弱的政党一路高歌猛进，成为世界上第一个社会主义国家的执政党。列宁从一个流亡的革命者成为世界上第一个社会主义国家的领导者，拥有了利用国家机器将自己的理想转化为国家意志的权力，能够带领一国人民通过革命实践来检验和推进马克思主义理论的发展。这对于马克思主义发展史和世界社会主义运动来说，具有重要的意义。由于欧洲国家资产阶级民主革命的任务早就完成，第二国际对于1905年俄国民主革命并没有过多关注，对俄国社会民主工党内"两条路线和两种前途"的争论表现得比较超然，没有在国际层面上对所谓"俄国问题"展开争论。然而，仅仅在12年后，在帝国主义大战和世界革命的背景下，十月革命的烈火不但蔓延至欧洲，而且还点燃了东方国家民族解放运动的火焰。在俄国革命首先胜利后，世界无产阶级应该如何行动成为各国社会民主党共同面临的问题。列宁为了捍卫十月革命以及世界社会

主义革命的合理性和必然性，在俄国党内和第二国际两个层面与修正主义展开了激烈论战。有关十月革命的论战深化了欧洲工人运动的内部分歧，加速了世界社会主义运动的分裂。这场历史性的争论所涉及的问题在当今世界社会主义运动中依然具有重要的现实意义。

（一）俄国走向社会主义的路径

从二月革命到十月革命，列宁的思想发展十分迅速。要对俄国革命的性质转变和历史地位进行评价，不能囿于某一阶段、某一场域列宁的具体言论，而必须结合帝国主义大战爆发、国际政治经济新格局形成、世界社会主义运动大趋势、俄国革命形势的具体发展以及各种政治派别的博弈等因素进行系统分析。

第一，《四月提纲》的直接目的和历史定位。1917年4月3日，列宁从瑞士回到俄国。第二天他在出席全俄工兵代表苏维埃的布尔什维克代表的会议上宣读并逐条讲解他草拟的一个提纲。会后他把这个提纲冠以《论无产阶级在这次革命中的任务》的标题，在《真理报》上正式发表，为布尔什维克的下一步行动指明了方向。这就是著名的《四月提纲》。《四月提纲》的主要内容涉及经济、政治和党的建设三个方面。在经济方面：没收地主的土地，实行土地国有化；对银行和辛迪加进行国有化及苏维埃对全国的生产和分配进行计算和监督。在政治方面：不给临时政府以支持，把全部政权从资产阶级临时政府手中转移到无产阶级和贫苦农民手中。不要议会制共和国，建立苏维埃国家。在党的建设方面：修改党纲，增加对巴黎公社式国家的阐述和帝国主义时代的内容，提倡建立新的国际以与破产了的第二国际划清界限。在《四月提纲》的指导下，布尔什维克迅速扭转了被动局面并使革命按照自己的路线发展，直至成功地领导了十月革命的胜利。1938年出版的由斯大林审定的《联共（布）党史简明教程》指出，《四月提纲》提出了由"资产阶级民主革命过渡到社会主义革命"的天才计划[①]，为俄国十月社会主义革命的胜利奠定了基础，这成为国际共产主义运动中的主流观点。从理论研究和

---

① 《联共（布）党史简明教程》，人民出版社1975年版，第205页。

历史定位的角度出发,如果简单地将《四月提纲》看作一个"界标",将俄国革命分成民主革命和社会主义革命两个阶段,既不利于把握俄国革命上升时期各类政治力量的进退攻守的逻辑,也不利于体会列宁既坚持原则又勇于突破的理论创新精神。因此,对《四月提纲》的历史定位和理论定性,必须进行系统且具体的分析。

首先,《四月提纲》出台的直接目的是为布尔什维克党走向俄国政坛的中心提供切实可行的方案。二月革命爆发时,布尔什维克只有8万人,且处于群龙无首的状态。国内的布尔什维克对革命要采取什么策略,一直摇摆不定。立宪民主党是当时最大的资产阶级政党,得到了城市中产阶级的支持,在二月革命中起了巨大的作用,是第一届临时政府的主导政党。社会革命党有80多万人,孟什维克有20多万人,在俄国工人阶级和农民中的影响力超过布尔什维克,是第二届临时政府的主导党。列宁在《四月提纲》中说:"必须承认这样的事实:在大多数工人代表苏维埃中我们党处于少数地位。"① 连年的战争导致俄国粮食短缺、物价飞涨,经济濒于崩溃,民不聊生。这是导致二月革命爆发的直接原因,也是革命后必须解决的迫在眉睫的现实问题。列宁要求布尔什维克党抓住这个事关全局的现实问题,制定切实有效的方案,统一全党的思想和行动,尽快获得人民群众的支持和信任,将革命置于党的路线影响之下。《四月提纲》就是在这样的背景下出台的。列宁说,如果俄国不同"日益逼近的经济的彻底崩溃和饥荒作斗争"②,"千百万人就定会立即活活地饿死"③。列宁对临时政府面对饥荒的毫不作为进行了揭露。他质问说,国家处于毁灭的前夕,"这种局面要拖到哪一天呢?难道非要拖到遍地遭灾、成千上万的人饿死吗?"④ 布尔什维克党的当务之急就是根据"战争所造成的和战后时期在许多方面甚至会更加严重的那些情况"⑤,在政治上和经济上采取切实的步骤拯救俄国危机。《四月提纲》发表后,俄国社

---

① 《列宁全集》第29卷,人民出版社2017年版,第106页。
② 《列宁选集》第3卷,人民出版社2012年版,第53页。
③ 《列宁全集》第29卷,人民出版社2017年版,第44页。
④ 《列宁全集》第30卷,人民出版社2017年版,第204页。
⑤ 《列宁全集》第29卷,人民出版社2017年版,第54页。

会民主党中央委员会决定召开会议专门讨论《四月提纲》。为了执行中央委员会的决定,列宁写了小册子《论策略书》。在《论策略书》中,列宁明确解释说:"是什么东西迫使我们采取这种步骤的呢?是饥荒,经济失调,即将临头的崩溃,战争的惨祸,以及战争给人类带来的惨痛的创伤。"① 列宁告诫布尔什维克党,必须根据群众的实际需要来制定党的策略。俄国群众急需土地、和平和面包,党只能根据这个实际来提出问题,采取行动。因为"群众不是从理论上,而是根据实际来看问题的……对于广大士兵群众,应当根据实际提出问题,别的办法是不行的"②。在俄国革命的历史关头,如果不把行动纲领建立在对客观现实进行准确判断的基础上,只顾着从第二国际领袖们的理论需要出发,引导人们去关注应不应该"立刻转变为社会主义革命"③ "这种空洞的、貌似科学而实际毫无内容的、教授们感兴趣的毫无生气的问题"④,只能使党脱离实际、脱离群众。列宁将这种做法比作"把复杂的、迫切的、迅速发展着的实际革命任务放在狭隘理解的'理论'的普罗克鲁斯提斯床上",并说这样的做法是"大错特错了"⑤。在这一时期,列宁关于迫于饥荒、经济崩溃和饿死这方面的论断比比皆是,限于篇幅,不一一列举。与此同时,列宁多次指出,《四月提纲》的直接目的并不是要在俄国实施社会主义。二月革命爆发后,列宁在《给瑞士工人的告别信》中说得很清楚:"俄国是一个农民国家,是欧洲最落后的国家之一。在这个国家里,社会主义不可能立刻直接取得胜利。"⑥ 这也就是说,列宁在回国前就已经表明了俄国社会主义革命不能直接提上议事日程。《四月提纲》发表后,几乎遭到了布尔什维克外的所有政治派别的反对。反对者们都断言列宁要在俄国立即实施社会主义。孟什维克著名的代表人物普列汉诺夫讽刺列宁在说"梦话"。一些老布尔什维克(如加米涅夫)也发表文章反对列宁。为了

---

① 《列宁全集》第29卷,人民出版社2017年版,第148页。
② 《列宁全集》第29卷,人民出版社2017年版,第103页。
③ 《列宁全集》第29卷,人民出版社2017年版,第146页。
④ 《列宁全集》第29卷,人民出版社2017年版,第147页。
⑤ 《列宁全集》第29卷,人民出版社2017年版,第43页。
⑥ 《列宁全集》第29卷,人民出版社2017年版,第90页。

批判反对派对《四月提纲》的错误认识，列宁对土地国有化、垄断企业和银行国有化、国家通过计算和监督加强调控这些措施一一作了分析，指出这些措施只是拯救经济的手段，并不具备社会主义的性质，许多资本主义国家为了调整战时经济也在实行这些措施①。列宁说："我不但没有'指望'我们的革命'立刻转变'为社会主义革命，而且还直接提醒不要有这种想法，我在提纲的第8条中直截了当地说：'……我们的直接任务并不是"实施"社会主义'……我所'指望'的仅仅是，无非是：工人、士兵和农民在处理增加粮食生产、改善粮食分配、改善士兵给养等等实际困难问题上，会比官吏和警察高明。"② 在《经济破坏迫在眉睫》中，列宁再一次表示，解决俄国现实的经济困难是布尔什维克唯一的要求，除此之外，布尔什维克没有提出更多要求（意指向社会主义过渡）③。在社会民主工党（布）第七次代表会议前夕，列宁为大会撰写了《无产阶级在我国革命中的任务》。列宁指出，"实行土地国有化、把一切银行和资本家的辛迪加收归国有或至少由工人代表苏维埃立刻加以监督等等措施，绝不是'实施'社会主义"，采取这些措施的原因，只是因为如果"不采取这些措施，就不可能医治战争的创伤，不可能防止即将临头的破产"④。总的说来，列宁之所以要在俄国采取国有化等措施，是基于经济手段的角度考虑的。列宁在此间类似的论述也有很多。他自己曾经总结说："老实说，只要查一下1917年4月24—29日布尔什维克代表会议的决议就可以证明，布尔什维克也认为不能立即在俄国'实施'社会主义。"⑤ 从列宁的上述言论中只能推断出《四月提纲》是布尔什维克党的应急性、时事性的策略。通观列宁从二月革命后至十月革命前的文章，他几乎没有明确而正式地提出俄国要进行社会主义革命。这一时期，布尔什维克党的各种会议的文件和决议中也没有立即进行社会主义革命的提法。如果说《四月提纲》是列宁提出的要在俄国立即实施社会主义

---

① 《列宁全集》第29卷，人民出版社2017年版，第300页。
② 《列宁全集》第29卷，人民出版社2017年版，第146—147页。
③ 《列宁全集》第30卷，人民出版社2017年版，第75页。
④ 《列宁全集》第29卷，人民出版社2017年版，第167页。
⑤ 《列宁全集》第30卷，人民出版社2017年版，第286页。

革命的"天才计划",那么上述言论就很难理解了。苏东剧变后,一些学者认为苏联社会主义事业失败的根本原因在于犯了长期超越阶段的错误,并将苏联共产党超越阶段错误的源头追溯到《四月提纲》,认为《四月提纲》过早提出了向社会主义革命过渡的纲领,这成为日后俄国共产党(苏联共产党)超越阶段的缘起①。这种观点是值得商榷的。

其次,《四月提纲》的理论定位——"向社会主义过渡"。查阅列宁十月革命前的文章可以看出,他用"走向社会主义""向社会主义过渡"这样的表述有几十处之多。列宁的这个表述,是从"最终目的"和革命前进的方向上来判定俄国革命的。它超越了片面而僵化的理论定性,充满了辩证法思想。这个表述,可以使布尔什维克跳脱出姓"社"姓"资"的藩篱,完全从俄国实际出发来制定革命纲领。"走向社会主义""向社会主义过渡"这一提法也将社会主义这一"最终目的"拉进了布尔什维克党的日常斗争实践,与俄国现实的革命斗争实际紧密联系。

"走向社会主义""向社会主义过渡"的提法,既否定了俄国革命"立刻转变为社会主义革命"的主张,又明确了俄国革命的社会主义前进方向。二月革命后俄国出现了世界历史上"从未有过的两种统治互相交错的情况"②。从推翻沙皇专制政府的角度来说,资产阶级民主革命已经完成。但由于无产阶级的觉悟程度和组织程度尚不是很高,致使无产阶级和农民的革命民主专政"实现得非常奇特",变异成为资产阶级统治的附属品③。从这一点来看,俄国民主革命没有完成。列宁将这种奇特局面称为的"极其复杂的至少是'两色'的现实",不能用"抽象的、简单的、单色的"观点来看待④。二月革命后的新阶段,高于资产阶级民主革命,但又不能直接进行社会主义革命。无论用资产阶级民主革命的公式还是用社会主义革命的公式都不能准确定义这一"奇特而变异"的阶段。列宁批判孟什维克和加米涅夫等"老布尔什维克",将民主革命和社

---

① 洪韵珊:《苏共超越历史阶段是从什么时候开始的》,《俄罗斯研究》2003年第3期,第76—80页。
② 《列宁全集》第29卷,人民出版社2017年版,第139页。
③ 《列宁全集》第29卷,人民出版社2017年版,第138—139页。
④ 《列宁全集》第29卷,人民出版社2017年版,第144页。

会主义革命"非常死板地"对立起来,完全看不到二者之间既对立又统一的关系,犯了形而上学的错误。在世界历史上,不可能存在着向"纯粹"社会主义过渡的"纯粹"资本主义,只存在某种中间的、某种新的、理论上没有概括的前所未有的东西①。

二月革命后,政权从资产阶级临时政府转到工兵代表苏维埃,是俄国走出危机的唯一路径。也就是说,只有建立无产阶级和贫苦农民的政权,才能挽救俄国、挽救俄国革命。因为在俄国社会各阶级中,只有无产阶级和贫苦农民的联盟才能切实解决"土地、和平和面包"的问题。二月革命后,俄国资产阶级掌握了政权,资产阶级为了自身的阶级利益,继续进行帝国主义大战,拒不实施国有化的措施,根本不能完成拯救俄国的任务。在俄国社会危机愈益深化的大背景下,俄国革命的浪潮继续高涨,将不能适应革命、不能驾驭革命的阶级和政治派别不断涤荡出革命队伍。历史最终选择了代表了社会主义方向的布尔什维克党领导的工农政权。值得注意的是:此时列宁所说的"工农政权",与1905年革命时期提出的工农民主专政构想有所不同。一,阶级基础发生了变化。1905年革命时期,工农民主专政的阶级基础是无产阶级和城乡小业主阶层(见上文),在二月革命中,鉴于"雇佣工人和小业主这两者的利益和政策实际上已经出现了分歧",尤其是"在'护国主义'、在对待帝国主义战争的态度这样的极重要的问题上出现了分歧",工农民主专政的阶级基础向左偏移,变成无产阶级和广大贫苦农民的专政,城乡小资产阶级从中分离出来②。二,1905年时期工农民主专政理论中的逻辑张力得以修正和补充。《四月提纲》中提出的土地国有化、银行和辛迪加国有化、苏维埃政权对生产的计算和监督,为工农民主专政进行社会主义改造提供了经济基础,也为工农民主专政走向社会主义前途提供了经济保障。1905年时期工农民主专政理论中由于缺乏相应的经济措施,导致工农民主专政因缺乏相应的经济基础而难以持存的逻辑张力(见上文),得以修正和补充。

---

① 《列宁全集》第30卷,人民出版社2017年版,第240页。
② 《列宁全集》第29卷,人民出版社2017年版,第146页。

"走向社会主义""向社会主义过渡",也是从列宁的无产阶级世界革命理论中引申出来的结论。列宁始终是从世界革命的总体系中看待俄国革命的。虽然俄国革命的性质是民主革命,但俄国革命的胜利意味着首先突破了帝国主义链条中的薄弱环节。从世界社会主义革命的视野来看,俄国革命的第一阶段实现的是世界社会主义革命的"一国首先胜利",接下来的任务是要在国际、国内两个大局中为世界革命全面爆发创造条件。从俄国革命的视野来看,社会主义革命的条件还没有成熟,但由于它促进了世界社会主义革命的爆发且俄国可以在世界革命后走向社会主义,因此,从俄国革命的"最终目的"和发展方向来说,革命的"第二阶段"是"向社会主义过渡"或"走向社会主义"阶段。

总之,《四月提纲》中的直接目的是采取切实的措施拯救俄国危机,革命发展方向是"走向社会主义"。根据俄国社会各阶级的发展状况和政治诉求,只有建立布尔什维克领导的无产阶级和贫苦农民的专政才能将眼前利益和"最终目的"结合起来,彻底挽救俄国。总的来说一句话,只有社会主义(走向社会主义)才能救俄国。

第二,从"工农革命"到社会主义革命的转变。在《四月提纲》的指导下,布尔什维克党的影响力不断扩大,直至成功领导了俄国十月武装起义的胜利。在十月武装起义之前,列宁认为俄国还不能立即实施社会主义,只是在世界革命的视野中,从革命的"最终目的"的意义上,可以将俄国革命看成为"走向社会主义"的革命。但十月武装起义胜利后,列宁的思想发生了一系列重大转变。其中最具有决定性意义的就是将十月革命非常明确地看作是社会主义革命。十月武装起义胜利后,布尔什维克党将《四月提纲》中的措施付诸实施。如前所述,在资产阶级临时政府执掌政权的前提下,列宁强调《四月提纲》中的措施是解决俄国危机的经济手段;十月革命后在无产阶级执政的前提下,列宁则强调了这些措施与社会主义改造之间的关系。他认为,俄国可以通过这些措施进行一系列铺垫工作后进入社会主义。这是列宁革命思想的一个重大转变。产生这个重大转变的原因在于:一,无产阶级成功夺取了政权;二,世界社会主义革命的"一国首先胜利"已经实现,可以将俄国所采取的一切措施看作是世界社会主义革命最终胜利的一部分。从此以后,捍卫苏维埃政权成为列宁压倒一切的目标。这意味着世界社会主义运动进入了两制并存的崭新时期。

十月革命前，列宁称俄国革命为"工农革命"。将革命后建立的政权称作"工农民主专政"或"工农政权"。十月革命后，列宁将十月革命看成是社会主义革命，将苏维埃政权看作无产阶级专政，完整的表述是"为贫苦农民所拥护的无产阶级专政"①。专政的基础是无产阶级和贫苦农民的联盟。其中，无产阶级是领导阶级，代表着俄国革命的前途和发展方向。贫苦农民是无产阶级的同盟军，是无产阶级专政得以建立并取得成功的群众基础。在小农经济占主导地位的俄国，无产阶级要引领俄国每前进一步都离不开农民的支持。没有农民的支持，俄国无产阶级不可能推翻资产阶级临时政府，不可能在俄国采取措施向社会主义过渡。

从十月革命胜利到1918年夏国内战争爆发为止，列宁对俄国社会的改造是十分谨慎的，是一种渐进性的向社会主义过渡策略。首先，对银行和大工业进行国有化。苏维埃政权建立后，《四月提纲》中的国有化主张立即成为苏维埃俄国的国有化法令。自1917年底起到1918年夏国内战争爆发前，俄国陆续颁布了银行国有化和关于商船、铁路、对外贸易、汽车、石油等行业的国有化法令。这里根本的区别还在于，《四月提纲》中的国有化措施是拯救经济的手段，是走向社会主义的准备措施，而十月革命后的国有化已经是社会主义革命本身、是对俄国社会的社会主义改造。在列宁看来，在无产阶级掌握政权的前提下，将生产资料国有化，这是经典马克思主义的社会主义革命的重要内容。既然十月革命是社会主义革命，那么通过对大工业的国有化，建立或增加社会主义的经济成分，为俄国实现社会主义奠定基础是对俄国进行社会主义改造的当然的任务。列宁的这一看法在1918年3月《当前的主要任务》中可以得以证明。列宁说：俄国建立无产阶级专政后，"开始了一系列宏伟的社会主义改造"②。由于国有化的措施激起了资产阶级的反抗，一些资本家通过各种措施破坏经济生产，使得俄国经济状况恶化，对苏维埃政权造成了严

---

① 《列宁全集》第34卷，人民出版社2017年版，第74页。
② 《列宁全集》第34卷，人民出版社2017年版，第74页。

重的威胁，国有化成为镇压资产阶级的有力武器。这又从政治斗争的现实需要方面促使布尔什维克党将国有化措施不断予以强化。可见，苏维埃俄国的国有化措施推行，由主观认识和客观需要二重性共同决定。不能片面强调其中一个方面而否定另一个方面。同《四月提纲》中的国有化措施相比，苏维埃俄国此时的国有化目标和范围已经不可同日而语了。

  对银行、大工业国有化之后，继之而来的就是对国民经济的计划管理，即对国民经济进行严格的计算和监督。十月革命后列宁将计算和监督看作是俄国完成社会主义改造的关键环节。1918年春发表的《苏维埃政权的当前任务》是列宁为刚刚诞生的俄国所制定的第一份经济发展纲领。在此文中，列宁对无产阶级政党执政后必须实现中心任务的转变做了最早的阐述。列宁说，由于苏维埃政权处在非常难得的"和平喘息"时机，布尔什维克党必须抓住机遇实现工作重心的转移，从过去的夺取俄国转变成管理俄国，将力量集中到"组织任务"上来①。列宁所谓的"组织任务"，就是指对国民经济的计算和监督。列宁明确提出："在此以前，居首要地位的是直接剥夺剥夺者的措施。现在居首要地位的是在资本家已被剥夺的那些企业和其余一切企业中组织计算和监督。"② 对于苏维埃政权来说，"组织任务"远比剥夺剥夺者的任务要重要得多、困难得多。列宁一再强调社会主义革命与资产阶级革命的区别。在资产阶级革命中，广大人民群众只需要完成消极的或者说破坏性的工作。而在社会主义革命中，人民群众的主要任务却是进行积极的或者说建设性的工作。列宁将计算和监督看作是俄国人民能否胜利完成建设任务的重要环节，指出"只有解决（大体上和基本上解决）这项任务以后，才可以说，俄国不仅成了苏维埃共和国，而且成了社会主义共和国"③。显然，与《四月提纲》中的"计算和监督"相比，《苏维埃政权的当前任务》所提出的与"计算和监督"具有完全不同的性质。一是"计算和监督"的对象不同。在《四月提纲》中，工兵代表苏维埃计算和监督的对象是资本家的企业。而在十月革命后，通过剥夺剥夺者，大量资本家的企业已经转化

---

① 《列宁全集》第34卷，人民出版社2017年版，第150页。
② 《列宁全集》第34卷，人民出版社2017年版，第159页。
③ 《列宁全集》第34卷，人民出版社2017年版，第155页。

为国有企业,计算和监督的对象就是大量国有企业。二是"计算和监督"的目的不同。《四月提纲》中的计算和监督,是为了打击资本家的投机倒把行为,监督资本家大发战争财而将俄国推向经济危机,带有限制和监督的意味。而1918年后,对国有化企业的计算和监督扩展到整个社会,演进成为对小资产阶级自发势力的限制,提出了限制商业交换的问题,成了社会主义改造的关键环节,决定着社会主义改造的成败。

总之,列宁主张苏维埃政权通过国有化建立起新的经济基础,通过对国民经济的计算和监督,逐步过渡到社会主义的生产和分配。列宁此时虽然流露出对大一统公有制和计划经济体制的向往,但总体上还是谨慎地、渐进性地推动着俄国的社会主义改造。他在理论上对中小企业不主张剥夺,希望用国家的计算和监督来对付小资产阶级自发性,尽快建立城乡之间的产品交换。他多次指出,俄国还只是处在从资本主义向社会主义过渡的第一阶段,提醒布尔什维克党保持清醒头脑,不要犯错误①。联系到世界革命还没有爆发的情况,列宁提出不要孤军深入太远,在必要的时候要"退却"的观点。他曾经说,社会主义革命只有在全世界范围内通过各国工人的努力才能获得胜利。俄国布尔什维克党要"坚定谨慎",在世界革命没有来增援之前,"我们应该随机应变,应该退却"②。这些思想,成为后来的新经济政策改革的萌芽。

(二) 世界革命战略的退却与世界社会主义的最终胜利

俄国十月革命后,在一个经济文化落后的国家如何建设社会主义,是摆在列宁和布尔什维克党面前的现实问题。在经历了两年多战时共产主义的艰辛探索后,列宁毅然改行新经济政策。由于新经济政策中包含有运用商品市场关系、利用资本主义因素的措施,体现出对经典马克思主义的强烈的改革意识,被学术界视为社会主义史上无产阶级执政党推行的首次改革,是列宁留下来的重要理论遗产,是社会主义改革论的最初的思想资源。长期以来,因受研究者意识形态立场、理论水平和情感

---

① 《列宁全集》第34卷,人民出版社2017年版,第44页。
② 《列宁全集》第34卷,人民出版社2017年版,第313页。

因素的影响，对于如何评价新经济政策的问题，国内外学术界呈现出十分复杂的情况。要历史地、辩证地、客观而不怀偏见地把握新经济政策，唯一正确的方法就是回到列宁所处的历史时代，将新经济政策置于列宁主义的理论逻辑和实践路径之下去考察，这样既能澄清对新经济政策的各种误读，也能避免对其作超越时代的过高解读。站在21世纪的历史高度，在改革语境下诠释新经济政策的理论价值和历史局限，对于中国共产党继承并发扬列宁主义的思想遗产，带领中国人民建设中国特色社会主义，推进无产阶级和人类进步事业走向胜利具有重要的现实意义。

根据战争形势和苏俄面临的国际国内局势的变化，以1920年为界，战时共产主义分为前后两个阶段，各项政策措施推行的目的、实施的宽严程度和导致的后果，前后并不一致。列宁对战时共产主义的反思，在不同阶段、不同的问题域下，论述各不相同，不能简单而笼统地一概而论，必须对其进行系统且具体的分析。

第一，列宁对战时共产主义的反思。首先，战时共产主义是极度危险情势下俄共（布）的正确抉择。从1918年6月至1920年初，在帝国主义国家的武装干涉和国内反革命分子暴乱的联合夹击下，苏俄进入了国内战争时期。年轻的苏维埃政权为了应对迫在眉睫的军事危机，于1919年1月颁布了在全国实行余粮征集制的命令。随后，以余粮征集制为核心，一系列非常措施陆续出台，主要有：将大工业尤其是重工业国有化；对居民所需的口粮和日常生活用品实行配给制；普遍推行劳动义务制以解决劳动力紧缺的问题等。通过这些非常措施，苏维埃俄国成功地将一切事务纳入了战时轨道，达到了举全国之力夺取战争胜利的目的。列宁指出，在极度困难和极度危险的形势下，俄共（布）果断采取战时非常措施，是保卫苏维埃政权的唯一正确的选择。"当帝国主义者和资本家把战争强加在我们身上时，我们不能不这样做。我们毫无选择的余地"，"为了拯救国家，拯救军队，拯救工农政权，当时必须这样做"[1]。在战时共产主义政策执行过程中，俄国人民的爱国热情和斗志被极大限度地激发出来。他们克服困难，同仇敌忾，为夺取国内战争的胜利作出

---

[1] 《列宁全集》第41卷，人民出版社2017年版，第10页。

了巨大贡献。对此,列宁给予了高度的评价:"我们取得了胜利(尽管世界上一些最强大的国家都支持我国的剥削者)这一事实不仅表明,工人和农民在谋求自身解放的斗争中能创造出什么样的英勇奇迹。"① "这个奇迹不是从天上掉下来的,它是从工人阶级和农民的经济利益中产生出来的,是工人阶级和农民的巨大的热情创造了这个奇迹;由于这种奇迹,我们打退了地主和资本家的进攻。"② 针对第二国际修正主义理论家和国内孟什维克批判战时共产主义的言论,列宁驳斥道,战时共产主义使得一个经济文化落后且常年遭受战争破坏的国家赢得了战争,使得工农群众在谋求自身解放的大路上胜利前进,这一事实表明它不仅不是"一种过错",而是"一种功劳"。孟什维克和第二国际理论家对战时共产主义的态度,正好说明"他们实际上起了资产阶级走狗的作用"③。

其次,国内战争胜利后战时共产主义的延续是因为党的指导思想脱离实际。从1920年到1921年初,在国内战争取得了决定性胜利的情况下,战时共产主义的各项措施非但没有退出历史舞台,反而以更广泛的规模、更迅猛的速度在全国推行。征集制的范围扩大了,从原来的粮食和饲料扩展到棉花、皮革、肉类等农副产品和经济作物。在工业方面,到1920年底,所有工业企业都实现了国有化。在贸易方面,国家撤销了人民银行,禁止一切贸易活动,居民的生活资料分配实物化范围全面扩大。在反动势力对苏维埃政权构成的威胁已经解除的形势下,继续推行战时共产主义,严重损伤了农民的利益,挫伤了农民对苏维埃政权的感情,导致了农民的动摇。从1920年末至1921年初,农民暴动几乎遍及全国。暴动的农民提出了"没有共产党人的苏维埃""取消粮食征收制,自由支配粮食"的口号④。城市工人的口粮供应量不断削减,工人群众的不满情绪也在加剧。鉴于这种情况,列宁说:"当我们度过了,而且是胜利地度过了国内战争的最重要阶段以后,我们就遇到了苏维埃俄国内

---

① 《列宁论新经济政策》,人民出版社2014年版,第69页。
② 《列宁全集》第41卷,人民出版社2017年版,第56页。
③ 《列宁全集》第41卷,人民出版社2017年版,第208页。
④ 郑异凡:《新经济政策的俄国》,人民出版社2013年版,第13页。

部很大的——我认为是最大的——政治危机。"①

在列宁看来,导致俄国内部政治危机的根源,不在于战时共产主义政策措施本身,而在于政策的制定者在指导思想上犯了错误。由于国内战争时期所激发出来的非凡的政治热情,加上战时严厉措施下顺势而为的"社会主义改造"的结果,致使俄共(布)的指导思想脱离了实际,认为通过无产阶级政权的强制力量可以迅速而直接地过渡到共产主义。列宁说:"我们为热情的浪潮所激励……我们曾计划依靠这种热情直接实现与一般政治任务和军事任务同样伟大的经济任务。我们计划(说我们计划欠周地设想也许较确切)用无产阶级国家直接下命令的办法在一个小农国家里按共产主义原则来调整国家的产品生产和分配。现实生活说明我们错了。"② 列宁告诫全党,"'战时共产主义'是战争和经济破坏迫使我们实行的。它不是而且也不能是一项适应无产阶级经济任务的政策"③。战时共产主义在国内战争时期是必需的,有功劳的,但如果作为向社会主义过渡的措施,却是错误的,它所建立的社会经济结构,不具有真正意义上的社会主义性质,社会主义是不能简单地通过政策"制定"出来的。列宁总结说:"向纯社会主义形式和纯社会主义分配直接过渡,是我们力所不及的,如果我们不能实行退却,即把任务限制在较容易完成的范围内,那我们就有灭亡的危险。"④ 在列宁的著作中,他不下二十多次提到并反思了"直接过渡"的错误。

再次,执政的共产党必须时刻提防这种错误再次发生。为了防止"直接过渡"的错误再次发生,列宁系统回顾了十月革命胜利后俄共(布)在"过渡"问题上的路线演进。十月革命胜利后,列宁和俄共(布)曾经认为,俄国要建设共产主义,必须经历"带有小农占多数特点的经济——正常的社会主义的产品交换——共产主义"这样的过程。列宁回忆说:"从1917年产生了接收政权的任务和布尔什维克向全体人民揭示了这一任务的时候起,在我们的理论文献中就明确地强调指出,要

---

① 《列宁全集》第43卷,人民出版社2017年版,第281页。
② 《列宁全集》第42卷,人民出版社2017年版,第187页。
③ 《列宁全集》第41卷,人民出版社2017年版,第208—209页。
④ 《列宁全集》第43卷,人民出版社2017年版,第282页。

从资本主义社会走上接近共产主义社会的任何一条通道,都需要有社会主义的计算和监督这样一个过渡,一个漫长而复杂的过渡(资本主义社会愈不发达,所需要的过渡时间就愈长)。"① 但是,事与愿违,由于完全缺乏经验,革命情绪又特别高涨,物资十分匮乏,商品经济又不发达,俄共(布)决定利用政权的强制力直接过渡到社会主义。"由于共和国在帝国主义战争结束时似乎已经陷于绝境,由于这一些和其他一些情况,我们犯了错误:决定直接过渡到共产主义的生产和分配。"② 国内战争结束后,当俄共(布)工作重点发生转移,"直接过渡"的政策并没有及时退出历史舞台。在炽热的革命激情下,俄共(布)"好像把这一点(指渐进式过渡的计划——引者注)遗忘了"③。列宁总结道,在小农经济的俄国,对于落后的国情与社会主义的目标之间存在着的矛盾,执政的共产党必须始终保持清醒的头脑。党要懂得哪些方面的任务是可以通过"高涨的热情和政治上的稳固统治能够轻而易举"地完成的,而哪些方面的任务"必须试用一系列的措施来逐渐地慎重地实行"④。只有对这个问题有明确的认识,党才能防止错误再次发生。列宁语重心长地嘱咐,这种错误"在苏维埃俄国的历史上是第一次",他希望"也是最后一次"⑤。

第二,新经济政策的动因、任务及目标定位。首先,从"把宝押在国际革命上面"到"单独干来取得成就"的重大战略转变。十月革命胜利初期,列宁认为,落后的俄国与帝国主义世界长期对抗是不可能的。俄国是一个小农经济占很大比重的国家,无产阶级不可能领导着汪洋大海般的小农经济进入社会主义。但是,只要世界革命立即爆发并取得胜利,欧美先进国家由无产阶级掌握政权,俄国所有的困难都能迎刃而解。对这种构想,列宁曾经做过具体的描述。他说:"布尔什维克把全部策略建立在世界工人革命的支援上面"⑥,"只有把已在俄国取得胜利的社

---

① 《列宁全集》第42卷,人民出版社2017年版,第193—194页。
② 《列宁全集》第42卷,人民出版社2017年版,第193页。
③ 《列宁全集》第42卷,人民出版社2017年版,第194页。
④ 《列宁全集》第42卷,人民出版社2017年版,第236页。
⑤ 《列宁全集》第43卷,人民出版社2017年版,第281—282页。
⑥ 《列宁全集》第35卷,人民出版社2017年版,第98—99页。

主义革命转变为国际工人革命，才是这个革命能够巩固的最可靠的保证"①。至于经济文化落后的问题，俄国也不用过多考虑。在世界革命胜利后，发达国家夺取了政权的无产阶级会在这方面帮助俄国过渡到社会主义。列宁描述道：只要"社会主义革命在全世界或者至少是在许多先进国家中同时取得了胜利，那么……落后的俄国就不必独自来考虑解决这一任务了，因为西欧各国的先进工人会来帮助我们，排除我们在解决向社会主义过渡的最困难的任务即所谓组织任务时会遇到的大部分困难"②。战时共产主义时期，俄共（布）不顾国内经济状况，用政权的力量强行过渡，与列宁的这种世界革命战略部署有深刻的关系。

世界革命没有到来，彻底打破了列宁关于俄国革命与世界革命之间互动关系的部署。失去先进国家无产阶级革命胜利的支援，已然夺取政权的俄国无产阶级能不能将革命成果保存下来，坚持到世界革命高潮重新到来的时刻，列宁把对这个问题的考量放在尤为突出的位置。苏维埃俄国在军事上的胜利，短时期内解决了无产阶级政权的生存问题。虽然世界革命没有爆发，但是帝国主义国家剿灭苏维埃俄国的企图也没有实现，"结果，无论这一方还是那一方，无论俄罗斯苏维埃共和国还是整个资本主义世界都没有获得胜利，也没有遭到失败"③。这种局面，列宁称为"整个国际资产阶级与苏维埃俄国之间的均势"④。列宁及时修正了自己的观点："经过三年残酷而激烈的战争，我们看到……即使全世界的社会主义革命推迟爆发，无产阶级政权和苏维埃共和国也能够存在下去。"⑤ 在此基础上，列宁重新部署了世界革命战略。既然世界革命不可能立即发生，那么继续"把宝押在世界革命"上，肯定是不现实的，必须转变战略策略。列宁说："要善于使我们的工作同国内外的阶级关系相适应，以便能长期保持无产阶级专政……只有这样提出问题，才是正确

---

① 《列宁全集》第34卷，人民出版社2017年版，第33页。
② 《列宁全集》第34卷，人民出版社2017年版，第129页。
③ 《列宁全集》第40卷，人民出版社2017年版，第22页。
④ 《列宁全集》第42卷，人民出版社2017年版，第43页。
⑤ 《列宁全集》第40卷，人民出版社2017年版，第22页。

的，清醒的。"① 于是，他提出："我们必须转变，必须靠单独干来取得成就。……'单独干吧'——我们对自己这样说。"② 实际上，列宁对世界革命战略的重新部署，是俄国国内政策向新经济政策转变的根本动因。

在列宁主义的理论逻辑下，社会主义是世界性事业，不可能在一国单独实现。俄国社会主义革命的最终命运取决于世界革命的爆发并取得胜利，这一思想贯穿于列宁革命生涯的整个过程。苏俄一国"单独干"，不是放弃世界革命的目标，而是不再将一切工作的基础放在世界革命的立即爆发上。也就是，既"寄希望于国际革命"又"并不是指望它在一定期限内爆发"③。列宁解释说，俄国在军事上的胜利，不是因为俄国先进，反而是因为俄国的落后。如果俄国在经济文化方面的革命不跟进，最终还是无法抵制帝国主义的进攻。因此，"单独干"是指俄国不再被动等待世界革命的后援，而是决心通过自己的力量完成文化革命的任务。至于俄国是否能通过"单独干"坚持"到西欧资本主义国家发展到社会主义的那一天"④，列宁并没有把握。但他认为，无论如何，作为世界革命先锋队的俄国无产阶级的经验，对于世界社会主义事业来说都是宝贵的。在1921年召开的共产国际三大上，列宁在总结新经济政策之于世界社会主义革命事业的意义时说："我们将做自己的一份小小的革命工作，即使遭到失败，我们为革命事业仍然尽了力量，我们的经验可供其他国家的革命借鉴。"⑤

其次，新经济政策的第一要务：以经济上的退却巩固无产阶级政权。新经济政策最直接的目的是，在俄国国内，掌握政权的俄国无产阶级通过在"经济上向农民让步"，在政治上重构工农联盟，以达到巩固政权、化解危机的目的。一言以蔽之，"只要无产阶级政权能得到支持和巩固，我们可以作任何让步"⑥。

---

① 《列宁全集》第41卷，人民出版社2017年版，第15页。
② 《列宁全集》第43卷，人民出版社2017年版，第301页。
③ 《列宁全集》第41卷，人民出版社2017年版，第15页。
④ 《列宁全集》第43卷，人民出版社2017年版，第393页。
⑤ 《列宁全集》第42卷，人民出版社2017年版，第45页。
⑥ 《列宁全集》第41卷，人民出版社2017年版，第314页。

列宁和第二国际理论家的比较研究——关于未来社会实现理论

基于1921年春俄国农民暴动蜂起的情况，列宁意识到，俄国的经济问题已经转化为政治问题，是"推翻政权？还是寻求同他们（指农民——引者注）的妥协？"①——俄共（布）到了必须做出抉择的关键时刻。为了实现政策和策略的转变，从1921年3月起，俄共（布）和苏维埃政府连续召开会议，密集地颁布文件和法令。1921年3月21日，全俄苏维埃中央执行委员会通过了《关于用实物税代替粮食和原料收集制》的法令。法令规定取消余粮征集制，实行实物税；实物税额比原先余粮征集制大幅下调，纳税后的余粮由农民自由支配。从具体措施来看，新经济政策是从经济着手的，但政治考虑在新经济政策的实施过程中一直处于根本的、核心的地位。列宁说，新经济政策"首先而且主要是一个政治问题，因为这个问题的本质在于工人阶级如何对待农民"②。如果无产阶级的政策长期使农民的处境特别困难、特别紧张，就不可避免地会加剧农民的动摇，使他们从无产阶级方面倒向资产阶级方面③。由于物资的极度匮乏，俄国的无产阶级不可能在物质利益上立即改善农民的处境，只有通过商业环节在无产阶级和农民之间建立比较良性的经济关系，尽力满足农民的需要，逐步引导个体农民走上社会主义道路④。在当时的形势下，无产阶级在物质利益上向农民让步，是巩固政权、度过危机的头等大事。列宁要求党和苏维埃的政府工作人员必须充分领会并确切执行这一政治任务⑤。列宁指出，在战争时期，工人和农民成功地建立了军事联盟和政治联盟，而工农之间"经济上的联盟"能否成功地建立，关系到俄国无产阶级革命的最终命运和世界革命的前途。"我国整个革命和未来一切社会主义革命（即世界范围的社会主义革命）最本质最根本的问题……就是工人阶级同农民的关系，就是工人阶级同农民的联盟。"⑥ "否则，在国际革命推迟爆发的情况下，要在俄国保住无产阶级

---

① 《列宁全集》第41卷，人民出版社2017年版，第386页。
② 《列宁全集》第41卷，人民出版社2017年版，第50页。
③ 《列宁全集》第41卷，人民出版社2017年版，第50页。
④ 《列宁全集》第42卷，人民出版社2017年版，第344—345页。
⑤ 《列宁全集》第41卷，人民出版社2017年版，第333页。
⑥ 《列宁全集》第42卷，人民出版社2017年版，第343—344页。

政权是不可能的……必须清楚地意识到这一点,并且对这一点毫不讳言。"①

列宁是一个坚定的世界革命论者。列宁有关俄国革命和世界革命互动推进的战略部署,深刻影响着俄国国内国际政策的面貌。在世界革命语境和列宁主义的理论逻辑下,新经济政策改革,是列宁的世界革命战略退却部署在国内政策上的体现。新经济政策的第一要务是在经济上退却以防政治上失权;根本任务是引领俄国一国向社会主义过渡;目标在于坚守革命策源地,迎接世界革命高潮的重新到来。

再次,新经济政策的根本任务:引领俄国一国向社会主义过渡。列宁强调了新经济政策的特殊性。新经济政策是小农经济的俄国在世界革命的低潮时期所实行的特殊政策。它不是所有国家向社会主义过渡都必须采取的政策,也不是建设社会主义整个过程中都要采取的政策,更不是建成社会主义之后必须采取的政策。反过来说,如果世界革命胜利,对于已经拥有大工业基础的欧美发达国家而言,是不需要经过新经济政策这个环节的。列宁说,新经济政策是"在一个小农生产者占人口大多数的国家里,实行社会主义革命必须通过一系列特殊的过渡办法,这些办法在工农业雇佣工人占大多数的发达的资本主义国家里,是完全不需要采用的"②。

列宁规定了新经济政策的根本任务——在俄国建立起大工业基础。由于俄国不是一个工业发达的国家,大工业不能够将小农"组织成公有的大规模的农业经济"③,那么俄国就必须先通过特殊的"中间环节"建立起大工业基础,为进入社会主义奠定物质前提。因为"从资本主义向社会主义过渡可以有各种不同的形式,这要取决于国内是大资本主义关系占优势,还是小经济占优势。……如果一个国家大工业占优势,或者即使不占优势,但是十分发达,而且农业中的大生产也很发达,那么直接向共产主义过渡是可能的"④。在《论粮食税》中,列宁更鲜明地指

---

① 《列宁全集》第41卷,人民出版社2017年版,第62页。
② 《列宁全集》第41卷,人民出版社2017年版,第50页。
③ 《列宁全集》第41卷,人民出版社2017年版,第140页。
④ 《列宁全集》第41卷,人民出版社2017年版,第70页。

出:"如果我们能建立起几十座区域电站,如果我们能把电力从这些电站送到每个村子,如果我们能得到足够数量的电动机及其他机器,那么从宗法制度到社会主义就不需要或者几乎不需要过渡阶段和中间环节了。"① 从以上的阐述可以看出,在列宁的思想中,政策的转折并没有引起列宁的社会主义观发生转变。建立起大工业基础是新经济政策的根本任务,也是利用商业和市场原则的限度。就是说,如果俄国具备了大工业基础,具有了向社会主义过渡的物质前提,那么就不需要商业和市场作为中间环节了。有些学者提出,新经济政策改革中,列宁的理论思维已经触及社会主义与市场经济关系的实质,这无疑是一种夸大。列宁始终是把商业和市场原则与资本主义联系在一起的。1923年11月,列宁在他生前最后一次公开讲话中,对新经济政策的历史定位进行了总结性的发言。他说:"只要我们大家共同努力,不是在明天,而是在几年之中,无论如何会解决这个任务,这样,新经济政策的俄国将变成社会主义的俄国。"② 这段话的意思很明确,俄国不可能永远是"新经济政策的俄国",它迟早要走向"社会主义的俄国",新经济政策中的商品市场原则终将被社会主义原则所替代。

再次,新经济政策的理论价值和现实启迪。从战时共产主义到新经济政策,是无产阶级政党在执政后所实行的首次改革。这次改革所涉及的理论和实践问题的深度、广度以及推行的力度,在当今看来都是十分巨大的。"从实践中谈论社会主义""小农经济占优势的国家必须采取迂回策略向社会主义过渡""利用资本主义,建设社会主义""无产阶级政党在革命胜利后必须将改良(郑异凡教授认为翻译成'改革'更为合适)③ 提上议事日程"等重要论述是社会主义史上关于改革的最早最权威的表述,是世界社会主义运动最宝贵的精神财富,至今仍闪烁着真理的光辉。

首先,"什么是社会主义、怎样建设社会主义"是改革必须回答的基

---

① 《列宁全集》第41卷,人民出版社2017年版,第216页。
② 《列宁全集》第43卷,人民出版社2017年版,第306页。
③ 郑异凡:《苏俄新经济政策和中国改革开放之比较》,《当代世界社会主义问题》2005年第4期,第31—39页。

第二章　列宁的未来社会实现理论

本问题。在马克思主义创立时期，这个问题就已经存在。马克思、恩格斯针对当时西欧发达国家社会主义运动发展的实际情况，在批判形形色色空想社会主义的基础之上，对社会主义的实现路径和制度体系作了大致的构想，创立了科学社会主义。列宁继承了马克思、恩格斯的思想。在十月革命后，当列宁力图将马克思、恩格斯的社会主义理论付诸实践时，却发现经典社会主义理论和贫穷落后的俄国现实之间存在着巨大的时空差距。他试图通过直接"冲击的办法"实现社会主义，事实说明这种办法行不通。于是他认识到，共产党员要在俄国实现社会主义，要"采取一系列缓慢的、渐进的、审慎的'围攻'行动来完成这项任务"①。列宁客观地分析和总结了商业对于俄国"缓慢地、渐进地"走向社会主义的重要意义。他提出：商业是"我国经济生活的试金石，是无产阶级先头部队同农民结合的唯一可能的环节，是促使经济开始全面高涨的唯一可能的纽带"②。在社会主义建设史上，列宁最早引进商品、货币、市场、价值的机制，这是新经济政策最具开创性意义的内容，也是社会主义史上的一个重大的突破。布哈林认为，新经济政策的决定性因素是存在市场关系——在这种那种程度上。这是最重要的标准，它规定了新经济政策的实质③。

列宁已然看到，新经济政策与经典社会主义理论的一些论断之间存在着多重矛盾。比如，新经济政策间接过渡的方式与经典社会主义直接过渡理论之间的矛盾；俄国一国向社会主义过渡与社会主义事业的世界性原理之间的矛盾；新经济政策利用资本主义的新举措同资本主义与社会主义不可避免地发生对抗的观点之间的矛盾等。作为一个从实践中谈论马克思主义的领袖，当经典理论的个别论断与现实产生冲突时，列宁没有用传统定论去剪裁现实，而是尊重现实，勇于突破，积极实践。他

---

① 《列宁全集》第42卷，人民出版社2017年版，第260页。
② 《列宁全集》第42卷，人民出版社2017年版，第359页。
③ 中央编译局国际共运史研究室编：《布哈林文选》下册，人民出版社1983年版，第392页。

指出:"对俄国来说,根据书本争论社会主义纲领的时代也已经过去了,我深信已经一去不复返了。今天只能根据经验来谈论社会主义。"① 又说:"现在一切都在于实践,现在已经到了这样一个历史关头:理论在变为实践,理论由实践赋予活力,由实践来修正,由实践来检验。"② 列宁鼓励俄共(布)在实践中大胆探索,勇于尝试,不要怕犯错误。他说:"我们初次从事新的事业,聪明才智从哪里来呢?我们这样试试,那样试试。我们曾随波逐流,因为那时区分不出正确的东西和不正确的东西,要做到能够区分是需要时间的。"③

在列宁的政治生涯里,列宁领导和能够切实总结的只是前后不到两年的新经济政策初期,当时苏俄的经济刚刚开始恢复,新经济政策还处在摸着石头过河的阶段,列宁缺乏足够有力的实践基础对经典社会主义理论进行全面创新性发展。他只能将"什么是社会主义、怎样建设社会主义"这个问题的解决推向更远的将来,力求为新经济政策赢得更长久的时间,期望从俄国人民的实践中得到更丰富更新鲜的材料来检验发展理论。遗憾的是,历史没有给予他深入思考这个问题的机会。在列宁的著述中,他始终没有认识到社会主义和市场经济的关系,没有将市场经济看作是人类文明进步的共同成果,不存在社会制度属性。新经济政策对农民的让步、对市场原则的重建,在他的观念中都是不符合社会主义原则的。他对商品交换、货币和市场这些因素一直充满了矛盾心理。一方面,他深刻感受到发展商品经济和利用市场对于小农经济的俄国的重要意义,认为只有通过商品交换才能建立起工业和农业之间的纽带,才能对农业进行改造,才能重塑工农关系,建成社会主义的物质前提。另一方面,他又担心对市场和商业原则的国家调节的任何放松,都会加强国民经济中"纯"资本主义成分,而使国民经济中"纯"社会主义成分得以减弱。于是,新经济政策发展自由贸易是为了"同自由贸易进行竞

---

① 《列宁全集》第34卷,人民出版社2017年版,第466页。
② 《列宁全集》第33卷,人民出版社2017年版,第212页。
③ 《列宁全集》第38卷,人民出版社2017年版,第290页。

赛，并用自由贸易的王牌和武器来击败自由贸易"①；利用市场的目的是最终消灭市场；允许发展"私人资本主义"的目的是最终"战胜私人资本家"；"退却"的目的是"重新转入进攻"。列宁的思想言论中，这种悖论一直困扰着他，挥之不去。正如周尚文教授所说："我们不难发现列宁思想过程中存在的一个矛盾：当他直面落后的国情时，他意识到俄国走向社会主义必然是一个长期的艰苦的过程；而从他作为执政的共产党领导人进行决策的时候，往往又希冀早日把俄国社会驶向共产主义的彼岸。"②

可是，纵观在同时期的俄国党内，对新经济政策的认识还尓有人达到列宁的认识高度。大多数人对新经济政策所带来的后果充满疑虑。他们固执地恪守"市场经济等于资本主义，计划经济等于社会主义"的公式，认为战时共产主义时期所建立起来的制度，才是真正的社会主义。共产党员穆拉维也夫说过一段颇具代表性的话。他说：实行新经济政策，"真像当头挨了一棍似的痛心。就在这一瞬间，脑海里出现这样的想法，十月革命的大厦正在摇摇欲坠，这意味着转向资本主义。……我们中间的许多人……不能不认识到这是对共产主义的背叛，是公然抛弃十月革命所取得的一切成果。"③ 这种思想认识在党内的广泛存在，说明俄共（布）未能在"什么是社会主义、怎样建设社会主义"这个基本问题上有全面的创新性认识。新经济政策的实施，既不能表明俄共（布）有了带领俄国走上了本国特色社会主义建设道路的理论自觉和实践自觉，更谈不上俄共（布）已经认识到市场经济与社会主义的关系。这些问题，世界社会主义运动直到半个世纪之后才认识到。

经济文化落后的国家通过非资本主义道路走向现代化，是20世纪以来世界社会主义运动的重大使命。由于种种原因，这条由列宁及其追随

---

① 《列宁全集》第41卷，人民出版社2017年版，第356页。
② 周尚文：《列宁政治遗产十论》，上海人民出版社2018年版，第223—224页。
③ ［苏］尼·瓦连廷诺夫：《新经济政策和列宁死后党的危机》，转引自《国际共产主义运动历史长编》第3卷，吉林人民出版社1987年版，第151页。

者开创的道路,却没有在苏联成功地走下去。直到20世纪70年代末,中国共产党提出重新认识"什么是社会主义、怎样建设社会主义",开启了中国改革开放的伟大事业。中国共产党以中国人民的实践为现实基础,总结了中国人民进行社会主义建设正反两方面的经验教训,结合世界社会主义运动的兴衰成败,将科学社会主义理论逻辑和中国社会发展历史逻辑相结合,开辟了中国特色社会主义道路,创立了中国特色社会主义理论,建立了中国特色社会主义制度。中国特色社会主义不但汲取了列宁尊重实践、尊重群众思想的精粹,从根本上解决了列宁"迂回""退却"中的矛盾,还在经典理论与经济文化落后国家的社会主义实践之间架起了桥梁,为中国实现社会主义现代化指明了方向。如今,中国社会主义建设进入新时代。中国共产党在"什么是社会主义、怎样建设社会主义"这一基本问题的基础上,结合新的时代背景提出并明确回答了"坚持和发展什么样的中国特色社会主义,怎样坚持和发展中国特色社会主义",形成了习近平新时代中国特色社会主义思想。这一思想将世界社会主义的历史使命、中国共产党的历史使命、国家的前途、民族的梦想等因素紧密结合,是指导和激励中国人民通过全面深化改革实现社会主义现代化目标的精神旗帜。

其次,改革是一项复杂的系统工程,必须始终坚持正确的方法论。改革是无产阶级执政党长期坚持的基本路线,必须坚持马克思主义的立场和观点,运用系统分析方法,将两点论和重点论结合起来,不断探索和把握改革的内在规律,把握和处理好改革中的一些重大关系,始终坚持正确的方法论。新经济政策的实质是,世界革命目标远去的条件下,经济文化落后国家的掌握政权后的工人阶级通过合作化方式引导农民逐步达到社会主义的问题。而要达到合作化的目的,必须以工业化、电气化、经济市场化、政治民主化以及国民教育普及化等作为前提。所以列宁对新经济政策的论述,表现出多重维度。如为世界革命的最终到来而坚守的角度、重塑工农关系的政治维度、开展文化革命的角度、向社会主义过渡的社会维度等。列宁晚年对新经济政策改革的思考进一步系统化。他看到了高度集中的政治体制与混合所有制经济之间的矛盾、行政命令与市场化发展之间的矛盾，思想开始触及政治体制改革、文化体制改革、党的建设改革等方面。在列宁逝世之前的政治遗嘱中，他提出改组工农检察院以反对个人独断和官僚主义；要求重新认识合作社之于社会主义的意义。然而，列宁有关政治体制改革和意识形态创新的一系列建议，并没有得到俄共（布）的重视和响应。经济领域里的改革无法得到思想意识形态创新、政治体制改革与之相协同，改革的航船难以继续前行。列宁逝世后，新经济政策是否继续推行，成为俄共（布）党内高层权力斗争的焦点。于是，新经济政策的命运就只能取决于俄共（布）最高领导人对它的态度。斯大林对新经济政策下了一个定义。他说："新经济政策是无产阶级国家所采取的一种特殊政策，它预计到在经济命脉掌握在无产阶级国家手中的条件下容许资本主义存在，预计到社会主义成分的作用日益增长而资本主义成分的作用日益削弱，预计到消灭阶级和建立社会主义的经济基础。"[①] 从斯大林的概念中可以看出，他将新经济政策看作是缓解工农矛盾、度过危机的临时性措施，强调的是新经济政策同资本主义作斗争的"进攻"方面的作用，完全没有在改革的叙事逻辑下谈论新经济政策，更没有认识到改革是无产阶级执政党必长期坚持的战略措施和根本道路。1929 年，斯大林干脆明确停止实行新经济政策，"让它见鬼去"了[②]。

　　反观中国从 20 世纪 70 年代末开启的改革开放事业，中国共产党汲取并借鉴了苏俄新经济政策改革的经验教训，从重新确立党的"解放思想、实事求是"思想路线入手，将全党的立场观点和方法统一到辩证唯物主义和历史唯物主义的立场上。邓小平指出："我们讲解放思想，是指在马克思主义指导下打破习惯势力和主观偏见的束缚，研究新情况，解决新问题。解放思想绝不能够偏离四项基本原则的轨道，不能损害安定

---

① 《斯大林全集》第 7 卷，人民出版社 1958 年版，第 299 页。
② 郑异凡：《新经济政策的俄国》，人民出版社 2013 年版，第 624 页。

团结、生动活泼的政治局面。全党对这个问题要有一个统一的认识。"①这段话实际上说明，改革开放的方法论同辩证唯物主义一贯强调的发展的观点、联系的观点、两点论与重点论相结合的观点是一致的，这就为改革的顺利推行提供了方法论前提。中国共产党在改革开放中始终把对马克思主义的坚持和发展统一起来，通过理论创新推动改革开放，生动诠释了改革开放方法论体系的内涵。改革开放40多年来，中国共产党积累了丰富的经验，不断提高改革开放的政治自觉、思想自觉、行动自觉，明确认识到改革是当代中国最鲜明的特色，也是中国共产党最鲜明的旗帜，改革事业的成败关系到党和人民的前途和命运，关系到中国共产党的执政基础和执政地位，也关系到世界社会主义的前途和命运。这充分表明中国共产党对改革的掌控已经开始了从必然王国向自由王国转变的历史性飞跃。

---

① 《邓小平文选》第2卷，人民出版社1994年版，第279页。

第三章 "伯恩施坦问题"的缘起与聚焦：资本主义的适应性和马克思主义的"适应性"

马克思主义发展的历史，就是同各种错误思潮不断斗争并取得胜利的历史。从思想史层面追溯源头可以看出，20世纪初列宁和第二国际理论家有关资本主义发展趋势和社会主义实现路径的论战，是第二国际关于修正主义问题争论的延续。恩格斯逝世后，伯恩施坦拉开了马克思主义和修正主义斗争的序幕。他以资本主义发展的新情况为借口，从否定资本主义崩溃理论和社会主义革命理论入手，对马克思主义进行了全面的"修正"。1899年，罗莎·卢森堡在《社会改良还是革命》中最早将伯恩施坦主义称为"修正主义"。1903年，在德国社会民主党德累斯顿代表大会通过的《关于党的策略问题的决议》上，伯恩施坦理论被称为"修正主义策略"而受到谴责。这是首次在党的正式文件中将伯恩施坦理论称为"修正主义"。此后，修正主义就专指马克思主义阵营中出现的歪曲和篡改马克思主义的思潮和政治运动。由于是打着马克思主义旗帜反对马克思主义，亦称为机会主义。伯恩施坦也因此成为修正主义、机会主义的鼻祖而进入各类问题的探讨中。100多年来，马克思主义和修正主义在资本主义发展趋势和未来社会实现路径问题上的分歧，是二者之间斗争的起点和焦点。说它是起点是因为，修正主义对马克思主义的质疑和攻击都是从这个问题开始的，修正主义的理路构建也是以此为起点的。说它是焦点是因为，马克思主义和修正主义之间的斗争，始终是围绕着这个问题而展开的。马克思主义要战胜修正主义，严格地说，必须在这个问题上回应修正主义并超越修正主义。随着资本主义全球化的深入推进和社会主义运动的曲折发展，借口资本主义发展的新情况"修正"马克思主义的企图频频被激活，曾经遭受过批判的修正主义总是以新的

列宁和第二国际理论家的比较研究——关于未来社会实现理论

论题和新的形态出现在当代话题中。正如葛兰西所说：修正主义的错误虽然"是在过去被犯下的而且在那以后已得到了纠正，但是，人们却不能保证它们在现在不会重演并再一次地需要纠正"①。重新审视第二国际时期修正主义路线的形成及其教训，明晰修正主义产生的根源以及马克思主义与修正主义作斗争的经验教训，对于马克思主义发展和社会主义运动中的许多重大问题来说，亦具有澄源洁流的意义。对于本课题研究而言，具有追本溯源、方法论建构和意识形态界分的重要意义。

一、伯恩施坦的思想变迁和修正主义的路线探微

伯恩施坦主义的出现，是19世纪末20世纪初西方资本主义和工人运动发展的结果，具有历史必然性。但伯恩施坦作为修正主义的鼻祖，他的个人品格及其思想变迁对于修正主义路线的形成也具有重要作用。因此，结合时代背景考察伯恩施坦的思想变迁，对于研究修正主义的诞生和沿革来说是十分必要的。

爱德华·伯恩施坦出生于1850年。在1870—1871年的普法战争期间，他受奥古斯特·倍倍尔和威廉·李卜克内西英勇的反战精神的影响，加入了德国社会民主党（爱森纳赫派）。1878年伯恩施坦接受赫希柏格的邀请，成为他的私人著作秘书。此间，伯恩施坦在瑞士与赫希柏格和施拉姆组成"苏黎世三人团"。1879年"苏黎世三人团"发表了《德国社会主义运动的回顾》一文。这篇文章鼓吹社会改良主义，对社会民主党的激进立场提出了批评，认为正是社会民主党所进行的激进的政治活动导致了"反社会党人法"的出台。这篇文章的立场和观点遭到马克思和恩格斯的严厉批评。马克思指出，《德国社会主义运动的回顾》的立场完全是资产阶级的，是想把党变成资产阶级的工具。他建议将"苏黎世三人团"开除出党，以保持党的纯洁性。但是德国社会民主党的领袖倍倍尔十分看重伯恩施坦的才华，认为伯恩施坦尚且年轻，希望他能改正错误。

---

① ［意］葛兰西：《实践哲学》，徐崇温译，重庆出版社1990年版，第8页。

第三章 "伯恩施坦问题"的缘起与聚焦：资本主义的适应性和马克思主义的"适应性"

为了帮助伯恩施坦认识并改正错误，1880年奥古斯特·倍倍尔带伯恩施坦拜访了马克思和恩格斯。此后，伯恩施坦系统研究了马克思主义的历史唯物主义和社会主义理论。从1881—1890年，伯恩施坦一直担任德国社会民主党的党报《社会民主党人报》的编辑。在极端困难的情况下，《社会民主党人报》一直站在马克思主义的立场，揭露和批判了俾斯麦政府迫害社会民主党人的反动政策，肃清了拉萨尔主义在德国社会民主党内的影响，有力促进了马克思主义思想的传播。恩格斯称赞《社会民主党人报》坚定而明确地捍卫了党的原则，"是党曾经有过的最好的报纸"[1]。应该说，恩格斯是十分欣赏和信赖伯恩施坦的，将伯恩施坦和卡尔·考茨基作为他的"遗嘱执行人"。伯恩施坦也因此在德国社会民主党和马克思主义理论家中赢得了很高的声誉。

1888年伯恩施坦从瑞士迁居英国。他在英国一直居住到1901年。在英国期间，伯恩施坦亲身体会了英国资本主义的发展，对英国的资产阶级民主制度进行了深入研究，与英国著名的改良主义流派费边社的人员过从甚密。对伯恩施坦思想意识中的改良主义苗头，恩格斯曾有所察觉，并提出过批评。1890年2月，德国社会民主党在大选中获得空前胜利。同年9月，反社会党人非常法废除，社会民主党合法地位得以恢复，党面临着重大的策略转变，议会斗争成为党的日常工作的重点。在这样的情势下，伯恩施坦发表了《暗礁》和《略谈策略》两篇文章，阐述了德国社会民主党在新的形势下实行策略转变的重要意义。伯恩施坦在这两篇文章中的有关论调，体现出了明显的社会改良主义的倾向。他说，在德国走向政治自由的历程中，议会政治占有重要的地位。一味地进行"革命"空谈而"辜负150万选民对党的信任"是德国社会民主党"必须避开的最致命的暗礁"[2]。此时恩格斯还在世，惮于革命导师的威望，伯恩施坦没有公开对社会主义的最终目的予以否定。恩格斯逝世后，伯恩施坦开始公然攻击马克思主义。1896年伯恩施坦在《新时代》上以《社会主义问题》为题发表了一组文章，提出了一系列"新"的观点并引起

---

[1]《马克思恩格斯全集》第29卷，人民出版社2020年版，第88页。
[2] 殷叙彝编：《伯恩施坦读本》，中央编译出版社2008年版，第85页。

列宁和第二国际理论家的比较研究——关于未来社会实现理论

第二国际理论家的关注。1899年3月,伯恩施坦的《社会主义的前提和社会民主党的任务》一书出版。该书对马克思的哲学、政治经济学和科学社会主义三大理论进行了全面的"修正"。伯恩施坦也因此获得"修正主义的精神养父"的称号[①]。1900年伯恩施坦编辑出版了《社会主义的历史和理论》。该书收集了他在1890—1899年间发表的17篇论文,并以论战的体裁反驳了正统马克思主义者对修正主义提出的批评。《社会主义的前提和社会民主党的任务》《社会主义的历史和理论》的相继出版,是伯恩施坦修正主义理论体系形成的标志。

1901年2月,伯恩施坦回到德国。他积极地发表演讲、著书立说,回应正统马克思主义者的批判,努力推广他的理论。伯恩施坦通过对"为什么要修正""为什么会遭到批判"等问题的回答,阐明了修正主义路线形成的缘起和理路。伯恩施坦表示,马克思的观点在面对现实时遭遇的困境曾经令他陷入了进退维谷的境地。他试图说服自己,在经济上走向工业化、政治上走向民主化的国家里,马克思提出的资本集中的必然趋势、资本主义经济危机的不可避免、无产阶级贫困化趋势、阶级斗争尖锐化趋势在现实中"都已经发生了",但他最终发现这种努力是徒劳的。鉴于此,经过多年的深思熟虑,他决定对马克思主义进行"修正"。"修正"的内容包括两个方面:一方面是对马克思主义的理论观点进行"修正"。因为事物的进程明确地揭露出马克思主义的严重缺陷,那么"就需要对马克思遗留下来的理论体系的许多论点进行修正"[②]。这就要分清楚马克思主义中"正确的东西和不正确的东西",丢掉马克思主义中"不正确的东西"[③]。另一方面是对党的指导思想进行修正,推进党的理论与实践相统一。他告诫社会民主党,德国乃至欧洲的社会主义运动不但要在策略上由社会革命整体转向社会改良,而且必须彻底放弃社会主义革命原则的指导地位。修正主义的旨归就是为改良主义政党的指导思想提供理论论证。他说:"修正主义力求为一种原则上改良主义的社会民主党政策的必要性和可能性提供理论论证并且粗略地指明这一政策的基

---

① 殷叙彝编:《伯恩施坦读本》,中央编译出版社2008年版,第535页。
② 殷叙彝编:《伯恩施坦读本》,中央编译出版社2008年版,第411页。
③ 殷叙彝编:《伯恩施坦读本》,中央编译出版社2008年版,第206页。

第三章 "伯恩施坦问题"的缘起与聚焦：资本主义的适应性和马克思主义的"适应性"

本方针"①。伯恩施坦说，修正主义理论之所以遭到党内"百分之九十九的反对"，根本原因是因为大多数党的理论家是盲目自大的教条主义者。他们脱离现实，说着"响亮的空话"，沉迷于"迷网般的诡辩"，"待在各个主要机关刊物里"制造舆论，对不同的言论实行"思想恐怖主义"。社会民主党在这些理论家们的教导下已经"晕头转向"，日趋保守②。伯恩施坦表示，他决不会因为在党的大会上受到批判而轻易放弃自己立场。在1903年发表的《马克思崇拜和修正的权利》一文中，伯恩施坦说：对马克思的崇拜必须控制在合理的范围之内。"不管马克思对社会主义理论的贡献有多大，他毕竟没有为这一理论作出最后的定论，他的方法并不是没有缺点，他的结论并不是普遍中肯，他关于发展的不少假设已经过时"，而修正主义者有义务"捍卫社会主义修正主义的科学的和由实际斗争需要产生的权利"③。这种话，出自一个受到过马克思和恩格斯谆谆教诲的理论家之口，是发人深思的。

从1902年至1928年，伯恩施坦一直是德国社会民主党的国会议员，参加了党的历次代表大会，还参加了第二国际历次代表大会，是德国社会民主党和第二国际的重要活动家。在这期间，伯恩施坦主要是以国会议员的身份从事议会活动。作为党的国会议员，伯恩施坦十分注重党的日常工作和实际政策。他通过社会改良的政治实践不断丰富和践行着社会改良主义，扩大了修正主义在德国和西欧社会主义运动中的影响。1928年以后伯恩施坦不再担任国会议员，政治影响力逐渐衰退，1932年12月去世。

在伯恩施坦的一生中，他的理论主张、政治策略总是随着环境的变化而改变，似乎缺乏鲜明的原则性。奥古斯特·倍倍尔曾经用鸟类随着环境变化而脱毛的自然现象讽喻伯恩施坦的多变。事实上，维护资产阶级民主制度，在资产阶级民主政治的框架下实现对资本主义社会的改良，推进资本主义文明的整体进步是伯恩施坦终身恪守的信条。与其说伯恩施坦是一个善变的机会主义者，不如说他是一个坚定的小资产阶级民主

---

① 殷叙彝编：《伯恩施坦读本》，中央编译出版社2008年版，第535页。
② 殷叙彝编：《伯恩施坦读本》，中央编译出版社2008年版，第209—210页。
③ 殷叙彝编：《伯恩施坦读本》，中央编译出版社2008年版，第412页。

主义者。在伯恩施坦参与起草的体现了修正主义思想的格尔利茨纲领中，社会民主党的阶级性质由"无产阶级政党"改为"城乡劳动人民的党"[①]，党奋斗的最终目标改为"竭尽全力来保护已经争得的自由……把民主共和国看成由于历史发展而确定的不可更改的国体，把对这种国体的一切攻击看成践踏人民的生存权利"[②]。伯恩施坦在《格尔利茨纲领解说》中，就社会民主党如何维护资产阶级民主共和国进行了全面解释。他说，社会民主党既要反对从"右面攻击"民主制、力图重新建立君主专制的政治倾向；也要反对"从左面反对民主制"、主张仿效俄国式的苏维埃制度的幻想[③]。在第一次世界大战期间，伯恩施坦政治态度的演变恰好是这一点的生动写照。大战伊始，伯恩施坦投票支持德国政府的战争拨款，希望德国政府能够保卫祖国，抵御工人阶级利用战争造成的危机发动社会革命。当他看到一战对德国所带来的灾难时，他又坚决站在了反战的立场上。他对右派推卸德国战争罪责的说法和做法表示强烈不满，对自己在1914年8月投票赞成战争拨款的行为表示懊悔，说那是"我全部政治生涯中最黑暗的日子"[④]。魏玛共和国建立后，伯恩施坦认为，既然共和国已经建立，那么党的任务就应该是维护民主共和体制的秩序，在民主共和的体制下走合法改良的道路。他和社会民主党右派站在一起，支持政府巩固和恢复共和国秩序的方针，坚决反对德国共产党效仿俄国将德国十一月革命推向前进的主张。表面上看，在疾速变化的局势面前，伯恩施坦"见风使舵"，不断转变态度。实际上，伯恩施坦始终是站在小资产阶级民主派立场为维护资产阶级共和国发声的。他既反对战争从"右面"破坏共和国的秩序，也反对革命从"左面"推翻共和国的目标。

伯恩施坦的小资产阶级民主派立场与他的阶级出身、人生境遇和德国社会的发展状况密切相关。19世纪德国的资本主义发展落后于英国和法国。德国的资产阶级民主主义运动兴起时，英国和法国已经产生了社

[①] 殷叙彝编：《伯恩施坦读本》，中央编译出版社2008年版，第538页。
[②] 殷叙彝编：《伯恩施坦读本》，中央编译出版社2008年版，第540页。
[③] 殷叙彝编：《伯恩施坦读本》，中央编译出版社2008年版，第541—542页。
[④] 殷叙彝编：《伯恩施坦读本》，中央编译出版社2008年版，序言第35页。

会主义思想和运动。19世纪70年代，德国的许多激进民主主义者在反对封建制度残余的斗争中，接受了社会主义思想，但实际上却不能对民主主义和社会主义作准确的界分。伯恩施坦就是其中之一。比如，他在加入德国社会民主党爱森纳赫派后，曾极力主张与拉萨尔派妥协，强调与拉萨尔派合并。在对拉萨尔理论进行批判时，对拉萨尔强调普选权的主张很感兴趣。他一直非常欣赏欧根·杜林的小资产阶级社会主义理论，甚至将杜林的理论与马克思主义理论相提并论。

二、对修正主义的文本解读以及对修正主义理论旨归的分析

修正主义对马克思主义的"修正"，究竟是发展了马克思主义还是背叛了马克思主义？对这一问题做出正确的回答，是战胜修正主义、发展马克思主义的题中应有之义。对修正主义的原始文本进行解读，从中归纳出修正主义的理论旨归，是正确回答这一问题的根本途径。

德国社会民主党斯图加特代表大会后，奥古斯特·倍倍尔、卡尔·考茨基等人建议伯恩施坦写一本书比较系统地表达自己的思想观点。于是，伯恩施坦写就《社会主义的前提和社会民主党的任务》（以下简称《前提》）一书，于1899年3月发表。虽然在这本书出版后，伯恩施坦还陆续发表了许多论文和小册子，但基本观点没有超出这本书所构建的理论体系。因此这本书是研究伯恩施坦修正主义的最具代表性的文献。在正统的马克思主义者看来，伯恩施坦的理论是浅薄的，伯恩施坦自己也曾经说他对"系统的思想和逻辑的系列"不感兴趣。但从《前提》的章节设计和章法结构来看，伯恩施坦主义的理论构建，是以对马克思主义理论的否定为参照系的。他从马克思主义哲学、政治经济学和社会主义理论三个方面对马克思主义基本原理进行了无情的攻击，并以此作为修正主义的出场路径建立起了修正主义的体系。

第一，对马克思主义哲学的否定和修正。伯恩施坦非常清楚，马克思主义的整个理论体系，都是建立在历史唯物主义基础上的。只要能对历史唯物主义的科学性提出质疑，那么就可以撬动马克思主义理论体系

赖以建立的基石。他说"对于马克思主义的正确性的任何探讨,都必须以这一理论是否有效和怎样有效这一问题为出发点"①。围绕着马克思有关"历史必然性及其根源"的论述,伯恩施坦展开了对历史唯物主义的批判。伯恩施坦说,历史唯物主义其实首先提出了一种预设,即一切历史现象都是由已经存在的某种物质力量预先决定的。在这个预设下,只要找出是"什么力量要素或者哪些力量因素在其中起决定作用",就能一劳永逸地掌握历史过程。他认为,马克思历史观的谬误根源在于,把各个时期物质资料的生产方式作为历史发展的决定力量,忽视了人的意识在历史发展中的重要作用。这样一来,人只能被动地"执行历史力量的任务",成为"历史力量"活的代言人,历史也就变成在"铁的必然性"支配下的不断实现的趋势②。在此基础上,伯恩施坦提出了"修正"的观点。首先,他主张直接抛弃"唯物主义历史观"的提法,以避免同"这一概念连在一起的一切误解"③。其次,他提出用"扩大"的历史观代替"一元论"的历史观。他特别强调,在现代社会中,意识形态因素对于经济发展水平的依赖程度已经非常小,"特别是伦理因素有比从前更为广阔的独立活动的余地",所以,意识形态和伦理因素对社会发展的作用越来越大,相反,经济因素的作用越来越小④。这样一来,在考察历史问题时,不能只局限于物质因素,而必须将物质因素(经济因素)和意识形态因素结合起来。再者,历史发展不是由"铁的必然性"制约着的既定的趋势,在对未来社会发展进行拟想时,不仅要考虑生产力和生产关系发展的状况,更重要的是考虑每一个时代的法权和道德观念、宗教传统和地理环境等方面因素的影响。尽管伯恩施坦没有公开承认他要用多元论历史唯心主义代替"一元论"历史唯物主义,但是伯恩施坦否定物质资料的生产对社会历史发展的决定作用,将道德、法权等非物质因素纳入社会发展的决定性因素的范围内,具有明显的多元论历史唯心主义倾向。他这样做的目的,就是要从根本上否定社会历史发展的客观

---

① 殷叙彝编:《伯恩施坦读本》,中央编译出版社2008年版,第220—221页。
② 殷叙彝编:《伯恩施坦读本》,中央编译出版社2008年版,第223页。
③ 殷叙彝编:《伯恩施坦读本》,中央编译出版社2008年版,第232页。
④ 殷叙彝编:《伯恩施坦读本》,中央编译出版社2008年版,第229页。

第三章 "伯恩施坦问题"的缘起与聚焦：资本主义的适应性和马克思主义的"适应性"

必然性。

伯恩施坦认识到，唯物主义历史观和唯物主义辩证法是一个紧密联系的整体。要撼动马克思主义哲学基础，或者说要全面否定无产阶级政党的世界观和方法论基础，必须将这两部分都进行清算。顺着这个逻辑理路，伯恩施坦展开了对辩证法的批判。伯恩施坦将矛头直接指向马克思和恩格斯对黑格尔辩证法的改造和吸收。马克思和恩格斯曾经说，他们的辩证法理论是把黑格尔的辩证法"从用头站立变成用脚站立"。因为黑格尔辩证法的出发点是唯心主义的，它是从概念之间的联系、变化和转化出发，推演出对立统一关系，即矛盾的双方既相互对立，又相互渗透。马克思和恩格斯剔除黑格尔辩证法的唯心主义的前提，将黑格尔辩证法改造成唯物主义辩证法，把辩证法看作是现实世界发展变化客观规律的反映。这样，辩证法就用"脚"站立在坚实的现实物质世界的大地上了。伯恩施坦反驳，"辩证法的用脚站立并不是简单的事"。因为不管事物在现实中是怎样的，一旦人们超越经验的事实而进入到派生的概念的世界，就会落入了"概念的自我发展"的圈套。黑格尔辩证法的陷阱就会诱导人们走向神秘主义。马克思和恩格斯无论怎样"改造"，都无法消除黑格尔辩证法的这种危险。伯恩施坦最极端的提法就是将马克思主义和布朗基主义相提并论。他认为，由于马克思和恩格斯掉进了"黑格尔辩证法陷阱"，致使他们完全不管现实的情况，只按照黑格尔所构想出来的发展图式来预测经济和社会未来的发展道路。于是，马克思和恩格斯把需要几代人努力才能实现的社会进步仅仅根据对立面的发展而演绎成一次政治革命的直接后果。马克思和恩格斯对革命暴力在改造社会时的创造力的过高估计，使马克思主义成为"同布朗基主义十分相似的学说"[1]。伯恩施坦因此得出结论："马克思和恩格斯的伟大贡献，不是借助黑格尔的辩证法而作出的，而是由于不管它才作出的"，要"修正"马克思主义，就必须清除马克思主义中的"黑格尔的杂质"[2]。辩证法是将马克思主义历史观和社会主义理论连接起来的逻辑链中的重要一环，马

---

[1] 殷叙彝编：《伯恩施坦读本》，中央编译出版社2008年版，第249页。
[2] 殷叙彝编：《伯恩施坦读本》，中央编译出版社2008年版，第259—260页。

列宁和第二国际理论家的比较研究——关于未来社会实现理论

克思和恩格斯正是从辩证法的原理出发提出了无产阶级革命和无产阶级专政理论和"两个必然"的结论。而伯恩施坦彻底推翻马克思的无产阶级革命理论和"两个必然"的结论,就必定要将矛头指向马克思主义辩证法。卢卡奇曾经对伯恩施坦反对马克思主义辩证法的意图做了十分精辟的概括。他说:"如果要建立一种彻底的机会主义理论,一种没有革命的'进化'理论,没有斗争的'长入'社会主义的理论,正是必须从历史唯物主义的方法中去掉辩证法。"①

第二,对马克思主义政治经济学和社会主义理论的否定和批判。剩余价值学说是马克思主义政治经济学的支点。要理解剩余价值,首先必须对价值概念进行界定。伯恩施坦武断地指出,马克思的价值概念是"纯粹的思维的构想"。他不厌其烦地列举了马克思在讨论商品的价值问题时,进行了一系列的"抽象和还原",最终使价值概念完全成了脱离实际的"思维的构想"。比如,在谈论交换价值时,马克思将不同商品的使用价值的特殊性抽象掉了;在谈论无差异的抽象劳动时,马克思将生产商品的劳动种类的特殊性抽象掉了;在谈论社会必要劳动时间时,马克思把不同生产者在勤勉、能力和装备方面的差异抽象掉了等。在价值是"纯粹思维的构造"的前提下,剩余价值自然就成了"以假说为根据的公式"②。伯恩施坦接着指出,马克思、恩格斯在论述剩余价值的产生和发展的过程时完全忽视了非生产领域的工人对剩余价值所做的贡献,这令他们犯了一个原则性的错误。随着资本主义社会的发展,除了直接从事生产劳动的雇佣工人之外,其他的"生产辅助人员"也间接地促进了剩余价值的提高。在现代经济条件下,非生产因素起的作用将会越来越突出。将剩余价值的来源完全归结为工人的剩余劳动,不但站不住脚,而且夸大了资本主义生产过程中资本家对工人的剥削因素,也夸大了资本主义社会的阶级对立。伯恩施坦还认为,由于股份公司和信用制度的出现,马克思主义所论述的无产阶级的贫困化、中产阶级的消失、无产阶级和资产阶级的矛盾激化等情况不但没有出现,反而出现了中小企业的

---

① [匈]卢卡奇:《历史与阶级意识》,商务印书馆1992年版,第52页。
② 殷叙彝编:《伯恩施坦文选》,人民出版社2008年版,第176页。

第三章 "伯恩施坦问题"的缘起与聚焦：资本主义的适应性和马克思主义的"适应性"

繁荣、工人阶级工资和生活水平的提升、工人因持有股份向资本家转变等现象。所有这些促使资本主义的阶级矛盾不断缓和甚至消失，资本主义经济危机以及由危机所带来的影响不断减弱，建立在经济危机基础上的资本主义崩溃理论就越来越不符合实际，社会主义也就不可能指望无产阶级通过一次社会革命来得以实现，社会改良主义的合理性因此而得以彰显。

在民主与社会主义的关系问题上，伯恩施坦摈弃阶级斗争理论，将民主建立在超阶级的观念之上。他把民主界定为一个抽象的人人自由平等的法权观念。他说，民主是"不存在阶级统治的一种社会状况"。在这样的社会状况中，"任何阶级都不能享有同整体对立的政治特权"[①]。他对科学社会主义中具有阶级划分意义的概念进行超阶级诠释，恣意歪曲和篡改科学社会主义理论。比如，他极力避免用阶级性来谈论社会制度，认为将资本主义社会称为"资产阶级社会""是一种言语上的含混"，是导致"错误解释的绝好桥梁"[②]。他用抽象的"市民"概念来掩盖无产阶级和资产阶级的阶级划分，用"市民社会"的提法来抹灭社会主义与资本主义在国家制度上的根本对立。在超阶级的理论前提下，伯恩施坦将实现社会主义的手段和目的混为一谈，强调民主"是争取社会主义的手段，它又是实现社会主义的形式……是社会进步的强有力的杠杆"[③]，社会民主党的最终目的是"用一种社会主义社会制度来代替资本主义社会制度"[④]。在资本主义民主制度下，社会民主党没有必要也没有可能发动革命，只需静静地推进资本主义文明的整体发展。这既是实现社会主义的手段，也是实现社会主义目的。为了促使社会民主党深刻领会策略转变的重要意义，从崇尚社会革命的政党转变成崇尚社会改良的政党，伯恩施坦对正统马克思主义理论家进行了冷嘲热讽式的批判。在他看来，由于党的理论家们愚昧保守且脱离实际，完全无视源于日常工作中的

[①] 殷叙彝编：《伯恩施坦读本》，中央编译出版社2008年版，第312—313页。
[②] 殷叙彝编：《伯恩施坦读本》，中央编译出版社2008年版，第319页。
[③] 殷叙彝编：《伯恩施坦读本》，中央编译出版社2008年版，第315页。
[④] 殷叙彝编：《伯恩施坦读本》，中央编译出版社2008年版，第319页。

"活的认识"①,致使现实的社会主义运动禁锢于理论家们过时了的言论之中,党的纲领与党的日常现实工作背道而驰②。伯恩施坦称这种现象是一种倒退,是"政治上的返祖现象"③。伯恩施坦呼吁社会民主党从理论家们的言论中"解放出来",在理论上大胆地、毫无保留地站到普选权和民主的立场上来,勇敢地表现为"一个民主的社会主义的改良政党"的样子,那么,社会民主党的"影响将比今天更加大得多"④。

第三,质疑马克思主义的科学性和价值性,鼓吹修正主义。伯恩施坦基于理论的宏观主旨和整体性的维度,对马克思主义的科学性和时效性提出了质疑。他将攻击的焦点集中于辩证法,认为马克思将辩证法作为方法论基础,是导致马克思主义失去科学性和时效性的根源所在。在科学性方面,辩证法导致马克思主义存在着无法调和的"二元论"倾向。伯恩施坦以《资本论》第一卷第 24 章第 7 节《资本积累的历史趋势》为依据,证明在马克思的著作中存在着所谓的"二元论"倾向。一方面,"连最迟钝的眼睛也看得见"马克思在《资本论》中对工人阶级地位和生活条件得到改善这一现象是十分认同的。马克思在书中用很多篇幅来论述了英国工厂立法的成就,并鼓舞工人阶级促进"社会的革命过程采取愈来愈人道的形式完成"⑤。从这一逻辑出发,工人阶级及其政党通过改良的斗争,使得社会不断产生出"新的制度和力量",完全能够避免资本积累导致工人阶级日益贫困化的"暗在的趋势"成为现实。但另一方面,马克思又认为,资本主义社会的一切进步和改善,"只是无关紧要的修改",从长远来说,无产阶级和资产阶级之间对立的尖锐化不但不可避免,而且"归根到底将导致灾变式变革"⑥。在伯恩施坦看来,马克思的理论之所以会产生这样的悖论,就是因为受到黑格尔辩证法的影响。由于在辩证法的公式中,"发展应当导致的结果从一开始就已经确定了"⑦。

---

① 殷叙彝编:《伯恩施坦读本》,中央编译出版社 2008 年版,第 318 页。
② 殷叙彝编:《伯恩施坦读本》,中央编译出版社 2008 年版,第 317 页。
③ 殷叙彝编:《伯恩施坦读本》,中央编译出版社 2008 年版,第 318 页。
④ 殷叙彝编:《伯恩施坦读本》,中央编译出版社 2008 年版,第 331 页。
⑤ 殷叙彝编:《伯恩施坦读本》,中央编译出版社 2008 年版,第 343 页。
⑥ 殷叙彝编:《伯恩施坦读本》,中央编译出版社 2008 年版,第 345 页。
⑦ 殷叙彝编:《伯恩施坦读本》,中央编译出版社 2008 年版,第 345—346 页。

第三章 "伯恩施坦问题"的缘起与聚焦：资本主义的适应性和马克思主义的"适应性"

为了严格遵照辩证法公式，马克思只能选择令现实屈从于辩证法。确切地说，马克思理论中工人阶级走向绝对贫困化的趋势以及社会革命的最终目的，完全是马克思依据辩证法公式所作的推论，而不是依据社会现实得出的结论。伯恩施坦将马克思主义比喻成在黑格尔辩证法的脚手架中建立的庞大的建筑物。在脚手架的限度内，马克思主义可以"摆脱了一切必然会损害科学性的倾向"，但是，一旦讨论的问题超出脚手架范围之外时，马克思主义就"变得不可靠和不能信赖了"。他公然说，马克思"这一伟大的科学天才原来到底是一种教义（——指黑格尔辩证法）的俘虏"①。他告诫德国社会民主党，党过去所取得的成就，不是亦步亦趋地遵循党纲中的理论教条而取得的，反而是不断违背根据党纲所作出的决议所取得的。如果党的理论原则继续为马克思的"最终目的"的理论所束缚，党必然会一步步陷入空想的泥潭而无法进步。在时效性方面，伯恩施坦认为，马克思主义理论因无法解释现实世界的发展而失去价值。即便是"有产者的人数在增加而不是在减少"的"事实今天已不再能够加以动摇了"，但社会民主党的理论家们依然是不能承认现代社会发展的新情况的。因为"如果承认社会的剩余产品不是被数目日益减少而是被数目日益增加的有产者所占有"，那么，马克思恩格斯理论的"脚手架上的一根柱子就有滑脱出来的危险"②。就是说，在对现实问题进行讨论时马克思主义完全失去了效用。总而言之，在伯恩施坦看来，只要固守着辩证法的框架，马克思主义就只能脱离时代脱离现实。

第四，通过对修正主义文本的分析可以看出，无论是从整体性而言，还是从三个组成部分的核心要义及其逻辑关系来说，伯恩施坦对马克思主义理论的否定是全面而系统的。在马克思主义哲学方面，他反对历史唯物主义和唯物辩证法；在马克思主义政治经济学方面，他反对劳动价值论、剩余价值学说以至于反对资本主义危机理论和崩溃论；在社会主义理论方面，他反对阶级斗争理论、无产阶级革命理论以至于反对社会主义和共产主义的最终目标。因此，伯恩施坦修正主义的理论旨归，不

---

① 殷叙彝编：《伯恩施坦读本》，中央编译出版社2008年版，第346页。
② 殷叙彝编：《伯恩施坦读本》，中央编译出版社2008年版，第348页。

是站在马克思主义的立场上坚持和发展马克思主义，而是站在马克思主义立场之外否定和修正马克思主义。在伯恩施坦的著作中，他对这一点是明确表态的。在《前提》的末章中，他直白地表明了修正主义的理论旨归。他将马克思主义基本原理以及社会民主党的纲领称作"传统"，指出"传统"已经"从推动的力量变成束缚人的桎梏"①。他自认为以普列汉诺夫、卢森堡和卡尔·考茨基为代表的理论家们对他的"狂怒的攻击"，是第二国际各国党中"传统"的教条主义势力强大的体现。教条主义者不愿意改变传统，总是使用"讲歪理"的手段，企图把变化了事实和传统的理论口号协调起来。他讥讽普诺汉诺夫将"工人处境的绝望性"看作是颠扑不破的真理，只要有人根据工人阶级处境的真实情况质疑这一"真理"时，就马上会受到他的谴责，被他斥为"科学社会主义"的叛徒。鉴于此，社会民主党的发展如果要跟上时代的步伐，就必须出现一个"康德"式的人物，对"传统的教义"进行十分苛刻且严厉的批判。而他——伯恩施坦，就是这个"康德"。伯恩施坦还指出，修正主义的理论使命不但在于对已有的理论错误进行清算，还在于唤醒理论家们认识到"永远修正"的使命。在《前提》的第一章中，伯恩施坦说："一种理论的错误只有当这些错误被理论的捍卫者承认为错误的时候才算是已被克服。"②"只要是还保留着一点点理论感的人，只要对他来说，社会主义的科学性还不'仅仅是一件观赏品，逢到节日才从银柜中拿出来，平时却置之不理'，那么他一旦认识到这些矛盾，也就会感到清除这些矛盾的必要。导师们的学生的任务就在于此，而不是在于永远重复导师的话。"③

总之，自从马克思、恩格斯去世后，伯恩施坦以资本主义发展趋势和社会主义实现路径问题为支点，对马克思主义的科学性和时效性发起质问，开创了修正主义挑战马克思主义的先河。100年来修正主义并不是要通过对这个问题的回答来发展马克思主义，而是彻底背离并反叛马克思主义。明确这一点，对于马克思主义者来说，具有重要意义。它既

---

① 殷叙彝编：《伯恩施坦读本》，中央编译出版社2008年版，第335页。
② 殷叙彝编：《伯恩施坦读本》，中央编译出版社2008年版，第239页。
③ 殷叙彝编：《伯恩施坦读本》，中央编译出版社2008年版，第238页。

第三章　"伯恩施坦问题"的缘起与聚焦：资本主义的适应性和马克思主义的"适应性"

是马克思主义者认识修正主义本质的前提，也是马克思主义者战胜修正主义的起点。虽然第二国际关于修正主义的争论，还没有进入20世纪初有关帝国主义和东西方马克思主义理论分裂的格局之下，但问题争论的原则和实质，未曾改变。

三、马克思主义和修正主义

伯恩施坦修正主义出台后，在马克思主义阵营和世界社会主义运动中引发了规模巨大的争论。在第二国际的代表大会上，正统马克思主义者和伯恩施坦主义的追随者唇枪舌剑，展开了激烈的论战。卡尔·考茨基、普列汉诺夫、罗莎·卢森堡、拉布里奥拉等理论巨擘均参与其中。在一百多年来马克思主义与修正主义的斗争中，随着时代主题的移易，二者斗争的具体问题不断发生切换，而二者斗争的理论焦点始终是对资本主义发展趋势和对社会主义实现路径的拷问。为什么在理论上曾经遭到严厉批判的修正主义，总能在马克思主义阵营内部复活并重新挑战马克思主义？这其中有没有规律可循？有没有经验教训可供总结？对这些问题作出的解答，为本课题研究奠定重要的思想基础和认识前提。

以1516年托马斯·莫尔所著的《乌托邦》的出版为标志，世界社会主义已经走过了500年的历程。以《共产党宣言》发表为标志，国际共产主义运动走过了170多年的历程。国际共产主义运动是在科学社会主义指导下的在世界范围内开展的无产阶级革命运动。国际共产主义运动从属于世界社会主义运动的总谱系之中，与其他社会主义流派既有因短期目标相同而路线"重合"的时候，也有因各自所秉持的原则迥异而最终分道扬镳之时。修正主义产生的根源、修正主义与马克思主义之间关系的发展，与世界历史由资本主义走向社会主义的时代脚步、与世界社会主义运动发展的宏观脉动紧密相连，因此，必须站在世界历史的高度、基于世界社会主义运动的宏大视阈审视马克思主义与修正主义之间的关系及其演进的规律，从而生成对资本主义发展趋势和社会主义实现路径问题的总体性把握。

第一，马克思恩格斯强调了科学社会主义与其他社会主义流派之间的原则区别。在《共产党宣言》中,马克思恩格斯基于历史唯物主义原则,运用历史分析法和阶级分析法,阐述了共产党人新的世界观,并对世界历史由资本主义走向社会主义的发展进程、世界社会主义的总体样态作了详尽的解析。马克思、恩格斯指出,资本主义的灭亡和社会主义的胜利是一个客观的必然的历史进程,但这个过程并不是自发地、自然地实现的,它必须通过无产阶级革命斗争的实践。无产阶级通过革命夺取政权,使自己上升为统治阶级,然后利用手中的政权消灭私有制,消灭阶级差别,同过去的以阶级对立为基础的旧社会决裂,建立"自由人联合体"①。在阐明科学社会主义的基本原理后,马克思、恩格斯将世界社会主义分为"反动的""保守的"和"批判的"三大类。第一类是反动的社会主义。封建阶级和小资产阶级(主要指小农)的社会主义属于这一类。由于完全不了解世界历史的发展进程,这类社会主义思潮对资本主义社会的批判,带有明显的开历史倒车的倾向,体现了封建社会崩溃后没落贵族的"怨愤"和小农等级的"悲叹"。第二类是保守的社会主义。资产阶级的社会主义属于这一类。这类社会主义思潮对资本主义制度的批判,实际上是用资产阶级的尺度在为无产阶级争取权利,其目的不是推翻资本主义制度,而是力图阻止无产阶级的一切革命行动,妄想通过在现有的生产关系基础上实行政治经济改良,将人类社会永远停留在资本主义社会中。第三类是批判的空想的社会主义。这一类社会主义关于未来社会主义社会的天才构想,具有合理的成分,为启发无产阶级提供了宝贵的材料。但是,空想社会主义的合理性是与社会发展成反比的。社会越向前发展,空想社会主义就越失去合理性,最终会堕落到反动的或保守的社会主义中去。马克思、恩格斯指出,在世界社会主义运动的谱系中,"消灭私有制"是将科学社会主义与其他社会主义区分开来的、不容抹杀的原则标志。鉴于在世界社会主义运动中,其他社会主义流派"根本不把全部生产资料转归社会所有这一口号写在自己旗帜上",马克思、恩格斯为了以示区别,在第一国际成立前总是不把自己称为

---

① 《马克思恩格斯选集》第1卷,人民出版社2012年版,第435页。

第三章 "伯恩施坦问题"的缘起与聚焦：资本主义的适应性和马克思主义的"适应性"

"社会民主主义者"，而称为"共产主义者"①。通过40年代同魏特林主义的斗争、60—70年代与蒲鲁东主义、巴枯宁主义以及拉萨尔主义的斗争，科学社会主义成为工人运动的主流思想。第一国际成立后，各国的无产阶级政党在理论上和实践上都站到了科学社会主义的立场上来，制定了符合科学社会主义原则的党纲。第二国际时期，各国无产阶级政党依然沿袭了1848年欧洲革命以来称自己为"社会民主主义"的传统，在名称上都叫着"社会民主党"。即便如此，恩格斯还是提醒说，对于国际共产主义运动来说，"社会民主主义"这个名称是"不确切的"，它模糊了共产党与其他政党之间的原则区别。虽然党的名称没有必要改来改去，但是党必须保守初心，不能在原则问题上妥协②。

第二，马克思、恩格斯强调了同马克思主义阵营（或政党）内部的机会主义作斗争的重大意义。19世纪70年代后，由于马克思主义已经成为工人运动的主流思想，其他的被"排挤"的思潮不得不"另找出路"，在一切重大问题上暂时站到马克思主义一边，成为国际共产主义运动中受"资产阶级的影响遍及马克思主义运动中的各种各样的'同路人'"③。这样一来，原本是不同阶级的社会主义流派之间的斗争，在形势上转化为马克思主义阵营（或政党）内部的思想路线斗争。正如列宁所说，在科学社会主义诞生50年后，马克思主义者不得不与"马克思主义内部的一个反马克思主义派别"进行斗争④。面对这样的局势，马克思、恩格斯以其卓越的理论造诣和丰富的党内斗争的经验，对无产阶级政党内部反马克思主义派别产生的原因作了深刻的分析，解析了它的本质特征和发展规律，提出了正确的斗争策略。

首先，恩格斯最早将混入马克思主义阵营（或政党）内部的非无产阶级思想意识称作"机会主义"，精辟地概括了机会主义的特征，阐明了同机会主义作斗争的重大意义。他说："为了眼前暂时的利益而忘记根本

---

① 《马克思恩格斯选集》第4卷，人民出版社2012年版，第304页。
② 舒新：《承袭与僭越——中国共产党对社会民主党及民主社会主义的认知历程》，中国社会科学出版社2013年版，第39—41页。
③ 《列宁专题文集 论马克思主义》，人民出版社2009年版，第161页。
④ 《列宁专题文集 论马克思主义》，人民出版社2009年版，第149页。

大计，只图一时的成就而不顾后果，为了运动的现在而牺牲运动的未来，这种做法可能也是出于'真诚的'动机。但这是机会主义，始终是机会主义，而且'真诚的'机会主义也许比其他一切机会主义更危险。"① 其次，恩格斯强调，马克思主义政党必须坚持不懈地同机会主义做斗争，不能因为害怕组织分裂而屈从于机会主义②。对党来说，党的意识形态受到机会主义的污染而导致动摇，才是真正意义上的危险。恩格斯形象地比喻说，党要把这种危险"消化掉"，不但需要一个过程，还需要足够多的"盐酸"。只有通过长期的思想政治斗争肃清机会主义的影响，党才能储备足够多的"盐酸"来促进"消化"③。再者，在同机会主义斗争的过程中，要把来自非无产阶级的个人与非无产阶级的社会思潮区分开来。随着马克思主义影响力的增强，非无产阶级分子进入马克思主义阵营（或政党）中的情况是不可避免的。马克思主义的影响力愈是扩大，马克思主义阵营（或政党）中来自非无产阶级的人员增长速度也随着加大。从马克思主义政党健康发展的角度来看，通过党内思想政治斗争，来自非无产阶级的优秀分子可以实现世界观的转变而成长为坚定的马克思主义者，但这并不能说明各种非无产阶级思潮和马克思主义之间没有原则界限。非无产阶级的社会意识形态与马克思主义之间的原则界限不但永远存在而且无法跨越。对此，马克思主义政党必须时时刻刻提高警惕，否则党就有堕落变质的危险。恩格斯在《法德农民问题》中明确地说："我们党内可以有来自任何社会阶级的个人，但是我们绝对不需要任何代表资本家、中等资产阶级或中等农民的利益的集团"④，党"一旦踏上了这样的斜路，往下滑是多么容易和舒服啊！"⑤

第三，马克思、恩格斯强调必须从实际出发，坚持统一战线的策略方针，在特定的时期和具体的环境下，正确处理科学社会主义和其他社会主义之间的关系。马克思、恩格斯指出：在国际共产主义运动中，共

---

① 《马克思恩格斯选集》第 4 卷，人民出版社 2012 年版，第 294 页。
② 《马克思恩格斯选集》第 4 卷，人民出版社 2012 年版，第 658 页。
③ 《马克思恩格斯选集》第 4 卷，人民出版社 2012 年版，第 658 页。
④ 《马克思恩格斯选集》第 4 卷，人民出版社 2012 年版，第 365 页。
⑤ 《马克思恩格斯选集》第 4 卷，人民出版社 2012 年版，第 364 页。

第三章 "伯恩施坦问题"的缘起与聚焦：资本主义的适应性和马克思主义的"适应性"

产党人与非无产阶级的社会主义者进行团结合作不但是必要的而且是必需的。在资本主义社会中，与反动统治阶级的思想意识形态相比，非无产阶级的社会主义属于左翼思潮的范畴。共产党人要从当前的实际出发，将原则性和灵活性结合起来，处理好一致性和多样性的关系，团结一切可以团结的力量，尽量壮大革命同盟军的队伍，孤立并削弱敌人的力量。这就要求共产党人对运动的当前目标和长远目标有清醒的认识，对共产党与其他社会主义政党之间的共同利益和原则界限有准确的把握。在《共产党宣言》中，马克思、恩格斯指出，共产党人在坚持消灭私有制、始终代表运动的长远利益的前提下，必须"努力争取全世界民主政党之间的团结和协调"[①]。即便是资产阶级，"只要资产阶级采取革命的行动，共产党就同它一起去反对专制君主制、封建土地所有制和小资产阶级"[②]。因此，即便在《共产党宣言》发表后，马克思、恩格斯为了团结小资产阶级社会主义者和激进主义者共同进行民主革命，在1848年欧洲革命时期仍称自己为"社会民主主义者"。马克思、恩格斯在《共产党宣言》中所确立的正确处理社会主义流派之间的一致性与多样性关系的原则，至今依然是共产党人坚守意识形态阵地、正确认识统一战线工作方针的指路明灯。马克思逝世后，恩格斯在这个方面为后辈树立了可资借鉴的榜样。

1891年，在德国社会民主党爱尔福特纲领制定的过程中，恩格斯针对德国社会民主党内将其他左翼政党称为"反动的一帮"的提法提出了批评。恩格斯说，就国际共产主义运动的总路线而言，其他任何一支社会主义路线都是"反动的"。然而就德国还存在着大量的封建制度残余且资本主义发展并不充分的实际情况来说，摧毁德国的小邦分立状态、彻底战胜君主制和僧侣统治、扩大选举权和实行义务教育等是德国社会民主党当前的重要任务。在这些任务面前，德国的左翼政党不但不是"反动的一帮"，而是必须团结的同盟者。只有当德国出现无产阶级社会主义革命的形势时，才能将这些政党的政治立场称为"反动的"。但是党不能

[①] 《马克思恩格斯选集》第1卷，人民出版社2012年版，第435页。
[②] 《马克思恩格斯选集》第1卷，人民出版社2012年版，第434页。

将还没有到来的无产阶级革命直接认定为"既成的事实",并据此作出决策。否则,整个民族中的绝大多数就被划为"反动的一帮",社会民主党就会沦为软弱无力的先进的少数①。正是在恩格斯的正确领导下,第二国际各国党既坚持党的原则又没有犯关门主义的错误,使得越来越多的理论家和工人运动的骨干分子聚集到社会民主党的旗帜之下,第二国际作为工人运动的国际性组织的影响力得到空前提高。

第四,马克思主义与修正主义之间的斗争,实质是不同阶级的社会主义思潮之间斗争的特殊表现形式。基于世界历史的高度和世界社会主义运动的视阈可以看出,每当资本主义发展出现尖锐矛盾并引发危机时,国际共产主义运动便蓬勃发展,此时许多资产阶级的社会主义者暂时"站在马克思主义立场",汇入了国际共产主义的洪流之中。一旦资本主义进入矛盾相对缓和的稳定发展时期,非无产阶级的社会主义便站在马克思主义阵营内部重新挑战马克思主义,进而与国际共产主义运动分道扬镳。伯恩施坦修正主义诞生的根本原因,即在于此。通过以上对伯恩施坦思想变迁的分析可以看出,无论是伯恩施坦的阶级出身还是伯恩施坦修正主义理论的发轫,都与党内机会主义产生和发展的原因相契合。伯恩施坦是一个小资产阶级分子,在普法战争和反社会党人非常法时期,伯恩施坦在思想意识上偏向激进而表现为一个马克思主义者。但当非常法废除后,欧洲资本主义进入了相对和平的发展时期,伯恩施坦重新回归至资产阶级的社会主义立场,坚决反对无产阶级社会主义革命,反对改变资本主义生产关系,竭力维护资产阶级共和国。受个人品格和理论修养的局限,伯恩施坦终其一生也没有像马克思、恩格斯那样实现世界观的彻底转变。他宣传马克思主义,又质疑马克思主义的现实意义;他批判资产阶级理论,又赞赏其中的民主自由思想。从伯恩施坦对马克思主义的态度演变、对待战争的立场、对布尔什维主义的论调可以看出,虽然他接受过马克思主义观点,曾经与恩格斯一起并肩作战,但他绝不是一个纯粹而彻底的马克思主义理论家和无产阶级革命家。他终生未能跳脱出小资产阶级狭隘的窠臼。

---

① 《马克思恩格斯选集》第 4 卷,人民出版社 2012 年版,第 621 页。

第三章 "伯恩施坦问题"的缘起与聚焦：资本主义的适应性和马克思主义的"适应性"

通过上文对伯恩施坦主义的理论分析可以看出，马克思主义和修正主义之间的斗争，归根结底是无产阶级和其他阶级在思想意识形态领域的斗争。"伯恩施坦问题"之所以能在马克思主义发展史上引起持久的关注和争论，根本原因不在于伯恩施坦提出了具有深刻学术力和思想力的理论，而在于他提出了马克思主义的时代性和"修正"马克思主义的任务的问题。这个问题对于马克思主义发展来说是无法回避的。当资本主义发展和马克思主义理论之间出现裂痕时，理论与实践、经济与政治、科学与伦理等等之间就会出现新的矛盾。修正主义者就会借此重新质疑马克思主义的时代性和真理性。因此，马克思主义者不可能一劳永逸地战胜"全部的"修正主义。通过恪守"正统"或"经典"，仅仅从微观上对伯恩施坦的具体理论进行分析，揭露和批判伯恩施坦修正主义理论中的逻辑谬误和思想浅薄之处，不是与修正主义斗争的全部内容。就理论批判的深刻性、广泛性和精辟性来说，第二国际正统马克思主义理论家做出了巨大的贡献，在这一点上我们至今难以超越前辈。但是，第二国际正统马克思主义者在理论上对伯恩施坦主义的批判虽然鞭辟入里，但却脱离社会实际，忽视了资本主义新发展对工人运动的影响，他们在理论上的胜利不能遏止改良主义在实践中的蔓延和第二国际的破产。所以说，找出理论斗争背后的阶级斗争的凤因，通过发展马克思主义来克服修正主义才是马克思主义战胜修正主义的要旨。"所有的马克思主义的运动都遭受两种灾难，一种是教条式地死守原来的理论（事实上对它本身也有不同的解释），另一种是极端的修正主义，从最初的伯恩施坦的意义上来说，就是使马克思主义（或至少使马克思主义运动）去适应现存的资本主义秩序。"① 在对第二国际正统马克思主义理论家们反对修正主义的斗争给予足够尊重的同时，必须对脱离实际的教条主义之于马克思主义的伤害同样保持清醒的头脑。

如今回顾和反思伯恩施坦修正主义产生的根源，目的不在于对当时理论家们争论的具体问题进行再认识和再评价，而在于厘清马克思主义

---

① 俞可平主编：《全球化时代的"马克思主义"》，中央编译出版社1998年版，第195页。

与修正主义之间关系的线索,通过对修正主义的沿革与马克思主义的发展的梳理,阐明只有站在世界历史的高度基于世界社会主义运动的视角,对资本主义的发展趋势作出新的阐述,对社会主义实现路径的现实性进行新的证明,将批判修正主义的斗争与发展马克思主义的使命结合起来,才能在无产阶级革命斗争的每个阶段均采取正确的行动原则。第二国际对修正主义斗争的教训,即在于此。

  列宁继承了马克思、恩格斯在《共产党宣言》中所确立的原则,在恩格斯逝世后,对国际上和俄国国内的修正主义进行了坚决斗争。列宁阐明了在历史上曾经遭受过批判的修正主义,为什么总是会在新的条件下"复活"并重新挑战马克思主义的根本原因。列宁指出,只要世界上还存在着资产阶级的反动统治,就存在着修正主义产生的根源。从一种意义上来说,马克思主义同修正主义的斗争,是马克思主义同资产阶级反动统治作斗争的题中应有之义。在资本主义社会中,无产阶级身边有着广大的小资产阶级或者说小业主阶层。随着资本主义的发展,不断有小资产阶级和小业主因破产而被"抛入"无产阶级的队伍。这样,小资产阶级社会主义的世界观就会不断渗入广大工人政党的队伍中[①]。马克思主义的发展、马克思主义在工人阶级中的传播和扎根、无产阶级政党的领导权都必须经过战斗才能实现。鉴于此,列宁指出,马克思主义在其生命的过程中每走一步都得经过战斗。也就是说,马克思主义同资产阶级反动统治的斗争、马克思主义同修正主义的斗争贯穿世界历史由资本主义走向社会主义的整个历程。列宁和第二国际理论家关于社会主义发展趋势和未来社会实现路径的争论,是时代主题发生转变、世界社会主义运动走向分裂的格局之下,马克思主义与修正主义之间的斗争延续。

[①]《列宁专题文集 论马克思主义》,人民出版社 2009 年版,第 156 页。

第四章　罗莎·卢森堡：对未来
社会的确信和追求

在马克思主义发展史和国际共产主义运动史上，罗莎·卢森堡既是一位著名的理论家，也是一个坚定的革命者。在第二国际的理论家方阵中，她和列宁都是左翼理论家的杰出代表，共同为反对修正主义、捍卫马克思主义作出了重大贡献。作为一个革命家，罗莎·卢森堡坚定地支持俄国布尔什维克党的革命路线，反对孟什维克的机会主义。她盛赞列宁领导的布尔什维克党是第二国际中"唯一真正实行社会主义政策的党"[1]，热情地讴歌俄国十月革命"挽救了国际社会主义的荣誉"[2]。列宁对罗莎·卢森堡坚定的革命立场和革命信念也给予了极高的评价，赋予她"革命之鹰"的美称。然而，列宁和罗莎·卢森堡在政治信念上彼此赞赏并互相支持，却在理论观点上因存在重大分歧而展开了言辞激烈的争论。20世纪30年代，斯大林在《论布尔什维主义历史中的几个问题》一文中，指责罗莎·卢森堡对列宁提出的理论批评是错误的，认为罗莎·卢森堡的理论具有"孟什维主义的货色"，"需要布尔什维克的极严厉的批评"[3]。这样的理论定位，在一定程度上影响了苏联和中国学术界对罗莎·卢森堡思想的研究。长期以来，提到罗莎·卢森堡，人们只知道她的生平和为革命而牺牲的英雄事迹，但对她的理论总体上是持否定态度的。总的来看，罗莎·卢森堡思想的历史命运是曲折坎坷的，她的革命实践和思想理论在西方社会与东方社会遭遇了双重否定与失败。直到20世纪80年代以前，罗莎·卢森堡的理论依然被看作"半孟什维克"

---

[1] 李宗禹编：《卢森堡文选》，人民出版社2012年版，第382页。
[2] 李宗禹编：《卢森堡文选》，人民出版社2012年版，第384页。
[3] 《斯大林全集》第13卷，人民出版社1956年版，第83页。

性质的而受到批评。冷战后,一些新解密的材料为罗莎·卢森堡思想的研究提供了宝贵的文献资料,对罗莎·卢森堡思想全面而系统的研究也随之展开。国际共产主义运动走过的百年历程和苏东剧变提出的挑战,开发了第二国际理论当代价值研究的新领域。站在新的历史高度重新审视列宁和罗莎·卢森堡这两位伟人之间的思想交锋,是其中一项具有重要现实意义的课题。

一、资本主义的自我否定和未来社会的实现逻辑

罗莎·卢森堡是为革命而生的理论家,她致力于推动社会主义革命事业,并与阻碍社会主义革命事业发展的各种思潮作了坚决的斗争。罗莎·卢森堡一生没有撰写全面概括她的理论观点的著作,论战是罗莎·卢森堡思想的出场路径。要系统把握罗莎·卢森堡思想的主旨和主线,只能通过观照不同的论战场域下罗莎·卢森堡思想的理论论述,结合论战的主题对其进行总结、提炼和升华。通过与伯恩施坦修正主义、卡尔·考茨基中派主义的斗争以及同列宁在"组织问题"上的争论,罗莎·卢森堡阐述了她对于资本主义的适应能力和社会主义的最终目标、资本主义的历史限度和社会主义的逻辑前提、资本主义民主政治建设的成果和社会主义民主政治建设的前提等问题的思考。

(一)资本主义的适应能力和社会主义的最终目标

19 世纪末 20 世纪初,世界资本主义呈现出相对稳定和繁荣发展的景象。资本主义国家内部阶级矛盾有所缓和,改良主义的情绪在工人运动中不断滋长。在这种情况下,以伯恩施坦为代表的第二国际右翼理论家以资本主义发展的新情况为借口,率先向马克思主义发难,提出了马克思主义过时论和全面修正马克思主义的任务。伯恩施坦将马克思对资本主义发展趋势的看法称为"崩溃论"。他认为,信用制度、企业家组织和中小企业的存在使得资本主义产生了新的发展机能,马克思建立在经济危机基础上的资本主义崩溃论从根本上就是一个"带有宿命论音调"

第四章 罗莎·卢森堡：对未来社会的确信和追求

的命题①。罗莎·卢森堡作为左翼理论家的杰出代表，在捍卫和发展马克思主义的使命感召下，与伯恩施坦主义进行了坚决斗争。1899年，罗莎·卢森堡在《社会改良还是革命》中最早将伯恩施坦主义称为"修正主义"。罗莎·卢森堡指出，修正主义者迫于马克思主义的强大影响力，往往不敢直接而明确地表达出他们反马克思主义的真实意图。他们"首先必须承认自己是这一学说的拥护者"，然后"在马克思学说中寻找攻击它的支撑点，并且宣称这种攻击是对马克思主义学说的继续发展"②。基于唯物史观的资本主义崩溃论和实现社会主义的最终目标，正是修正主义攻击马克思主义的"支撑点"。罗莎·卢森堡认为，马克思主义者要战胜修正主义，就必须用马克思的方法来捍卫这一"支撑点"，这也是发展马克思主义的题中应有之义。

1. 阐明了资本主义崩溃论是科学社会主义的理论基石

罗莎·卢森堡指出，社会主义是建立在资本主义发展所产生的三种后果基础上的。这三种后果是：第一，经济增长的无政府状态致使资本主义的崩溃不可避免；第二，生产的社会化为社会主义创造了坚实的物质前提；第三，无产阶级组织程度和觉悟程度的不断提高。在这"三个后果"中，第一个后果即资本主义因自身无法克服的矛盾而走向崩溃具有决定性意义，是科学社会主义的理论基石，是基于唯物史观研究资本主义经济所得出的必然结论。只有承认第一个后果，第二、第三个后果才具有向社会主义过渡的性质。然而，伯恩施坦所要铲除的恰恰是第一个后果③。在铲除了科学社会主义的理论基石后，伯恩施坦就顺理成章地将第二、第三个后果"修正"为资本主义的"新的机能"。如果在这样的逻辑前提下谈论社会主义，社会主义的客观必然性就被抹杀了。伯恩施坦把社会主义"从物质基础上举起来放到唯心主义基础上去"④，"在经济发展之外的唯心主义结构"中去定义社会主义，就只能将社会主义

---

① 殷叙彝编：《伯恩施坦文选》，人民出版社2008年版，第143页。
② 李宗禹编：《卢森堡文选》，人民出版社2012年版，第3页。
③ 李宗禹编：《卢森堡文选》，人民出版社2012年版，第7页。
④ 李宗禹编：《卢森堡文选》，人民出版社2012年版，第31页。

解释成"一般人类的、抽象的科学，抽象的自由主义，抽象的道德"①。由于资本主义社会是建立在雇佣劳动制度上的存在着阶级对立的社会，伯恩施坦所说的"抽象的自由主义和一般的道德原则"实际上是为作为统治阶级的资产阶级服务的，是"资产阶级科学，资产阶级民主和资产阶级道德"②。罗莎·卢森堡从逻辑上勾勒出了伯恩施坦"修正"马克思主义的路线图。她说，伯恩施坦从否定资本主义崩溃论开始，基于资本主义具有永生的能力而推崇社会改良，进而抛弃阶级斗争而"失去了政治罗盘"，最终背叛了社会主义革命。"就这样，伯恩施坦完全合乎逻辑地从头走到尾"，他的全部社会主义观点、全部的世界观都彻底崩溃了③。

鉴于此，罗莎·卢森堡强调，马克思主义和伯恩施坦主义之间，不是继承和发展的关系，而是"非此即彼"的立场抉择。一方面，马克思主义认为资本主义会因自身矛盾的发展而走向崩溃，而伯恩施坦否定资本主义矛盾的不可调和性，反对资本主义崩溃论。另一方面，马克思主义认为社会主义是资本主义崩溃的必然结果，而伯恩施坦认为社会主义是建立在唯心主义基础上的抽象原则。罗莎·卢森堡说："或者，伯恩施坦对资本主义发展过程的看法是对的，那么社会的社会主义改造就是空想，或者，社会主义不是空想，那么'适应工具'就必然站不住脚。问题就在这里。"④ 罗莎·卢森堡告诫德国社会民主党，对无产阶级和社会民主党来说，伯恩施坦的言论具有迷惑性和欺骗性。社会民主党当前"迫切需要做的事情"，就是从本质上认清伯恩施坦理论中隐藏着的反马克思主义内核⑤。

2. 明确了资本主义生长的新机能是社会主义革命的手段

伯恩施坦反对马克思的资本主义崩溃论，其批评者针锋相对地把他

---

① 李宗禹编：《卢森堡文选》，人民出版社 2012 年版，第 67 页。
② 李宗禹编：《卢森堡文选》，人民出版社 2012 年版，第 67 页。
③ 李宗禹编：《卢森堡文选》，人民出版社 2012 年版，第 67 页。
④ 李宗禹编：《卢森堡文选》，人民出版社 2012 年版，第 10 页。
⑤ 李宗禹编：《卢森堡文选》，人民出版社 2012 年版，第 3 页。

第四章　罗莎·卢森堡：对未来社会的确信和追求

对资本主义发展趋势的看法称为"适应论"。伯恩施坦将信用制度的采用、改善了的交通工具和企业家组织看作资本主义的三个重要的"适应工具"，认为这三大"适应工具"能克服资本主义经济发展的无政府状态，资本主义也因此获得了适应新形势发展的机能。罗莎·卢森堡对"适应论"的批判，不是简单地断定伯恩施坦的错误，而是对伯恩施坦提出的三大"适应工具"进行了批驳，从而揭露了资本主义"适应论"的荒谬。针对伯恩施坦关于信用在资本主义经济发展中所起作用的错误理解，罗莎·卢森堡强调，信用制度本身的发展不但不能彻底改变资本主义社会的基本矛盾，反而在新的形式上进一步加剧资本主义经济危机。虽然信用制度有可能给资本主义社会带来一定的自我调节能力，但这种调节能力只限于在"在某一点上把束缚住的力量解放出来"①。信用制度的发展最终会加剧资本主义经济关系中的四大矛盾，即生产方式和交换方式的矛盾、生产方式和占有方式的矛盾、财产关系和生产关系的矛盾以及生产的社会化和资本主义私人占有的矛盾，从而促使资本主义经济走向更广泛更深刻的经济危机。因而从长远和宏观的角度看，信用制度不但不是资本主义的"适应工具"，反而是起着社会主义"高度革命作用的革命手段"②。针对伯恩施坦提出的第二个"适应手段"——企业家联合组织，罗莎·卢森堡分析说，尽管对于一个工业部门来说，卡特尔可以通过协调利润分配上的竞争起到暂时缓和矛盾的作用，但如果把它扩展到全部的工业部门，它的这种作用就消失了。卡特尔作为"资本主义生产方式的一个手段"，它促使生产者和消费者之间、资本和劳动之间、世界经济的国际性和资本主义国家的民族性之间的对立不断走向极端。此外，从生产集中和技术改进等方面来看，卡特尔的发展壮大为资本主义向社会主义过渡提供了更广泛的物质准备和组织准备。这样看来，卡特尔"不仅不是消除资本主义矛盾的'适应手段'"，反而是加剧资本主义固有矛盾、加速资本主义向社会主义过渡的一个手段③。针对伯恩施坦关于中小企业在资本主义经济中的作用和发展性质的错误理解，罗莎·

---

① 李宗禹编：《卢森堡文选》，人民出版社2012年版，第11页。
② 李宗禹编：《卢森堡文选》，人民出版社2012年版，第11—12页。
③ 李宗禹编：《卢森堡文选》，人民出版社2012年版，第15页。

卢森堡阐述了中小企业的发展同资本主义发展进程之间的关系。罗莎·卢森堡指出，对于小企业在资本主义社会中的存在和发展，必须用辩证的观点来看。大资本和小资本之间的竞争不是军队之间的斗争，弱者必将战败灭亡；应该将大小资本之间的竞争看成是割草，小资本被周期性地割掉，又很快长出来，再被大资本割掉。在不断生长、不断被割掉的过程中，小资本的"生存期间越来越短，生产方法和投资方式的变动越来越快，就整个阶级来说，社会代谢越来越快"①。也就是说，中小资本在资本主义社会的现实状况并不像伯恩施坦所认为的那样，能使资本主义具有自我革新的能力，恰恰相反，它表示资本主义的发展停滞了，昏昏入睡了，开始向社会主义新制度过渡了②。

3. 批判了伯恩施主义坦庸俗经济学的方法论

首先，伯恩施坦背叛了辩证法。马克思的资本主义崩溃论有两个层面的内容。一是"所包含的根本思想"，指资本主义因自身矛盾的不可调和性而走向崩溃的历史必然性。这是科学社会主义的基本原则，是社会主义客观必然性的前提，也是社会主义革命信念的理论依据，是必须确信而不容怀疑的。二是"这些思想的外部形式"，指资本主义灭亡的速度、形式等。这是"非本质的、次要的东西"，是可以根据具体情况加以讨论的③。伯恩施坦认为，资本主义崩溃论是以导致经济全面崩溃的总危机爆发为基础的，只要导致经济崩溃的总危机不发生，资本主义崩溃论就不能成立。伯恩施坦抓住资本主义经济出现的一些暂时的、个别的现象，采用片面的、僵化的方法，断言资本主义经济"同时完全崩溃"的可能性不是越来越大，而是越来越小了④。罗莎·卢森堡批驳说，伯恩施坦将资本主义崩溃的必然趋势和资本主义崩溃的具体形式混为一谈，借口讨论资本主义爆发经济危机的速度、时间越来越不确定，进而要彻底否定资本主义崩溃以及与此相联系的向社会主义过渡的基本原则。辩

---

① 李宗禹编：《卢森堡文选》，人民出版社2012年版，第19页。
② 李宗禹编：《卢森堡文选》，人民出版社2012年版，第19—20页。
③ 李宗禹编：《卢森堡文选》，人民出版社2012年版，第7页。
④ 李宗禹编：《卢森堡文选》，人民出版社2012年版，第7—8页。

证法是无产阶级冲破黑暗、走向未来的精神武器。在辩证法的指导下无产阶级认识到,在资本主义社会里,虽然无产阶级在经济上和政治上都受到资产阶级的羁绊和压迫,但资产阶级的统治地位是暂时的,无产阶级战胜资产阶级、实现社会主义是不可避免的。伯恩施坦"用利剑对准辩证法",就"合乎逻辑地陷入没落资产阶级由历史所决定的思想方法中去了"①。伯恩施坦所提出的问题,不是在讨论资本主义发展进程的长短,而是涉及"资本主义社会的发展进程本身,以及同这个发展进程有关的向社会主义制度过渡的问题"②,它的目的不仅在于否定资本主义灭亡的形式,而且在于否定资本主义灭亡本身。伯恩施坦对马克思的辩证法的攻击,是他背叛无产阶级立场转而投靠资产阶级世界观"最细致和最可靠"的体现③。

其次,伯恩施坦违背了马克思的历史研究方法。罗莎·卢森堡认为,历史研究方法是"马克思的一把有魔力的钥匙",马克思用这把钥匙解开了资本主义经济的密码。马克思将整个资本主义经济看作一个历史现象,它从自然经济的过去走来,必然走向社会主义社会的未来④。只有运用历史研究法,才能从历史长河中去理解资本主义的历史命运和未来社会的实现路径。而伯恩施坦却不是用历史的眼光看待资本主义经济活动,他是站在单个资本家的角度,用"单个资本家的观点"解释资本主义的发展。罗莎·卢森堡鲜明地指出,伯恩施坦"适应论"的特色就是用"机械的、非辩证的方法"去研究资本主义。"这个理论把它所研究的一切经济生活现象,不是放在它们对整个资本主义发展的有机部分去理解,不是放在它们同整个资本主义的经济机构的关联上去理解,而是把它们从这些联系中割裂开来,当作独立的存在,当作一部死机器的拆散的零件。"⑤ 这样一来,伯恩施坦根本看不到资本主义社会矛盾的尖锐化,不能理解资本主义社会进步因素的积累和社会主义最终目标的对立统一,

---

① 李宗禹编:《卢森堡文选》,人民出版社 2012 年版,第 68 页。
② 李宗禹编:《卢森堡文选》,人民出版社 2012 年版,第 7 页。
③ 李宗禹编:《卢森堡文选》,人民出版社 2012 年版,第 69 页。
④ 李宗禹编:《卢森堡文选》,人民出版社 2012 年版,第 45 页。
⑤ 李宗禹编:《卢森堡文选》,人民出版社 2012 年版,第 36 页。

资本主义向社会主义过渡的自然历史过程就断裂了。罗莎·卢森堡进一步说，伯恩施坦主义的研究方法同庸俗经济学派"把个别资本家之间的竞争现象当作资本主义经济整体现象"的研究法如出一辙。庸俗经济学派相信资本主义经济的调节能力，从资本主义本身去寻找治疗资本主义的解毒药，只想给资本主义的伤口贴膏药而不想对资本主义采取"革命的方法"①。历史已然抛弃了庸俗经济学派，最终也同样会抛弃伯恩施坦主义。

4. 揭露了伯恩施坦主义企图放弃社会革命的险恶用心

伯恩施坦在社会主义问题上提出了两个著名的命题：一个是"运动就是一切，最终目的是微不足道的"，另一个是"和平长入社会主义"。这两个命题互为前提，相互佐证，精辟地表达了他以社会改良代替社会革命的修正主义思想。其中，他所说的"运动"就是工人阶级通过合法斗争手段所进行的社会改良；他所说的"最终目的"简单说就是指社会主义代替资本主义。罗莎·卢森堡对这两个命题进行了严厉的驳斥，揭露了修正主义者企图让工人阶级及其政党放弃社会革命，"以便在一个不可改变的资产阶级社会中看到人类发展的终点"②的险恶用心。正因为如此，修正主义对马克思主义和世界社会主义运动的危害是十分巨大的。

第一，改良主义是贯穿伯恩施坦主义的主题。罗莎·卢森堡指出，既然伯恩施坦认定资本主义具有永生的能力，马克思的资本主义崩溃论是错误的，社会主义是建立在唯心主义基础上的抽象的自由主义和抽象的道德，那么实现这样的社会主义就是"和平长入"了。伯恩施坦将工会运动、社会监督和国家的民主化等合法斗争形式作为"和平长入"社会主义的路径，罗莎·卢森堡针锋相对地反驳说，工会运动、社会监督和国家的民主化都不可能成为实现社会主义的路径。从国家的阶级性来看，资产阶级为了维护和巩固自身的统治地位，必然会尽可能地利用手中的政权剥削和压迫无产阶级，镇压无产阶级的反抗。工会运动对于社

---

① 李宗禹编：《卢森堡文选》，人民出版社2012年版，第38页。
② 李宗禹编：《卢森堡文选》，人民出版社2012年版，第46页。

会主义的作用也非常有限，它只能起到限制剥削的作用，而不能从根本上消灭剥削。社会监督和国家的民主化也都不可能超越资产阶级政权而消灭资本的经济利益，"在这里，资本的利益，也就是社会改良的自然界限"①。罗莎·卢森堡指出，虽然国家的统治阶级总是将自身标榜为社会发展总体利益的代表，但是国家在管理社会事务时，维护统治阶级的阶级利益永远是最高宗旨。罗莎·卢森堡明确说：国家的阶级性"总是迫使它把它的活动重点和力量手段放在只对资产阶级的阶级利益有用而对社会只有消极意义的领域"②，即使说国家为了社会发展的利益担负了某些共同利益的职能，"那只是因为这些利益和社会发展同整个统治阶级的一般利益是相符合的"③。罗莎·卢森堡告诫无产阶级及其政党，无论资本主义社会中孕育了多少社会主义的萌芽，资本主义都不可能"和平长入社会主义"，因为"资本主义社会的生产关系越来越走向社会主义，而它的政治关系和权利关系则相反，它们在资本主义社会和社会主义社会之间筑起了一堵越来越高的墙。这堵墙靠社会改良和民主的发展是打不通的，相反，它会因此更高更牢固。要打垮这堵墙，只有靠革命的铁锤即由无产阶级夺取政权"④。总之，罗莎·卢森堡坚定地认为，无产阶级只有通过社会革命从资产阶级手中夺取政权，打碎旧的国家机器，建立新的社会主义制度，才能彻底改变自身的命运。

第二，用"手段"代替"目的"是伯恩施坦主义的根本目的。罗莎·卢森堡指出，在社会变革的历史进程中，社会革命和社会改良虽然都推动社会进步，但却不能等量齐观。社会革命是为彻底铲除旧制度的经济根源、建立新社会制度而进行的政治行动，是"阶级历史在政治方面的创造行为"⑤，是推动社会质变的力量。社会革命发生在社会制度更替的历史关头，与无产阶级夺取政权、建立新社会制度的最终目的联系在一起。社会改良是在现存的社会制度下为了改善劳动人民的经济状况、推

---

① 李宗禹编：《卢森堡文选》，人民出版社2012年版，第24页。
② 李宗禹编：《卢森堡文选》，人民出版社2012年版，第29页。
③ 李宗禹编：《卢森堡文选》，人民出版社2012年版，第26—27页。
④ 李宗禹编：《卢森堡文选》，人民出版社2012年版，第31页。
⑤ 李宗禹编：《卢森堡文选》，人民出版社2012年版，第57页。

进各种民主措施所进行的日常斗争，是无产阶级在夺取政权的时机还没有成熟时进行阶级斗争的一个手段。社会改良本身不具有突破资本主义制度框架的冲击力，它是在已经建立的"社会形态的框框里进行活动"①，是社会进步中量的积累过程。社会改良的成果是在资本主义内部通过立法活动改变权利关系而获得的，只有以社会革命为目标，社会改良的成果才具有意义。因为，资本主义社会是建立在资本对劳动的雇佣和剥削上的，"雇佣劳动制度不是一个权利关系，而是一个纯粹的经济关系"②。只有社会革命才能摧毁资本主义赖以建立的经济基础，废除雇佣劳动关系，才能达到实现社会主义的最终目的。所以说，如果把社会改良当作目的本身，那么无产阶级的斗争成果永远不能突破雇佣劳动这一经济关系的界限，因而"社会改良不仅不能导致实现社会主义的最终目的，而且还会达到相反的结果"③。鉴于此，罗莎·卢森堡指出，如果不以社会革命为目的，合法改良从根本上来说就走向了歧途，实际上是用改良资本主义的目的代替了消灭资本主义的目的④。所以，修正主义用社会改良代替社会革命的目的，就是要使社会主义运动永远局限在资本主义这一"社会形态的框框"之内。这样一来，社会主义"运动本身也必然要灭亡"⑤。因此，实现社会主义是通过社会改良还是社会革命的问题，不是"这种或那种斗争方式的问题，也不是这种或那种策略的问题，而是社会民主主义运动的存废问题"⑥。

总之，罗莎·卢森堡认为，要对资本主义社会出现的新情况保持清醒的头脑，从资本主义和社会主义的辩证关系的角度看待资本主义社会的"适应"机能。不能像伯恩施坦那样，看到资本主义发展出现暂时的繁荣和稳定，就否定资本主义必然崩溃的历史趋势，抹杀社会主义的客观必然性，放弃社会主义革命的崇高理想。

---

① 李宗禹编：《卢森堡文选》，人民出版社2012年版，第57页。
② 李宗禹编：《卢森堡文选》，人民出版社2012年版，第58—59页。
③ 李宗禹编：《卢森堡文选》，人民出版社2012年版，第33页。
④ 李宗禹编：《卢森堡文选》，人民出版社2012年版，第58页。
⑤ 李宗禹编：《卢森堡文选》，人民出版社2012年版，第56页。
⑥ 李宗禹编：《卢森堡文选》，人民出版社2012年版，第2页。

（二）资本主义的历史限度和社会主义的逻辑前提

通过对修正主义的批判，罗莎·卢森堡很快成为德国社会民主党的领军人物之一。在德国社会民主党和第二国际反对修正主义的斗争中，罗莎·卢森堡一直站在最前列。以对伯恩施坦主义的批判为基础，罗莎·卢森堡提出并建构了她的资本积累理论和社会主义理论，成为第二国际杰出的理论家。

1. 罗莎·卢森堡资本积累论的生发逻辑

19世纪末20世纪初是一个重要的历史交汇期。在第二次科技革命的推动下，资本主义发展出现了许多新情况，全世界的经济乃至政治活动更加紧密地联系起来。与之相应，马克思主义理论传播的范围和社会主义运动发展的规模，越出了欧洲走向了世界。从国际政治来看，资本主义列强之间、西方资本主义国家与东方落后国家之间的冲突日益凸显，国际政治格局酝酿着重大变革。西方资本主义国家由于长期的和平发展，国内阶级矛盾有所缓和，改良主义成为工人运动中的主流思潮；东方落后国家政局动荡，社会矛盾复杂而尖锐，民族矛盾是其主要矛盾。马克思主义在东方国家的传播，极大促进了东方国家民族解放运动与世界社会主义运动的融合。第二国际理论家们以全球化的视野对资本主义扩张的历史限度和社会主义的实现路径进行了重新思考，构建了不同范式的帝国主义论，并展开了激烈的争论。正是在这样的背景下，罗莎·卢森堡撰写了《资本积累论》。在《资本积累论》的原序中，罗莎·卢森堡指出，她对资本积累问题的研究以及对马克思社会资本再生产理论的再考察，目的是找到"现今帝国主义政策的实际和它的经济根源"。罗莎·卢森堡围绕资本积累所作的理论创建工作，阐明了她对资本主义发展趋势和社会主义实现路径的总的看法和根本观点，并在此基础上论证了帝国主义时代无产阶级革命和全人类解放的历史必然性。

（1）对马克思社会资本再生产理论的评析

资本积累问题在马克思主义政治经济学中占据重要理论地位。罗莎·卢森堡的《资本积累论》和《资本积累——一个反批判》都对马克思社会资本再生产理论进行了批评和修正。但是在罗莎·卢森堡本人的认知中，她对马克思资本积累理论的修正是对马克思主义核心观点的继承，是对马克思经济理论的完善。意思是说，她对马克思社会资本再生产理论的批评，与伯恩施坦对马克思主义的修正不同，体现的是"马克思的信仰者怎样理解马克思的理论"。

马克思在《资本论》第2卷中，以对资本的循环和周转的分析为基础，提出了资本主义社会再生产的图式。马克思将社会总产品的实现问题作为社会资本再生产的关键。社会总产品从物质形态上分为生产资料和生活资料，与此相对应，社会生产分为两大部类，即从事生产资料生产的第Ⅰ部类（Ⅰ）和从事生活资料生产的第Ⅱ部类（Ⅱ）。社会总产品从价值构成上分为不变资本（c）、可变资本（v）和剩余价值（m）三部分。可以说，社会资本再生产的问题就是社会总产品如何在物质上相互替换并在价值上得以实现的问题。马克思的图式所要解决的就是这个问题。通过图式，马克思分析指出，资本主义简单再生产实现的基本条件是Ⅰ(v+m) ＝Ⅱc。但资本主义再生产的特征是扩大再生产，扩大再生产必须具备两个前提条件：一是第Ⅰ部类一年中所生产的全部生产资料除了维持两大部类简单再生产所需要的生产资料以外还必须有一个余额用以满足两大部类扩大再生产对追加生产资料的需要，即Ⅰ(v+m) ＞Ⅱc；二是第Ⅱ部类一年中所生产的全部消费资料除了满足两大部类进行简单再生产过程中的工人和资本家所需要的消费资料以外也必须有一个余额用以满足两大部类扩大再生产对追加消费资料的需要，即Ⅱ(c+m−m/x) ＞Ⅰ(v+m/x)。在满足两个前提条件基础上社会资本扩大再生产的基本实现条件是Ⅰ(v+Δv+m/x) ＝Ⅱ(c+Δc)。可以明显看出，马克思的扩大再生产图式，呈现出的是一种严格的数学比例关系。它表明，社会资本再生产的两大部类之间必须保持十分严格的比例关系。只有在这种关系得以维持的前提下，资本主义扩大再生产才能够顺利进行。然而资本主义基本矛盾必然导致生产的无政府状态，再生产所需要的比例关系也只能通过经济危机的间歇性爆发来进行强制性的调整。

在罗莎·卢森堡看来，马克思的图式只是对资本主义再生产过程进行了纯粹数字论证。而资本主义再生产过程，不只是一个纯粹的理论问

第四章　罗莎·卢森堡：对未来社会的确信和追求

题，而是一个现实的社会经济问题。对此，罗莎·卢森堡从两个层面进行了阐述。首先，从理论层面上看，罗莎·卢森堡认为，马克思把社会生产划分为生产资料生产和消费资料生产两个部类是不完全的，必须在两个部类之外再增加一个部类，即"生产交换手段的部类"。因为在资本积累的过程中，货币起着重要的交换手段的作用。马克思将作为货币的黄金的生产列入第一部类，从理论逻辑上导致了马克思的图式无法自洽。如果把作为货币的黄金的生产列入第一部类的话，社会总产品在实现的过程中就会遇到困难。因为社会资本的再生产会由于缺少补偿黄金生产所消耗掉的这部分生产资料而不能顺利进行。这样"是对马克思图式中表现价值关系的所有一般比例的违背，减弱了这一图式的有效性"①。其次，从现实的社会经济层面上看，资本主义扩大再生产不但要在理论意义上满足两大部类之间的比例关系，而且还要增加一个条件，即必须有现实的不断增加的有支付能力的需求。资本积累的源泉来自于剩余价值。而剩余价值首先必须脱去它的物质形态转变为货币才能进入扩大再生产过程。因此"不管剩余价值的自然形态如何，都不可能以积累为目的被直接转移到生产地点。它必须先被实现，必须被转变为现金"②。在罗莎·卢森堡看来，马克思在论述此问题时，只是简单指出剩余价值是资本积累中追加资本的来源即"货币来源"，然而追加资本实际上是一个剩余价值如何实现的问题，而不是一个货币流通的问题。事实上"导致积累问题的，不是货币的来源，而是被资本化的剩余价值所产生的多余物品的需求的来源；不是货币流通过程中的技术障碍，而是涉及社会总资本再生产的经济问题"③。罗莎·卢森堡对剩余价值实现过程的强调，意在阐明一个重要的问题，即能够使资本积累顺利进行的不断增加的有效需求，从何而来？换句话说，资本家能不能找到一个不断扩大的市场来保证资本主义扩大再生产顺利进行？在罗莎·卢森堡看来，这不是一个数学上的比例关系的问题，而是根源于社会经济关系中的现实问题。

基于以上论证，罗莎·卢森堡指出，马克思之所以不能解决社会资

---

① ［德］罗莎·卢森堡：《资本积累论》，董文琪译，商务印书馆2021年版，第76页。
② ［德］罗莎·卢森堡：《资本积累论》，董文琪译，商务印书馆2021年版，第113页。
③ ［德］罗莎·卢森堡：《资本积累论》，董文琪译，商务印书馆2021年版，第124页。

本的扩大再生产问题,与马克思方法论的错误有很大关系。首先,马克思对资本扩大再生产的研究,仅仅将资本主义局限在封闭的纯粹的资本主义体系内,而抽象了非资本主义的社会环境。其次,马克思将复杂的资本积累问题转化为"极度简洁的图表进程",这种数学图表虽然可以无尽地用"等式链"继续推演下去,但却与社会现实相去甚远①。因为无论是从资本主义的起源还是从资本主义发展来看,资本主义和非资本主义总是相伴而生,紧密联系的。罗莎·卢森堡表示,马克思的图式"以资本家和工人是资本主义消费的唯一作用者的假设描述积累的过程",最终却"不能解释积累的现实和历史过程"②。因此,对资本主义扩大再生产的考察,必须抛弃马克思的前提,将资本主义生产方式和非资本主义生产方式结合起来加以系统的研究。

(2)罗莎·卢森堡资本积累论的主要内容

罗莎·卢森堡指出,马克思的资本积累图式是以一个假想的纯粹的资本主义社会为前提,从理论上阐明了资本积累中剩余价值的生产问题。但在资本积累的过程中,除了剩余价值的生产问题之外,还有剩余价值的实现问题。且剩余价值的实现问题是资本积累的最关键环节。资本家首先要通过交换将剩余价值由商品形态转化为货币形态,而后才能将剩余价值资本化,实现资本积累。这样一来,就必须有一个"购买者阶层"。然而,在纯粹的资本主义经济关系中,即在理论意义上只存在工人阶级和资产阶级的社会中,是找不到这个"购买者阶层"的。资本家作为一个总体,它只能实现剩余价值中的一部分。而工人阶级只能获得社会总产品中数量相当于可变资本的那一部分。无论工人阶级工资和消费水平怎样提高,工人阶级都不可能消费掉剩余价值中资本化的那一部分。也就是说,在纯粹的资本主义经济关系中,剩余价值是不可能得以实现的,这个"购买者阶层"必须独立于资本主义经济体系之外,通过资本主义体系之外的商品交换手段与资本主义发生关系。这个"购买者阶层"对资本主义的商品有一定的需求,但他们既不能是资本主义体系内的工

---

① [德]罗莎·卢森堡:《资本积累论》,董文琪译,商务印书馆2021年版,第93页。
② [德]罗莎·卢森堡:《资本积累论》,董文琪译,商务印书馆2021年版,第346页。

第四章　罗莎·卢森堡：对未来社会的确信和追求

人阶级，也不能是资产阶级。罗莎·卢森堡以不容置疑的笔调说："只存在资本家和工人而不存在其他阶级，那末，作为一个阶级的资本家就无法处理剩余货物，从而把剩余价值变为货币，并由此积累资本。"① 基于此，罗莎·卢森堡指出，资本主义与非资本主义之间的交换存在着两种情况：(1)资本主义国家用超过自身消费需要的生活资料供给非资本主义阶层或非资本主义国家；(2)资本主义国家用超过自己再生产需要的生产资料供给其他国家。罗莎·卢森堡由此得出的结论是：资本主义的生存和发展要求有一个非资本主义经济形态的环境，资本主义需要非资本主义阶层作为实现剩余价值的市场、部分生产资料的供应来源和劳动力的后备源泉。在这个意义上，资本积累可以视作是资本主义生产方式与非资本主义生产方式所进行的新陈代谢过程。

在对资本积累的实现条件进行分析的基础上，罗莎·卢森堡跳脱出政治经济学的视阈，从世界历史的角度分析了资本主义的萌生、发展与未来趋势。罗莎·卢森堡认为，资本主义的生产方式具有很强的传播力。在资本主义生产方式与非资本主义生产方式发生交换关系后，资本主义生产方式就会不断侵蚀和瓦解非资本主义生产方式，将非资本主义生产方式改造成资本主义生产方式以获得无产阶级化的新劳动力。这样一来，资本主义生产方式的规模就在全球不断扩张，导致"参加寻求资本积累的国家越多"，向资本主义开放的非资本主义地区越来越少。这从两个方面迫使资本主义走向崩溃。一方面，资本积累过程起初造成了简单商品经济代替自然经济，然后造成了资本主义经济代替简单商品经济，最后造成资本主义生产方式成为一切国家和一切生产部门的唯一的经济形式。达到这个境界，资本积累就会停止。这就意味着资本主义会因为失去资本积累的条件而崩溃。另一方面，全世界资本主义生产方式的规模越来越大，与此相伴随的是世界政治与经济生产的无政府状态不断扩大，国际阶级斗争日益尖锐，致使在"经济发展的最后结果到来之前"国际无

---

① ［德］罗莎·卢森堡、［苏］布哈林：《帝国主义与资本积累》，柴金如等译，黑龙江人民出版社1982年版，第67页。

产阶级必然会发动反对国际资产阶级的暴动①。

  罗莎·卢森堡根据资本积累的逻辑，论证了社会主义的逻辑前提。她在论证资本主义自我崩溃的同时，也强调了无产阶级的主观能动性和革命行动的重要意义。但她的《资本积累论》发表后，遭到了广泛的批判。作为一个革命家，罗莎·卢森堡并不惧怕批评。但令她痛苦的是，大多数理论家并没有把握她提出问题的根本意图。他们纠结于她的数学图式，从经济学的角度对她的资本积累论进行批评，对于马克思的资本主义自我否定的辩证法，他们不但没有理解，反而表现得十分无知。罗莎·卢森堡辩驳说，她的资本积累论并没有背叛马克思主义，而是运用马克思的资本自我否定的辩证法，结合帝国主义的时代主题对资本主义自我否定的历史限度和社会主义革命逻辑前提的论证，这实际上是运用马克思的方法、将"疾病和死亡迫使"马克思停止的工作继续发展下去②。

  （3）辩证的总体观视域下对社会主义革命的理论确信

  罗莎·卢森堡充分肯定了马克思在《资本论》中创立的资本自我否定辩证法的方法论意义。她说："马克思关于危机形成的图式，如恩格斯在《反杜林论》和马克思在《资本论》第三卷提出的图式，之所以适用于迄今为止的危机，只是因为它揭示了一切危机的内在结构和它们的深刻的一般原因。"③ 在马克思所处的时代，资本主义生产关系的主导地位刚刚确立，马克思通过对"资本主义生产方式以及和它相适应的生产关系和交换关系"④ 的研究，揭示了资本主义经济危机的根源，论述了资本主义将在"遭到一次比一次更大的崩溃"中走向最终崩溃的"铁的必然性"。这种必然性体现为：一，资本主义的基本矛盾决定了资本积累具有无法克服的内在矛盾，同时也决定了资本主义自我崩溃的历史命运；

---

  ① ［德］罗莎·卢森堡、［苏］布哈林：《帝国主义与资本积累》，柴金如等译，黑龙江人民出版社1982年版，第68页。

  ② ［德］罗莎·卢森堡、［苏］布哈林：《帝国主义与资本积累》，柴金如等译，黑龙江人民出版社1982年版，第71页。

  ③ 李宗禹编：《卢森堡文选》，人民出版社2012年版，第17页。

  ④ 《资本论》第1卷，人民出版社2004年版，第8页。

二,资产阶级对资本增值的无限追求致使无产阶级所遭受的剥削和压迫日益加深,阶级矛盾不断激化。无产阶级只有通过阶级斗争,实现社会主义,才能改变自身受压迫受剥削的阶级地位。资本主义的自我崩溃,并不是说资本主义会自行消亡,而是意涵了无产阶级社会革命的最终目标。历史发展到20世纪初,资本积累已经发展成为世界资本主义的经济运动,资本主义不断向非资本主义国家或地区转移危机,以致资本主义和非资本主义之间的关系成为世界经济和政治运动中凸显的重要问题。马克思主义者必须运用马克思的方法,从"资本主义生产同一个非资本主义环境不断相互作用"中说明资本主义走向崩溃的必然路径,进而为无产阶级及其政党的社会主义革命实践提供理论论证——而这正是《资本积累论》中所提出并致力解决的问题。在罗莎·卢森堡的心目中,她的《资本积累论》是运用马克思的资本自我否定的辩证法,对帝国主义时代资本主义何以必然崩溃、社会主义革命何以可能问题的解答,是一部系统表达了她的时代观和社会历史观的哲学著作。罗莎·卢森堡不仅在《资本积累论》中表示,她研究资本积累的目的,是从理论上探析帝国主义政策的客观经济根源,说明现今资本主义所处的历史方位和发展趋势,进而对于无产阶级的实际斗争"具有一些意义"①。而且在《资本积累——一个反批评》的开篇,罗莎·卢森堡再一次强调,她的资本积累论是运用马克思的辩证的历史观,对帝国主义时代资本主义必然灭亡和社会主义必然胜利的论证和阐释。

罗莎·卢森堡多次强调,她研究资本积累,目的不在于建立她的经济学体系,而是同第二国际修正主义理论家"朝着庸俗经济学家的方法论方向的理论倒退"做斗争的成果。只有理解了这一点,才能理解《资本积累论》的写作背景以及围绕这一著作而展开的理论斗争。由于修正主义者从"个别资本家"的立场以及个人主义的方法论出发,将资本积累问题看成了"个别科学的一个细节问题"。如果从个别资产者的眼中看资本积累,资本积累也就是商品-货币在生产、流通过程中发生交换的一

---

① [德]罗莎·卢森堡:《资本积累论》,彭尘舜等译,生活·读书·新知三联书店1959年版,原序第3页。

种形式而已，资本积累的实现确实是没有问题的，"同整个资本主义的命运毫无联系"①。采用这种孤立的、静止的研究资本主义的方法，就会得出资本主义是合乎自然规律、符合人的理性本质的结论。在资本主义处于上升时期，为了反对封建主义，资产阶级经济学家曾经用这种方法来论证资本主义的合理性，"把资本主义社会看作唯一可能适合人的本质和理性的社会"。但是在帝国主义阶段，社会民主党中的机会主义者这样论证资本积累问题，试图说明资本主义经济是永恒存在的，进而将社会革命同资本主义社会的发展割裂开来，伯恩施坦理论的基本要求就是放弃革命。从这个意义上来说，《资本积累论》实际上是罗莎·卢森堡用马克思的方法，捍卫马克思主义的社会主义革命理论的成果。

卢卡奇将罗莎·卢森堡在《资本积累论》中所采用的方法称为辩证的"总体性"方法。他认为罗莎·卢森堡将资本主义的发展放到世界政治经济总格局和人类社会发展总过程中去考察，将资本积累规模的扩张问题演变成资本积累的前提条件问题，将资本积累的辩证法演变"成为整个资本主义制度的辩证法"②。这样一来，资本积累运动的终结就是资本主义历史的终结。卢卡奇在书中高度肯定了罗莎·卢森堡从根本意义上恢复辩证的总体观的重要意义。他指出，罗莎·卢森堡的《资本积累论》的价值在于，它是一部将马克思主义的方法运用于社会发展的现实、解决现实问题的代表作。随着时代的发展，《资本积累论》中的具体的经济学结论也许会失去意义，但是，她所运用的方法是始终颠扑不破的。只有掌握了《资本积累论》中的"方法论的前提和结论"，"才能达到真正革命的、共产主义的和马克思主义的立场"③。基于这一点，卢卡奇对罗莎·卢森堡给予了极高的评价，认为她是"马克思的学生中唯一对他的终生著作无论在经济学内容还是在经济学方法方面都真正有所发展，并且还将它具体应用于社会发展的现状上去的人"④。由此可见，卢卡奇对罗莎·卢森堡思想的深刻领悟以及罗莎·卢森堡对卢卡奇的重大影响。

---

① 卢卡奇：《历史与阶级意识》，商务印书馆1992年版，第81—82页。
② 卢卡奇：《历史与阶级意识》，商务印书馆1992年版，第87—88页。
③ 卢卡奇：《历史与阶级意识》，商务印书馆1992年版，第40页。
④ 卢卡奇：《历史与阶级意识》，商务印书馆1992年版，第39—40页。

2. 资本主义的发展趋势和社会主义的实现路径

罗莎·卢森堡在回击针对她的批评的同时，阐发了她对帝国主义时代资本主义发展趋势和社会主义实现路径的总体看法。

第一，资本主义历史发展进入了最后的阶段，即帝国主义阶段。罗莎·卢森堡提出帝国主义是一个历史阶段，并做了具体的论证。在罗莎·卢森堡看来，自从资本主义诞生以来，资本主义的存在必须以"非资本主义领域"的存在为前提。在资本主义和非资本主义两种社会环境的不断互动中，资本主义的社会环境不断扩大而非资本主义的范围不断缩小，这就使得资本积累的实现条件不断发生变化。根据资本积累条件的变化，罗莎·卢森堡把资本主义时代的历史进程划分为三个阶段："资本反对自然经济的斗争、反对商品经济的斗争以及为了争夺现存的积累条件而在国际舞台展开的竞争。"① 而帝国主义就是最后一个阶段，即资本在世界舞台上为"争夺现存的积累条件"而斗争的阶段。

事实上，罗莎·卢森堡在同修正主义的斗争中就已经敏锐地意识到，资本主义发展所出现的新情况，不但不意味着资本主义生长出了"适应工具"，反而是资本主义的发展进入到最后阶段的体现。在帝国主义阶段，关税政策、军国主义等这些对资本主义发展曾起过革命作用的手段已经转变为"致命手段"，迫使资本主义走向灭亡并向社会主义过渡。在《资本积累论》中，罗莎·卢森堡对这一过程进行了更为明确的论述。她以资本积累的逻辑为线索，勾勒了资本主义灭亡的路径。她指出，资本主义具有吞噬全球、消灭其他一切经济制度的倾向，而资本积累又必须以非资本主义的存在为前提，在经历一定的阶段后，随着资本主义在全球的扩张和非资本主义的衰退，"资本积累的条件在国内与国外都走向了自己的对立面，即它们成了资本主义衰退的条件"②。再加上，资本家不断加深对非资本主义阶层的残酷剥削，降低本国工人的生活水平，导致国际和国内阶级矛盾持续深化，进而演变成一系列的政治动乱、经济危机与社会灾难。在这些条件加持下，资本积累最终无法继续进行③。这

---

① [德] 罗莎·卢森堡：《资本积累论》，董文琪译，商务印书馆2021年版，第366页。
② [德] 罗莎·卢森堡：《资本积累论》，董文琪译，商务印书馆2021年版，第465页。
③ [德] 罗莎·卢森堡：《资本积累论》，董文琪译，商务印书馆2021年版，第465页。

列宁和第二国际理论家的比较研究——关于未来社会实现理论

充分说明,资本积累自身所包含的矛盾,使得资本主义不能成为普遍的生产方式,只有社会主义的生产目的不是积累,而是"发展全世界的生产力来满足劳动人民的需要"①,只有社会主义才是一种和谐的经济制度,才能成为一种普遍的生产方式。

第二,资本主义国家之间矛盾的尖锐化是世界战争的根源。当资本积累到了第三阶段,即帝国主义阶段后,资本主义和非资本主义生产方式的关系开始在国际舞台的层面上展开。殖民政策、国际借款制度、势力范围政策和战争成为资本主义国家进行资本积累的主要方法。但是这些方法,不仅导致资本主义与非资本主义国家之间因控制和反控制而发生剧烈冲突,还引起了资本主义国家之间矛盾的尖锐化,整个世界充满了"暴力、欺诈、压迫、掠夺"②。在罗莎·卢森堡看来,资本主义的扩张是其与生俱来的品质。在不同的时期,资本主义的扩张向度有所不同。在资本积累初期,也就是第一、第二阶段,资本主义主要是向非资本主义地区扩张,矛盾冲突发生在资本主义和非资本主义之间;到了第三阶段即帝国主义时代,资本主义的矛盾和冲突的焦点由资本主义的外围转移到资本主义国家本身。正如罗莎·卢森堡所说:"今天无论在欧洲或者世界其他部分,手持武器互相对抗的,不是一方是资本主义国家,另一方是自然经济的国家,而恰恰是由于资本主义发展达到同样高的水平而迫使发生冲突的那些国家。"③ 这意味着,即使战争发生在欧洲以外的非资本主义地区,其实质上也是资本主义发达国家之间斗争的延伸。可以预见,一旦资本主义国家之间爆发战争,对世界的毁灭性将"具有致命的意义"。但对资本主义来说,资本积累的停顿就意味着其生命力的枯竭,于是在无法遏止的资本积累的动力——罗莎·卢森堡将其比喻为"本身内在的机械动力"的推动下,资本主义国家不可避免地陷入军国主义的泥沼,最终一步步走向致命的战争④。从罗莎·卢森堡以上的论述中可以看出,帝国主义时代,资本主义国家实行军国主义政策,在世界

---

① [德] 卢森堡:《资本积累论》,董文琪译,商务印书馆2021年版,第466页。
② [德] 卢森堡:《资本积累论》,董文琪译,商务印书馆2021年版,第452页。
③ 李宗禹编:《卢森堡文选》,人民出版社2012年版,第28页。
④ 李宗禹编:《卢森堡文选》,人民出版社2012年版,第29页。

范围内争夺殖民地和势力范围是导致世界战争的根源。

因此，罗莎·卢森堡在第一次世界大战爆发时，坚定地站在无产阶级国际主义的立场上，明确指出了战争的帝国主义性质，驳斥了第二国际中歪曲战争性质的错误论调，反对德国社会民主党"保卫祖国"的口号，并对德国社会民主党的社会沙文主义立场进行了坚决驳斥。

第三，军国主义、殖民政策成为资本主义国家争夺势力范围的主要方法。由于资本主义对非资本主义环境的争夺必须借助国家政权的力量才能推行，于是军国主义和殖民主义就成了资本主义国家普遍推行的政策。从资本主义发展的总体进程上来说，在第一、第二阶段，殖民主义、军国主义政策促进了资本主义生产方式的扩展，推动了资本主义世界体系的形成，对资本主义发展曾起过革命作用。到了第三阶段，资本主义生产方式在全球层面扩张，资本主义国家不断扩军备战以争夺越来越稀缺的非资本主义环境，致使世界大战迫在眉睫。其实，早在同伯恩施坦的斗争中，罗莎·卢森堡就提到了军国主义问题，并对机会主义者为军国主义作辩护的言行进行了无情的揭露和批驳。罗莎·卢森堡指出，军国主义在资本主义发展前期曾经起到了重要的革命作用，它作为扩张手段，有力地推动了资本主义对非资本主义的吞并，加快了资本主义生产方式扩张的速度。但在帝国主义阶段，军国主义促使资本主义国家进行疯狂的军备竞赛，使得战争"日益临近"且涉及全世界绝大多数国家。这样，军国主义和殖民政策从最初的推进资本主义上升的力量变成了促使资本主义走向灭亡的"致命手段"。

第四，社会主义革命是无产阶级的历史使命。虽然资本积累的逻辑决定了资本主义必然走向灭亡，但无产阶级不能消极等待资本主义达到自己所创造的这种经济绝境。资本主义的自行消亡所带来的结果不是社会主义，而是人类文明的整体性崩塌，是社会历史向野蛮状态的倒退。因此，在资本主义崩溃到来之前发动社会主义革命以拯救人类文明，是无产阶级的历史使命。由此可知，世界历史最终将迎来两种结局，要么是社会主义革命的胜利，要么是世界文明遭到彻底毁灭的野蛮状态，非此即彼。而资本主义灭亡后世界历史的这两种结果的选择，"要由有阶级觉悟的无产阶级来决定"①。因此，在罗莎·卢森堡的著作中，她一再声明资本主义已经发展到最后阶段，强调无产阶级发挥主观能动性进行革命的世界历史意义，将社会主义的胜利看作是一种客观的历史可能性，强调只有无产阶级激进的革命行动才能使得社会主义胜利由"可能"演化为"现实"。如果将罗莎·卢森堡关于资本主义历史命运的论述上升到历史观层面，那么它体现出了这样一种历史观：资本主义必然灭亡，这是由资本逻辑所决定的客观必然性维度；社会主义革命必须通过无产阶级激进的革命行动才能实现，这是无产阶级主观能动性维度。两个维度缺一不可。从这个意义来说，罗莎·卢森堡一再声明社会主义革命是时代赋予无产阶级的历史使命，呼吁广大无产阶级团结起来推翻资本主义的旧世界，建立社会主义新世界。这使得罗莎·卢森堡的思想具有了鲜明的实践特色。罗莎·卢森堡对资本主义发展趋势的判断与社会主义革命进程的理解，可以说远远超出了第二国际"经济决定论"的视野，对于当今国际共产主义运动来说，依然具有重要的理论价值。

（三）资本主义民主政治的成果和社会主义民主政治的前提

罗莎·卢森堡认为，人民群众是社会主义革命与社会主义建设的主体，其核心思想始终是围绕人民群众展开的，她非常看重人民群众在社会主义发展中的主体地位，将人民群众在社会主义革命和建设过程中表现出的积极性，主动性和创造性看作是实现社会主义的动力源泉。因此，建设社会主义就要发展民主。此外，也要充分利用资本主义民主政治的先进成果为社会主义民主政治建设服务。

1. 人民群众是实现和建设社会主义的主体力量

罗莎·卢森堡一直坚信"工人阶级的解放必须是工人阶级自己的事业"②，认为社会主义革命不是被创造出来的，而是人民群众在斗争实践中不断成熟后所生成的结果。她说："社会的社会主义化只有通过工人群

---

① 李宗禹编：《卢森堡文选》，人民出版社2012年版，第323页。
② 李宗禹编：《卢森堡文选》，人民出版社2012年版，第410页。

第四章 罗莎·卢森堡：对未来社会的确信和追求

众坚韧的、不倦的斗争才能在全部广阔的规模上实现，在劳动和资本、人民和资产阶级的阶级统治相互逼视的一切地方实现。"①

罗莎·卢森堡根据马克思的观点指出，社会主义革命就是要在世界历史上第一次实现人民当家作主的革命。以往的一切革命都是为了少数人的利益，而社会主义革命是世界历史上第一次为了大多数人利益的深刻的变革。社会主义革命要求人民群众依靠自己的力量彻底改造资产阶级国家，变革资本主义社会的经济和社会基础，进而在社会中"占领一切岗位，监督所有职务，用自己的阶级利益和社会主义的任务来衡量所有的国家需要"②。

不但社会主义革命是人民群众自己的事业，社会主义建设同样也是人民群众自己的事业。罗莎·卢森堡认为，社会主义是什么样子，任何社会主义的教科书都不可能对细节作出规定，只有通过人民群众的实践来书写。罗莎·卢森堡将社会主义建设事业比作一块"问题上千"的处女地，只有人民群众即兴而来的创造力，才是开垦这片处女地的原生力量，也是社会主义"纠正错误并且开辟新的道路"的动力③。建设社会主义新世界必须采取哪些具体的措施是不可能提前预知的，它只能来源于人民群众的"不受拘束的汹涌澎湃的生活"。所以，要建设社会主义，首要的前提是全体人民群众能自由地参加国家的公共生活。人民群众的公共生活是社会主义保持创造力和活力的泉源，也是一切精神财富的生动活泼的泉源。这正是科学社会主义比空想社会主义优越的地方。这也说明社会主义"就其本性来说就是不能钦定的，不能通过敕令来引进的"，它是根植于人民首创精神的面向未来的事业④。因此，无产阶级政党最需要考虑的是如何保持健康的公共生活和工人群众政治积极性这一个民主问题，而不能将社会主义刻画成为一个"只需要加以运用的现成

---

① 李宗禹编：《卢森堡文选》，人民出版社 2012 年版，第 410 页。
② 李宗禹编：《卢森堡文选》，人民出版社 2012 年版，第 410 页。
③ 中共中央编译局：《国际共运史研究资料增刊（卢森堡专辑）》，人民出版社 1981 年版，第 88 页。
④ 中共中央编译局：《国际共运史研究资料增刊（卢森堡专辑）》，人民出版社 1981 年版，第 88 页。

处方的总和"①。

2. 社会主义政权建设的前提和途径

第一，社会主义民主就是无产阶级专政。罗莎·卢森堡的社会主义民主思想是她的人民主体思想在社会主义建设问题上的体现。从根本意义上说，"社会主义社会的本质在于大多数劳动群众不再是被统治的群众，而是自己的全部政治和经济生活的主人，并且在有意识的、自由的自决中领导着这全部生活"②。因此，罗莎·卢森堡认为，民主对于社会主义来说，不是可有可无的东西。只有彻底发扬民主，调动人民生机勃勃的积极性和创造性，才能取得社会主义革命的胜利，"才能使国家充满社会主义精神"③。既然人民群众的"汹涌澎湃的生活"是建设社会主义新世界的源泉，那么，无产阶级在夺取政权后，就要充分发扬人民民主，调动人民群众的积极性。

罗莎·卢森堡对社会主义民主与无产阶级专政的关系进行了辩证的分析，指出它们是社会主义国家制度的两个不可分割的方面，甚至认为它们不过是两个同义语，并由此提出了"无产阶级专政就是社会主义意义上的民主"的著名命题。罗莎·卢森堡指出，从阶级观点来看，所谓"纯粹民主""一般民主"是不存在的。民主与专政相伴而生，都具有阶级性。在资本主义社会里，资产阶级民主与资产阶级专政在本质上是一致的。资产阶级民主的目的是掩盖资产阶级经济剥削的实质，维护资产阶级专政。在社会主义社会，社会主义民主和无产阶级专政在本质上也是一致的。一方面，无产阶级专政建立在社会主义民主的基础上。社会主义革命的目的就是广大人民群众推翻资产阶级政权，建立无产阶级专政。而这个目的，是"符合占无产阶级多数的革命者的意愿的，是依靠他们的意志实行的"④。从这个意义上来说，无产阶级专政的建立就是人

---

① 李宗禹编：《卢森堡文选》，人民出版社2012年版，第400页。
② 李宗禹编：《卢森堡文选》，人民出版社2012年版，第409—410页。
③ 李宗禹编：《卢森堡文选》，人民出版社2012年版，第410页。
④ 中共中央编译局：《国际共运史研究资料增刊（卢森堡专辑）》，人民出版社1981年版，第112页。

民民主的实现。另一方面，无产阶级专政是"全民参与国家的公共生活"的政治保障。因为无产阶级专政是"最大限度公开的、由人民群众最积极地、不受阻碍地参加的、实行不受限制的民主的阶级专政"①，所以，无产阶级专政是整个无产阶级和人民群众的事业。正是从这个逻辑出发，罗莎·卢森堡指出，布尔什维克在革命胜利后建立无产阶级专政是必要的。但无产阶级专政的实质是保护并发扬社会主义民主而不是取消一切民主。无产阶级专政"必须是阶级的事业，而不是极少数领导人以阶级的名义实行的事业"，更不是少数人的独断，"它必须处处依靠群众的积极参与，处于群众的直接影响下，接受全体公众的监督，从人民群众日益发达的政治教育中产生出来"②。在罗莎·卢森堡看来，布尔什维克所实行的政策措施，导致全国没有普选，没有出版和集会自由，没有自由的意见交锋，政治生活受到压制，民主生活日益瘫痪，整个社会"只有官僚仍是其中唯一的活动因素。公共生活逐渐沉寂，几十个具有无穷无尽的精力和无边无际的理想主义的党的领导人指挥着和统治着，在他们中间实际上是十几个杰出人物在领导"③。罗莎·卢森堡断定："这根本是一种小集团统治——这固然是一种专政，但不是无产阶级专政，而是一小撮政治家的专政"，而这实际上是"纯粹资产阶级意义上的专政，雅各宾派统治意义上的专政"④。罗莎·卢森堡的意思是说，本来无产阶级专政是维护大多数人利益的，但由于布尔什维克将民主和专政完全对立起来，片面地反对资产阶级民主，将无产阶级专政演变成维护一小撮人的专政。从本质上来说，布尔什维克所建立的政权不是无产阶级专政，反而与资产阶级专政并无二致了⑤。可见，十月革命后，第二国际理论家们普遍对十月革命持批判和否定态度，唯有罗莎·卢森堡对布尔什维克党果敢的革命行动予以盛赞，认为布尔什维克党是第二国际中唯一坚

---

① 李宗禹编：《卢森堡文选》，人民出版社 2012 年版，第 404 页。
② 中共中央编译局：《国际共运史研究资料增刊（卢森堡专辑）》，人民出版社 1981 年版，第 92 页。
③ 李宗禹编：《卢森堡文选》，人民出版社 2012 年版，第 403 页。
④ 李宗禹编：《卢森堡文选》，人民出版社 2012 年版，第 403 页。
⑤ 李宗禹编：《卢森堡文选》，人民出版社 2012 年版，第 403 页。

持革命立场、高举革命旗帜的政党。与此同时，罗莎·卢森堡对布尔什维克党在政权建设问题上的批判，也是丝毫不留情面的。

第二，充分利用资本主义民主政治的先进成果为社会主义民主政治建设服务。在这个问题上，罗莎·卢森堡又一次体现了她的辩证的总体性方法。对于俄国社会主义民主政治建设的"先天不足"的问题，卢森堡既反对卡尔·考茨基放弃革命胜利成果而向资产阶级投降的做法，也反对布尔什维克党采取"取消一切民主制度"的做法。一方面，罗莎·卢森堡对卡尔·考茨基放弃无产阶级专政的论调进行了无情批驳。她说，卡尔·考茨基在"国家不成熟"的借口下，要求已然夺取政权的布尔什维克放弃社会主义革命胜利的成果委身于资产阶级，建立资产阶级专政，这是十分明显的"背叛革命"的言论。另一方面，罗莎·卢森堡也不同意列宁和托洛茨基的做法。她说，虽然资产阶级民主是虚伪的、形式上的民主，但是列宁和托洛茨基在"不是形式民主的偶像崇拜者"的口号下，全盘抛弃了资本主义民主政治发展起来的积极成果。罗莎·卢森堡不认同列宁的"社会主义国家就是颠倒过来的资产阶级国家"的观点。她认为，列宁的这种理解割裂了资产阶级民主和社会主义民主之间的关系。从民主的本质来说，资产阶级民主无论如何是维护资产阶级利益的，它不会超出资产阶级利益的限度，所以它不可能是全民的民主。社会主义民主的本质是全体人民当家作主，保证全民参与政治和社会生活是其生存条件。但从民主的形式来说，资本主义社会在长期的发展中创造了普遍有效的民主形式，比如选举制度、议会制度等，这些属于人类文明的积极成果，夺取政权后的无产阶级政党必须在改造的基础上加以利用，为建设社会主义民主政治服务。一方面要对资本主义民主的反动本质有清醒的认识，揭露资本主义民主的虚伪性；另一方面要将资本主义民主的本质和形式区分开来，剥离资本主义民主的虚伪的实质，保留资本主义民主的形式并赋予其社会主义民主的本质内容。她明确地说："我们始终揭露形式上的平等和自由的甜蜜外壳所掩盖着的社会不平等和不自由的酸涩内核——不是为了抛弃这个外壳，而是为了激励工人阶级，叫他们不要满足于外壳,却去夺取政权,以便用新的社会内容去充实这一外壳。"① 在罗莎·卢森堡看来,俄国是一个经济文化落后的国家,没有经历过资本主义的充分发展。这必然对俄国社会主义民主政治建设造成很大的困难。她说,"在一个专制国家里制定一个适合于无产阶级阶级斗争的社会民主党的策略",在缺乏"由资产阶级社会准备好的政治原料的条件下"进行民主政治建设,对于列宁和布尔什维克党来说,是一项"特殊的""社会主义历史上史无先例的任务"②。布尔什维克党要大力培育民主政治的意识,拓宽人民群众参与政治的途径,不能因为俄国缺乏民主政治的原料,就将资本主义民主政治的全部先进形式"扔进废物间"③。罗莎·卢森堡对布尔什维克解散立宪会议、取缔反动派报刊等措施持反对态度,认为这样的做法压制了"最广大人民群众的积极的、不受限制的、朝气蓬勃的政治生活","堵塞了唯一能够纠正社会机构的一切天生缺陷的那一生机勃勃的源泉本身",进而伤害了社会主义的本质④。

二、罗莎·卢森堡和列宁:相同的革命信念与不同的理论逻辑

虽然罗莎·卢森堡和列宁都是坚定的无产阶级革命家和理论家,但由于在帝国主义问题上的不同理论构建路径,使得他们在如何反抗帝国主义世界、如何建立社会主义新世界的问题上观点截然不同。另外,在究竟是无产阶级政党的自觉性活动还是人民群众的自发性运动构成社会主义革命主体的核心力量这一问题上,罗莎·卢森堡和列宁也产生了根本分歧。从总体上看,列宁和罗莎·卢森堡之间的理论分歧,根源于东

---

① 中共中央编译局:《国际共运史研究资料增刊(卢森堡专辑)》,人民出版社1981年版,第91—92页。
② 李宗禹编:《卢森堡文选》,人民出版社2012年版,第116—117页。
③ 李宗禹编:《卢森堡文选》,人民出版社2012年版,第404页。
④ 中共中央编译局:《国际共运史研究资料增刊(卢森堡专辑)》,人民出版社1981年版,第83页。

西方国家迥异的社会历史条件，反映了二者在学术文化背景上的差别，也体现了马克思主义在东西方不同发展路径的渊源。

（一）帝国主义论域下的异与同

《资本积累论》出版后，在当时的社会理论界引起了广泛的争论。在第二国际内部，鲍威尔、潘涅库克和埃克什坦等持坚决的否定态度，而梅林、卡尔斯基则支持罗莎·卢森堡的观点。由于卡尔·考茨基在第二国际的地位以及他对罗莎·卢森堡观点所持的保留态度，梅林等人的见解没能公开发表。列宁对罗莎·卢森堡的观点也是持批判态度的。但他看到《资本积累论》一书的时间比较晚。他最早是通过阅读潘涅库克发表在《不莱梅市民报》上的文章得知该书出版的消息的。列宁在写给潘涅库克的回信中表示，他虽然还没有看到罗莎·卢森堡的《资本积累论》，但他和潘涅库克的观点是完全一致的。在得到《资本积累论》后，列宁进行了非常仔细地阅读，并作了大量的批注和笔记摘录，他甚至已经制定了批驳文章的提纲。但是由于事务过于繁忙，列宁最终并未写成专门的批判文章。列宁1916年所写的《帝国主义是资本主义的最高阶段》，是列宁阐述帝国主义理论的代表作。这篇文章集中力量批驳当时影响力更为巨大的卡尔·考茨基的"超帝国主义"论，根本没有提到罗莎·卢森堡的《资本积累论》。正因为列宁未公开发表文章对罗莎·卢森堡的帝国主义观点进行批判，到第三国际时期，德国共产党的代表依然坚持罗莎·卢森堡的观点。在这种情况下，布哈林于1925年发表了《帝国主义与资本积累》的长篇论文，站在列宁主义的立场对罗莎·卢森堡关于帝国主义和资本积累问题进行批驳。虽然罗莎·卢森堡有关帝国主义的观点在国际共产主义运动中的影响力远远不及列宁和卡尔·考茨基，但由于她是最早提出帝国主义问题的理论家，她的观点及其引起的争论触发了第二、第三国际理论家对帝国主义问题的关注，并对列宁形成科学的帝国主义论起到了重要的促进作用。因此，对罗莎·卢森堡的帝国主义论进行系统阐释并将其同列宁的帝国主义论进行比较研究，是十分必要的。

20世纪初，第一次世界大战的阴霾笼罩在欧洲上空。在这样的时代背景下，在马克思主义阵营内部，以帝国主义为中心议题展开了第一次大争论。经过历史发展的检验，列宁帝国主义论的影响力之大一百年来尚无出其右者。鉴于学术界对列宁的帝国主义论所构建的现代资本主义研究范式及其影响力基本认同，本课题成果不设专章阐述列宁帝国主义论的内容，而侧重于在列宁与第二国际理论家尤其是作为一个流派代表人物的理论家之间进行比较研究。在政治立场的划分上，列宁和罗莎·卢森堡都属于第二国际激进左翼的重要代表，但从理论上看，罗莎·卢森堡和列宁存在着明显的差异。单从帝国主义论来看，二者在理论的逻辑起点和研究问题的范式上都存在重大分歧。罗莎·卢森堡的帝国主义论是以资本积累的逻辑理路为线索而阐发的。无论是作为"特殊政策"还是作为资本主义发展的最后阶段，罗莎·卢森堡谈论帝国主义都是围绕着资本积累这一中心主题而展开。由于剩余价值的实现必须引入"第三者"——非资本主义社会环境，而资本主义生产方式具有传播性，导致非资本主义的社会环境越来越小，资本主义国家在世界范围内为争夺非资本主义环境而展开全面竞争，就构成帝国主义。于是罗莎·卢森堡总结道：帝国主义是一种特殊政策，是现代战争的根源，是资本主义发展的必然阶段。罗莎·卢森堡也因此与第二国际的庸俗马克思主义划清了界限。虽然在对帝国主义的有关判定上罗莎·卢森堡和列宁显得十分一致，但无论是对帝国主义本质的提炼还是对帝国主义理论的构建路径，罗莎·卢森堡和列宁都具有很大差异。

1. 关于帝国主义定义和特征的认知差异

近两个多世纪以来，在谈到"帝国主义"这个术语时，不同的学派都有不同的解释。罗莎·卢森堡和列宁对于帝国主义的定义，都具有多层次性。罗莎·卢森堡对于帝国主义的定义，主要包括两个方面：一是帝国主义是一个政治名词，或者说是一种特殊政策；二是帝国主义是资本主义发展的最后阶段。通过以上的分析可以看出，罗莎·卢森堡对帝国主义的定义，是以资本积累为基石和逻辑轴心的。她对帝国主义特征的阐释，实际上是对资本积累的全球格局下世界政治经济特征的总体性描述。这与列宁的帝国主义定义明显不同。

列宁从三个层面对帝国主义作出规定。一是从本质层面进行规定。

帝国主义是资本主义的垄断阶段。虽然列宁的帝国主义理论在很大程度上借鉴了希法亭《金融资本》中的观点，但是将垄断作为帝国主义的本质，并将垄断作为基石对帝国主义理论进行本体构建，当属列宁。二是从基本特征方面进行规定。通过对本质和特征之间的互动性考量，列宁提出了帝国主义的"五大特征论"："（1）生产和资本的集中发展到这样高的程度，以致造成了在经济生活中起决定作用的垄断组织；（2）银行资本和工业资本已经融合起来，在这个'金融资本的'基础上形成了金融寡头；（3）和商品输出不同的资本输出具有特别重要的意义；（4）瓜分世界的资本家国际垄断同盟已经形成；（5）最大资本主义大国已把世界上的领土瓜分完毕。"① 可以看出，列宁概括出的五大特征形成了一个系统的有机整体，构成了一条完整的逻辑链条。这五大特征以经济特征为主体，同时又兼顾了政治意义上的分析，既有对帝国主义扩张和瓜分世界政策的分析，也包含了对资本主义历史地位的分析。因此，列宁认为，"帝国主义是发展到垄断组织和金融资本的统治已经确立、资本输出具有突出意义、国际托拉斯开始瓜分世界、一些最大的资本主义国家已把世界全部领土瓜分完毕这一阶段的资本主义"②。三是，从马克思主义与修正主义斗争的角度来看，帝国主义是资本主义发展的最高阶段和最后阶段，帝国主义是无产阶级革命的前夜。相对于罗莎·卢森堡来说，列宁的帝国主义论包括了更丰富、更深刻的内容。

从列宁和罗莎·卢森堡对帝国主义的定义来看，已经显露出二者叙事理路的差异。罗莎·卢森堡的定义，以贯穿资本主义生产方式始终的资本积累为基石，从总体上论述了包括帝国主义在内的整个资本主义发展阶段的"同质性"。她着力强调的是，资本积累发展到帝国主义阶段，是其固有逻辑的自然演进，而不是资本的本性发生了变化。例如，军国主义和扩张对于资本主义来说是与生俱来的，到了帝国主义阶段这些特征只是表现得更为突出，所引起的矛盾冲突对世界的破坏力更为巨大罢了。因此，罗莎·卢森堡侧重于从资本主义发展的总体性和一般性的原

---

① 《列宁全集》第 27 卷，人民出版社 2017 年版，第 401 页。
② 《列宁专题文集　论资本主义》，人民出版社 2009 年版，第 176 页。

则去看待帝国主义现象背后的深层原因,并将问题引向资本积累这个资本主义的一般性问题上。在罗莎·卢森堡看来,只有用资本积累的逻辑来解读帝国主义现象,才能将资本主义灭亡的历史命运深深植根于经济根源之中。正如她所说:帝国主义是"各种现象的强大的历史综合体",只有从"经济发展的最深底层"去解读,才能找出这些现象的"根子",才能对社会主义新世界的破晓充满信心[1]。

列宁的帝国主义定义,是将帝国主义作为资本主义发展的一个特殊阶段来规定的。他以垄断为基石和主轴,论证了帝国主义阶段与先前的自由资本主义阶段存在本质意义上的区别。资本主义发展到一定的阶段必然形成垄断,垄断形成之后,资本主义的某些特征就开始转化为自身的对立面,资本主义就演变成了帝国主义。在这一演进过程中:(1)垄断代替了自由竞争,这是最本质的转变。(2)世界领土瓜分完毕并进入到重新瓜分的阶段。对此列宁解释说,世界领土瓜分完毕不代表资本主义国家停止殖民政策了。帝国主义阶段是对世界进行第二次瓜分,第一次瓜分是将世界上"无主"的地区变成"有主"的地区,第二次瓜分是依据帝国主义国家之间的实力,将殖民地从一个"主人"手中转向另一个"主人"手中[2]。(3)帝国主义国家中"工人贵族"阶层的形成是修正主义产生的社会根源。这一社会根源建立在帝国主义国家对殖民地和世界市场的垄断权的基础上。基于以上分析,列宁强调,帝国主义的产生,是资本主义经济关系自然演进的结果。帝国主义对全世界领土的重新划分是世界战争的根源,只有无产阶级世界革命才能够遏制战争,消灭帝国主义实现共产主义。

2. 不同的理论抽象层级及历史影响力

在关于帝国主义发展趋势、帝国主义是资本主义发展的特殊阶段、帝国主义与战争的关系等问题上,列宁和罗莎·卢森堡与第二国际修正主义者划清了界限,坚定地站在左翼理论家的立场。但列宁和罗莎·卢

---

[1] 李宗禹编:《卢森堡文选》,人民出版社2012年版,第361页。
[2] 《列宁全集》第27卷,人民出版社2017年版,第389—390页。

森堡对帝国主义理论的构建路径是不一致的。也就是说，他们分别从不同的理路出发，在帝国主义发展的总体趋势和资本主义历史命运这个问题上殊途同归，达成了一致性结论。

　　罗莎·卢森堡和列宁帝国主义论的逻辑起点分别建立在不同的理论抽象层级上。罗莎·卢森堡是将资本主义发展作为一个总体对象进行研究的。她将对帝国主义本质、特征及各种现象的阐释，都引向了"争夺尚未被侵占的非资本主义世界环境"的资本积累过程这个一般性的问题之中。而列宁的帝国主义论将垄断作为帝国主义的本质，立足于自由资本主义和垄断资本主义两个阶段在本质上的不同，将帝国主义阶段作为研究对象，对帝国主义的特征、现象和发展趋势做了深刻具体的研究和总结。总的来说，罗莎·卢森堡将帝国主义的论述放到资本主义总体性过程中，并以此为逻辑基石阐述帝国主义阶段同资本主义发展其他阶段的"同质性"。但由于她过于强调"一般本质"这个层次，单纯地从社会再生产中剩余价值的实现角度来证明资本主义和非资本主义之间的辩证关系，低估了帝国主义时代的特征所具有的复杂性和重大历史意义，将帝国主义问题的研究放置在实现扩大再生产这一资本主义"永久性"的问题上。因此，她的理论不可避免存在简单化、模式化的倾向。

　　尽管如此，罗莎·卢森堡的方法不能界定为"非马克思"或者"非马克思主义"的方法。一般和特殊的对应、本质和现象的关系，本身就存在一个抽象层级的问题。社会理论的研究本来也应该具有不同层级的眼光，需要不同层级理论的结合。从理论的多层次阐发来看，卢森堡的理论显然也是有价值的，她的理论对马克思主义的发展作出了贡献。罗莎·卢森堡《资本积累论》的理路，对后来西方马克思主义的形成和发展产生了重要的影响。卢卡奇继承了罗莎·卢森堡《资本积累论》中的方法论原则，展开了对马克思主义辩证法的研究。在他的作为西方马克思主义标志性的论文集《历史和阶级意识》中，他特别论及了罗莎·卢森堡《资本积累论》对他的启发。他指出，无产阶级的理论之所以是科学的，不仅仅在于它有与资产阶级相对立的革命观点，更为可贵的是无产阶级有自己的科学方法，这一方法的核心就是"总体性"原则。罗莎·卢森堡研究资本积累的方法和得出的科学理论，正是他提出"总体

第四章 罗莎·卢森堡：对未来社会的确信和追求

性"原则的基础。从这个意义上说，罗莎·卢森堡的思想是西方马克思主义重要的思想渊源。这也可以证明罗莎·卢森堡思想在 20 世纪马克思主义发展中的重要影响力。

然而，结合 20 世纪初世界社会主义运动所面临的重大问题来看，列宁理论的针对性显然更强。人类历史走进 20 世纪，世界资本主义发展和社会主义运动的裂变、世界的结构性矛盾及其应对等问题，是摆在马克思主义理论家面前亟待解决的问题。列宁通过对这些问题的回答，立体性地构建了他的帝国主义论，对 20 世纪初世界社会主义运动在变局中开新局起到了重要的指导作用，奠定了一百年来帝国主义问题的研究范式，为未来社会的实现提供了现实路径和价值理想，极大地丰富和发展了马克思主义理论。在第三国际时期，由于德国共产党依然坚持罗莎·卢森堡的帝国主义论，为了统一思想，捍卫列宁主义的地位，布哈林对罗莎·卢森堡的帝国主义论进行了批评。布哈林认为，罗莎·卢森堡将帝国主义问题放到整个资本主义发展总体进程中去论述，这决定了她的理论存在基本缺点。这主要体现在她的理论没有同帝国主义时代的金融资本相联系，无法解释帝国主义的本质和具体特点，进而将帝国主义许多复杂而尖锐的矛盾"淹没"在"一般资本扩张的泛泛谈论之中了"①。布哈林进而指出，如果要从本质上去认识帝国主义，就必须提炼出帝国主义的本质、特征和发展趋势，而这些是资本主义发展的其他阶段所不具有的。只有这样去分析帝国主义问题，才对无产阶级革命实践具有现实的指导意义。

通过以上的比较可以看出，列宁和罗莎·卢森堡从不同的角度和路径出发，对帝国主义问题进行了阐发。列宁的帝国主义定义侧重于抓住帝国主义这一具体阶段的本质及特征来阐述问题，对帝国主义阶段世界政治经济发展格局的把握、国际关系的演变、世界社会主义运动从欧洲向世界的拓展以及分裂、世界无产阶级革命所面临的转折等重大问题进行了论证，其理论的学术力、思想力和对世界历史的影响力是罗莎·卢森堡的理论无法比拟的。罗莎·卢森堡对帝国主义的理解，着重强调了

---

① [苏]布哈林：《布哈林文选》下册，人民出版社 1983 年版，第 348—349 页。

帝国主义对外扩张的这一特征,并将对这一特征的理解引向资本主义生产方式"一般性"的矛盾中。从这个意义上说,罗莎·卢森堡的理论更具有抽象性,虽然在理论深度和影响力上远不及列宁的帝国主义论,但是其独特的研究视角和叙事方式也具有一定的合理性和启发意义,为马克思主义理论的丰富和发展作出了贡献。

(二) 社会主义论域下不同的理论构建逻辑

从前文可以看出,当涉及反对修正主义、用革命的方式实现社会主义的问题时,罗莎·卢森堡和列宁的立场观点是高度一致的。但在这一共同立场之外,二人从始至终存在着一处重大分歧,尤其是在社会主义政党和社会主义政权的"组织问题"上,罗莎·卢森堡对列宁展开了尖锐的批判。罗莎·卢森堡对列宁的批评,主要有三篇文章。这三篇文章是1904年的《俄国社会民主党的组织问题》、1911年的《信条:关于俄国社会民主党的状况》和1918年的《论俄国革命》。在这三篇文章中,罗莎·卢森堡对布尔什维克党的组织原则以及夺取政权后的国家政权建构理论进行了批评。

1. 社会主义革命主体的核心力量

罗莎·卢森堡和列宁都认为社会主义是为广大人民群众谋求解放的事业。革命要取得胜利就必须依靠群众,充分发挥广大人民群众的主观能动性。但是,究竟是无产阶级政党的自觉性活动还是人民群众的自发性运动构成社会主义革命主体的核心力量,罗莎·卢森堡和列宁在这个问题上产生了根本分歧。列宁认为,社会民主党是社会主义运动的核心,自发的群众运动只能产生工联主义,不可能产生出社会主义意识,社会主义意识只有通过具有高度自觉性的无产阶级政党"灌输"到群众运动中去。群众运动的自发性必须置于无产阶级政党自觉领导之下才能保证社会主义运动的正确方向。列宁认为对群众运动自发性的崇拜是修正主义在俄国的"变种",必须在思想上和组织上予以清除。而罗莎·卢森堡强调自发性群众运动的历史意义。她认为,通过自发性群众运动,蕴含于群众运动中的强大能量被释放出来,从而产生出许多新的经验促进人民群众革命意识的觉醒和提醒。

基于此,罗莎·卢森堡阐明了人民群众和无产阶级政党在社会主义革命主体层级中所处的地位。其一,人民群众是历史的主体,是实现社会主义的主力军,人民群众自发性的革命行动"总是先行的"。罗莎·卢森堡作为一名坚定的马克思主义理论家和革命家,坚持马克思的群众史观,认为在这场推翻资产阶级剥削统治的革命中,无产阶级群众应该是社会主义革命的主体,主张:"无产阶级群众所负有的使命不仅是根据明确的认识为革命确定目标和方向。它必须也由自己,通过自己的能动性一步一步地实现社会主义。"① 并且罗莎·卢森堡还提出:"社会主义社会的本质在于大多数劳动群众不再是被统治的群众,而是自己的全部政治和经济生活的主人,并且在有意识的,自由的自决中领导着这全部生活。"② 由此可以看出,罗莎·卢森堡对人民群众抱有极大的希望并给予极高的评价。她认为人民群众在革命实践过程中已经明确了革命道路和方向,且在此过程中获得了意识觉醒,因此有足够的能力和意识依靠自己的力量来实现社会主义。

其二,社会民主党是群众运动政治正确的保障,但是"社会民主党组织的首创性和自觉领导的作用是微乎其微的"③。社会民主党站在工人阶级和广大群众的前面,在政治上引领运动方向,掌握运动局势,保障运动力量的统一。罗莎·卢森堡在反思俄国革命的基础上进行了深入的探索和思考,肯定了无产阶级政党在社会主义运动中的巨大作用,主要表现在以下几个方面:一方面,无产阶级政党拥有最先进的革命思想和理论武器,这些理论能够指导无产阶级最先意识到正确的革命目标和革命方向。因此无产阶级政党身负启发群众,教育群众的使命任务。另一方面,无产阶级政党应当对革命形势具有科学的判断,对革命实践具有强大的组织领导能力。这一要求不是指要完全地教条地指挥工人革命运动的方方面面,而是指当革命即将来临或有来临的时机时,无产阶级应该抓住机遇宣传革命,以推动工人运动的进一步向前发展。但社会民主

---

① 李宗禹编:《卢森堡文选》,人民出版社2012年版,第409页。
② 李宗禹编:《卢森堡文选》,人民出版社2012年版,第409—410页。
③ 李宗禹编:《卢森堡文选》,人民出版社2012年版,第123页。

党不可能替代人民群众成为社会主义革命的主体。罗莎·卢森堡在坚持马克思群众史观的基础上始终坚持人民群众在社会主义革命中的主体地位和能动作用。正是基于对政党与群众辩证关系的认识，罗莎·卢森堡看到德国社会民主党内滋生蔓延的官僚主义、教条主义，因此她更加强调群众对政党的积极作用，希望用群众的自发性来警惕党内不良风气的蔓延，这也是她努力弥合政党与群众关系异化所做出的努力。罗莎·卢森堡甚至明确指出，社会民主党自觉的指导行为带有保守的性质，因为它只能因势利导地把每一次群众自发斗争的内涵开发到尽头。也就是说，在社会主义运动中，"是不觉悟的人先于觉悟的人，客观历史进程的逻辑先于历史进程的体现者的主观逻辑"①。只有自发性群众运动先行，社会民主党才能将蕴含于群众运动中的强大能量释放出来，从而产生出许多新的经验促进社会主义的发展②。更明确地说，社会民主党通过对群众进行的理论灌输和组织规训，只能给予人民群众一种"理论的"和"潜在的"阶级意识，这种"理论的"和"潜在的"阶级意识只有通过群众现实的运动才能变成"实际的"和"积极的"阶级运动。在罗莎·卢森堡眼中，俄国几十年的社会主义运动的历史所证明的，不是个别领导人或领导机构的伟大英明，而是人民群众的生机勃勃的创造力。因为俄国运动中的"最重要最有成效的策略上的变化不是由运动的某些领导人'发明'的，更不用说是由领导机构'发明'的"，而是"已经爆发起来的运动本身的自发产物"③。因此，她告诫布尔什维克："永远也不能把无产阶级的阶级运动理解为组织起来的少数人的运动"④，不能根据自己的主观"预想"和"发明"来指导群众运动，只有深刻了解人民群众自发性运动的规律，并自觉保持在解放全人类的最终价值目标的高度上，才能对社会主义运动做出正确指导。对上述问题的不同看法，是罗莎·卢森堡和列宁在组织原则上产生分歧的根由。

---

① 李宗禹编：《卢森堡文选》，人民出版社2012年版，第123页。
② 李宗禹编：《卢森堡文选》，人民出版社2012年版，第123页。
③ 李宗禹编：《卢森堡文选》，人民出版社2012年版，第122页。
④ 李宗禹编：《卢森堡文选》，人民出版社2012年版，第189页。

第四章　罗莎·卢森堡：对未来社会的确信和追求

2. 无产阶级的"自我集中制"与"极端集中主义"

在罗莎·卢森堡看来，俄国地域广阔，政治形势复杂，各地社会主义运动发展水平很不相同。为了提高俄国社会主义运动的水平，推动俄国革命形势的发展，布尔什维克党采取"集中制"将分散在各地的政党组织整合起来，使之成为统一的、具有凝聚力和战斗力的政党组织，是完全必要的。关键问题在于，布尔什维克党采取什么样的"集中制"。由于罗莎·卢森堡崇尚群众运动的自发性，认为工人群众在自发的运动中通过觉悟的提升而走向集中统一即"自我集中制"，是群众运动的组织原则。既然社会民主党是从自发的工人运动中产生的，那么"自我集中制"就应当是社会民主党的组织原则。她说："社会民主党的集中制无非是工人阶级中有觉悟的和正在进行斗争的先锋队（与它的各个集团和各个成员相对而言）的意志的强制性综合，这也可以说是无产阶级领导阶层的'自我集中制'。"① 因此，在罗莎·卢森堡的眼中，布尔什维克党所实行的中央委员会的"集中制"显然不是无产阶级政党以及社会主义运动健康发展势态的体现。列宁的做法必定会给俄国党和社会主义运动带来两个十分严重的后果。一、扼杀各级党组织和广大人民群众的创造精神。罗莎·卢森堡认为，列宁的这种"极端集中主义"，使得党的中央机关高高在上，制订一切计划和决定一切事情，党的各级组织成了中央委员会意志的执行机器，社会民主党沦为没有积极的创造精神、只有一种毫无生气的看守精神的党。广大人民群众的自发的首创精神也因为"通过无所不知和无所不在的中央委员会的托管"而遭到扼杀②。二、把布朗基密谋集团的组织特征机械地搬到社会主义运动中来。如果只有党的中央委员会是真正的、积极的中心，其他一切组织及其成员就成了没有头脑的、盲目执行党中央委员会密谋计划的工具。罗莎·卢森堡说："真正革命的工人运动所犯的错误，同一个最好的'中央委员会'不犯错误相比，在历史上要有成果得多和有价值得多。"③ 十月革命后，当布尔什维克将

---

① 李宗禹编：《卢森堡文选》，人民出版社2012年版，第120—121页。
② 李宗禹编：《卢森堡文选》，人民出版社2012年版，第132页。
③ 李宗禹编：《卢森堡文选》，人民出版社2012年版，第133页。

高度集中的党内的组织原则扩展运用到国家政权建设中去时，便产生了罗莎·卢森堡与列宁之间的诸多争论。

　　罗莎·卢森堡强调，"重要的事情在于把布尔什维克政策中本质的东西同非本质的东西区别开来"。对十月革命后布尔什维克所采取的政策措施，罗莎·卢森堡既批判了以卡尔·考茨基为代表的"教条主义"者对布尔什维克的诘难，也对布尔什维克将自己的政策措施当作社会主义策略的样板推荐给国际无产阶级的做法进行了批评。她在对布尔什维克的建党和建国措施进行"批判性检验"后提出，世界社会主义运动要在俄国革命开辟的道路上顺利发展，"重要的事情在于，把布尔什维克的政策中本质的东西同非本质的东西、核心同偶然事件区别开来"①。

　　第一，罗莎·卢森堡强有力地表明了自己对"布尔什维克政策中本质的东西"的支持。罗莎·卢森堡充满热情地赞扬了布尔什维克的革命行动、勇气、远见和魄力，对布尔什维克政策中体现的未来社会发展趋势的"最本质的东西"给予了强有力的支持。首先，罗莎·卢森堡认为，她对布尔什维克夺取政权后所采取的政治建设措施的批评，完全是出于同志式的关切。俄国革命不但是俄国一个国家经济社会矛盾发展的产物，也是帝国主义时代无产阶级世界革命发展的结果。布尔什维克党将俄国革命推进到社会主义革命阶段，是"完全着眼于无产阶级世界革命"，是有"政治远见""原则坚定性"和执行"政策的魄力"的"光辉证明"。俄国革命中"本质的"和"持久性的"东西是"工人阶级专政的第一次世界历史性试验"②，是"走在国际无产阶级的前面，夺取了政权并且提出了实现社会主义这一实践问题"③。在俄国革命之前，布尔什维克政治影响力远远不及孟什维克，但布尔什维克在历史的关键时刻却抓住了革命发展的"最本质的东西"，凭着对世界历史发展理论和社会主义革命的确信，不但在俄国人民中的影响力迅速增强并成为执政党，而且"在全世界把资本和劳动之间的决战大大向前推进了"④。反之，在俄国群众中

---

① 李宗禹编：《卢森堡文选》，人民出版社2012年版，第406页。
② 李宗禹编：《卢森堡文选》，人民出版社2012年版，第378页。
③ 李宗禹编：《卢森堡文选》，人民出版社2012年版，第406页。
④ 李宗禹编：《卢森堡文选》，人民出版社2012年版，第406页。

第四章　罗莎·卢森堡：对未来社会的确信和追求

拥有广泛的基础和政治影响力的孟什维克,在历史转折的关头反对夺取政权,不敢承担责任,甚至把革命中所出现的"一切坏事""遭受损失的一切混乱",都说成是布尔什维克党推进革命的行动"这一致命的错误的结果"①。罗莎·卢森堡揭示说,孟什维克对布尔什维克革命行动的诋毁,其实隐藏着向资产阶级邀功请赏的目的。孟什维克的这些做法,最终导致的结果就是可耻地被人们从舞台上扫除出去了。其次,罗莎·卢森堡指出,她和卡尔·考茨基之间的分歧是根本路线的差异,是走资本主义道路和走社会主义道路的对立。照着卡尔·考茨基的理论,俄国作为一个经济落后、农业为主的国家,实行社会主义革命和无产阶级专政的时机是不成熟的。俄国革命应该止步于推翻沙皇专制制度的资产阶级革命。卡尔·考茨基和他在俄国的思想伙伴(指孟什维克——引者注)在这样的理论指导下为俄国开出的药方,实质上就是不惜一切代价向资产阶级自由派妥协,在资产阶级民主制的框架内谋求同资产阶级政党的合作。卡尔·考茨基所谓的俄国社会发展"不成熟"的论调,就是将俄国革命与世界革命的关系割裂开来,体现出来的恰恰是卡尔·考茨基(或德国社会民主党)在运用马克思主义理论时的不成熟。罗莎·卢森堡提醒各国社会主义者,不要被卡尔·考茨基所谓理论权威的论调所迷惑,当务之急就是要理清楚俄国革命的"全部深刻的相互关系和影响",衡量出其中最本质的、对无产阶级世界革命起决定性影响的东西,这样才能在思想上和行动上避免矛盾和失误②。否则,也会沦为俄国孟什维克的下场。

第二,布尔什维克要避免将所有策略都作为样板固定下来进行推广的危险。首先,布尔什维克所采取政策的一切方面包括它所犯的错误都是可以理解的。罗莎·卢森堡说,她对布尔什维克的批评,丝毫不能降低布尔什维克在世界社会主义运动和国际无产阶级中的威望,也丝毫不影响俄国革命和社会主义建设中榜样的形象。俄国革命是在十分复杂的国际国内背景下爆发的。罗莎·卢森堡说,俄国革命是"在一场帝国主

---

① 李宗禹编:《卢森堡文选》,人民出版社2012年版,第377页。
② 李宗禹编:《卢森堡文选》,人民出版社2012年版,第378页。

义国际屠杀的世界战火和混乱之中,在欧洲最反动的军事强国的铁圈之中,在国际无产阶级彻底不起作用的情况下进行的"①。布尔什维克的事业完全无先例可循,只能根据事先对社会主义的概念的理解在探索中推进社会主义建设。在如此严峻的条件下,"列宁和他的同志们"作出了他们所能作出的贡献。如果还打算期待他们"召唤出最美好的民主制、最标准的无产阶级专政和繁荣的社会主义经济,那是对他们提出超人的要求"②。其次,罗莎·卢森堡指出,布尔什维克的贡献是具体的、历史的,不能超越历史条件将他们所采取的所有策略都上升为社会主义的原则。罗莎·卢森堡告诫布尔什维克党,要辩证地看待俄国所采取的政策措施。有些政策是俄国在面临国际国内的困难和压力下所做出的应急措施,并不体现历史必然性和社会主义本质。要警惕将俄国革命经验的各个方面不加甄别地推广到国际无产阶级革命运动中去的倾向。如果这样做的话,"危险就开始了"③。如果列宁和托洛茨基将俄国的经验"统统当作新的认识搬进国际社会主义的武器库"④,反而在俄国革命的国际意义方面帮了倒忙。布尔什维克党也会因此"把自己真正的、无可反驳的历史功绩掩盖在被迫犯下的过失之下"⑤。她语重心长地说:"我们大家都受历史规律支配……布尔什维克表明他们能做到一个真正的革命政党在历史可能性的限度内所能做到的一切。……重要的事情在于,把布尔什维克的政策中本质的东西同非本质的东西、核心同偶然事件区别开来。"⑥ 罗莎·卢森堡在十月革命胜利之初就敏锐地提出国际无产阶级必须把布尔什维克政策中"本质的东西同非本质的东西"区分开来的观点。

基于以上分析可以看出,罗莎·卢森堡所说的"本质的东西",即无产阶级通过社会主义革命夺取政权并实现社会主义,这是她与列宁相同的革命信念。而"非本质的东西",即实现目标的具体途径、方式、策

---

① 李宗禹编:《卢森堡文选》,人民出版社2012年版,第378页。
② 李宗禹编:《卢森堡文选》,人民出版社2012年版,第405页。
③ 李宗禹编:《卢森堡文选》,人民出版社2012年版,第405页。
④ 李宗禹编:《卢森堡文选》,人民出版社2012年版,第405页。
⑤ 李宗禹编:《卢森堡文选》,人民出版社2012年版,第405页。
⑥ 李宗禹编:《卢森堡文选》,人民出版社2012年版,第405—406页。

第四章 罗莎·卢森堡：对未来社会的确信和追求

略，便造成了二人的理论分歧。

罗莎·卢森堡的批评虽然只涉及苏俄早期的某些政策，但是在相当程度上触及社会主义民主政治建设中长期存在的问题。公正地说，罗莎·卢森堡对列宁的批评，具有合理性，在当今看来依然闪烁着真理的火花。列宁在党内实行严格的集中制，并在十月革命后一再加强国家权力及对社会生活的控制，确实是事实。但是，这些都与俄国党和苏维埃俄国所处的社会历史环境紧密相关。在夺取政权之前，沙皇俄国专制制度十分野蛮，俄国布尔什维克党处于非法地位，党的领导人被流放，完全没有议会民主制度可供利用。在这种情况下，布尔什维克党只有采取严格集中制，才能保证组织生存和发展。十月革命后，俄国处在帝国主义大国的包围之中。国内战争时期的残酷斗争形势逼迫布尔什维克集中一切力量捍卫政权。从理论上说，罗莎·卢森堡的民主理论和群众自发性思想，对当今的社会主义民主政治建设具有一定的价值和借鉴意义。但是从列宁当时面临的政治斗争局面来看，罗莎·卢森堡所反对的"集中制"恰恰是布尔什维克党和俄国政权的立身之本。党的生存发展、革命政权的夺得和维护，都建立在集中制的原则上。否则，十月革命的胜利、苏维埃政权的巩固都会成为泡影。因此列宁表示，所谓的广泛民主制"只是一种毫无意思而且有害的儿戏"①。

（三）卢森堡和列宁理论分歧的根由

虽然列宁与罗莎·卢森堡有着相同的革命信念，但由于他们所处的社会环境差异使得他们的理论视野也有所不同，这也成为二者产生理论分歧的根源。

1. 罗莎·卢森堡的理论缺环与西方马克思主义的路向

罗莎·卢森堡虽承袭了马克思"西方资本主义中心"的叙事方式，却忽视了马克思的世界历史方法论，这使得她的理论带有明显的"西方中心主义"的缺陷。

---

① 《列宁全集》第6卷，人民出版社2013年版，第132页。

列宁和第二国际理论家的比较研究——关于未来社会实现理论

马克思在论述其世界历史理论时指出,西欧资产阶级在开拓市场的过程中,不断打破一切"固定的僵化的"关系,迫使一切民族包括最野蛮的民族都"采用资产阶级的生产方式","使未开化和半开化的国家从属于文明的国家,使农民的民族从属于资产阶级的民族,使东方从属于西方",于是民族的局限性和片面性被各民族的相互往来所替代,资产阶级"按照自己的面貌为自己创造出一个世界"①。马克思以西欧资本主义的发展为历史起点和逻辑起点,阐明了资本主义世界历史时代到来的客观必然性及社会主义世界历史时代的现实性。值得注意的是,马克思的世界历史理论虽然采取了"西方中心"的叙事方式,但决不能说马克思构建了世界历史的"西方"范式。马克思认为西欧资本主义发展既体现了迫使生产资料与劳动分离的一般性特征,也具有鲜明的西欧传统和文化特色,因此他反对将西欧资本主义发展模式"彻底变成一般发展道路的历史哲学理论"②。马克思从大时代入手,对资本主义向社会主义过渡的大趋势进行宏观刻画,精髓就在于他的世界历史方法论。要将马克思的方法论运用于帝国主义时代的实际,必须做到:一、将帝国主义阶段放到世界历史时代的总体进程中,正确定位帝国主义的历史地位和发展趋势;二、从经济根源中提炼出帝国主义的本质,把握帝国主义阶段的局部质变,从而找出打破帝国主义旧世界的现实力量。

罗莎·卢森堡从资本积累的逻辑出发寻找反抗帝国主义的力量。在她看来,既然资本积累将世界分为资本主义和非资本主义二元结构,那么反抗帝国主义的力量来自两个方面:一是来自非资本主义社会环境,二是来自资本主义社会内部。在罗莎·卢森堡看来,帝国主义时代的危机、战争等灾难是因为资本主义发达国家之间的争夺所导致的,在这个过程中,资本主义日益壮大而全球化,非资本主义不断萎缩而从属于资本主义。因此,罗莎·卢森堡强调社会主义世界革命首要的主体的力量,来自发达资本主义国家的无产阶级。在她的社会主义实现路径图式中,非资本主义国家及其人民始终处于被动的地位,扮演着缺乏自主性的角

---

① 《马克思恩格斯选集》第1卷,人民出版社2012年版,第404—405页。
② 《马克思恩格斯选集》第3卷,人民出版社2012年版,第730页。

第四章 罗莎·卢森堡：对未来社会的确信和追求

色。同时，在谈到落后国家或者说殖民地国家与资本主义国家之间的关系时，罗莎·卢森堡只是粗略提到殖民地人民会不堪重负而起来反抗帝国主义。也就是说，罗莎·卢森堡始终站在西方无产阶级理论家的立场，不自觉地以西方无产阶级的斗争经验作为参照物，论证了她的世界革命理论。但是，她却没有思考在资本主义全球化的过程中，面对资本主义的政治控制和经济入侵所带来的悲惨命运，东方落后国家的人民是否能够充分发挥主观能动性，率先通过民族解放运动击碎资本主义的世界体系，并在西方国家无产阶级的帮助下一起进行社会主义革命。即在罗莎·卢森堡资本积累的逻辑下，广大经济文化落后的国家始终是西欧资本主义的争夺对象，在世界历史体系中始终处于被动地位。罗莎·卢森堡对帝国主义时代东西方国家之间民族矛盾的积极作用的忽视，使得她只能看到帝国主义时代东方社会被西方社会控制的一面，无法看到东方国家人民的主体能动性。这与她长期处在德国有关。她于19世纪90年代末移居德国，此时欧洲已经进入了第二次产业革命时期，资本主义生产方式完全战胜封建生产方式的残余，社会矛盾相对来说比较单纯，主要是纯粹的无产阶级和资产阶级的矛盾。因此，罗莎·卢森堡思想具有一定的"西方中心主义"的倾向。即使她对世界历史必然性的论证，在总体方向上是正确的，但是她的西方中心主义立场，使得她的理论在东方社会主义理论方面有明显的缺环。这也就是为何罗莎·卢森堡虽然正确解释了资本主义国家对经济文化落后国家进行残酷剥削和压迫的根源，阐明了帝国主义时代资本主义列强之间矛盾冲突的根源和帝国主义战争的性质，且她本人对落后民族的反抗斗争也给予了足够的关注和道义上的支持，但她却无法从理论上认识到落后民族在反抗资本主义旧世界的斗争中可以化被动为主动，成为世界社会主义运动中一支重要的有生力量。

罗莎·卢森堡站在西方的立场对资本主义社会的批判和对东方民族在世界历史中的能动作用的忽视，对20世纪西方马克思主义的兴起和发展路向产生了重要影响。西方马克思主义虽然流派众多，思想体系繁杂，但并不是完全无规律可循，也不是没有相对统一的研究视域。总的说来，恢复马克思主义的革命精神、对现代资本主义的批判、对现实的苏联社会主义道路的批判是西方马克思主义创立的三个维度。罗莎·卢森堡对待经典马克思主义的态度、对资本主义的批判立场以及她对列宁社会主义建设措施的批判，基本设定了20世纪西方马克思主义研究维度。她在研究资本积累问题时体现出来的总体性原则，也是西方马克思主义的重要方法论之一。在罗莎·卢森堡的一生中，她积极参加工人运动，力图践行理论与实践相统一的原则，最终为自己的革命理想付出了生命。但从理论上说，面对第二国际时期资本主义发展的新情况和新变化，面对20世纪初世界政治经济秩序的重大变局，罗莎·卢森堡片面强调资本主义的一般性经济根源，将一切新情况的研究都引向一般性的经济原则，忽视甚至否认资本主义发展新时期的特殊性，导致她的理论因过于抽象而只能停留在第二国际理论家的争论中。罗莎·卢森堡思想的这一特征，也奠定了20世纪西方马克思主义学院化和哲学化的发展方向。

2. 列宁的东方视域与马克思主义在东方社会的发展

列宁正是从被罗莎·卢森堡思想所忽视的东方国家的角度出发，阐发了东方国家在帝国主义时代的革命作用，并将其付诸实践，推进了马克思主义在东方国家发展的新形态，开辟了社会主义革命新时代。

当列宁开始他的革命生涯时，俄国正呈现出一种奇怪的社会结构组合：沙皇专制制度和一个庞大的农民阶级；先进的工业化和一个为数甚少但有内聚力的工人阶级。在这种特殊的社会结构下，俄国的社会面貌呈现出两个方面的特点：一方面，俄国正在通过原始积累发展资本主义，而且拥有一定的内部条件，如广袤的土地和丰富的矿产、庞大的劳动人口以及广大的有待被转化的非资本主义地区；另一方面，俄国作为一个后起的有着浓厚的封建制度残余的资本主义国家，同西方资本主义国家相比处于落后的地位。与此同时，俄国还处在从农业国家向资本主义国家的转变过程中。俄国国情的独特性使得俄国无产阶级变革俄国社会的历史任务具有多重性的特点。在俄国国内，无产阶级与资产阶级的矛盾、地主阶级与农民及资本家之间的矛盾日趋尖锐。在国际关系上，俄国与其他帝国主义国家的矛盾、俄国与东方更落后的殖民地之间的矛盾不断升级。俄国社会矛盾的不断尖锐化造成社会和政治的不稳定。列宁正是

第四章 罗莎·卢森堡：对未来社会的确信和追求

看到了这一点，提出了帝国主义发展不平衡的理论，论证了俄国率先突破帝国主义链条的薄弱环节、带动西方国家工人一道进行社会主义革命的可能性和必然性。

列宁对东方落后民族在无产阶级世界革命中的作用极端重视。他认为，广大殖民地国家人民由于受到帝国主义、封建主义和资本主义生产方式的剥削，生活十分悲惨，革命情绪高涨。在这些国家中，虽然整体的经济文化水平落后，但却产生了先进的无产阶级。这些落后国家无产阶级的人数虽少，却具有最坚定的革命性。19世纪末20世纪初马克思主义理论在世界范围广泛传播，国际共产主义运动也从西方发展到东方，使得东方国家的无产阶级在思想理论上掌握了成熟的马克思主义并将马克思主义民族化，建立了无产阶级政党并且迅速成长为本国民族革命的领导力量。而东方国家的资产阶级，虽然具有反帝反封建以获得更自由的发展条件的革命要求，但也存在着同帝国主义、封建主义妥协的一面。资产阶级的阶级属性注定了它不能成为革命的领导力量。与资产阶级不同，无产阶级是具有资产阶级革命性质的民族解放运动的领导阶级，这也决定了这些国家在民族革命胜利后必然走向世界社会主义革命的前途。列宁还指出，东方国家反对帝国主义的民族革命，可以将西方资本主义国家的反动阶级吸引过来，从而为西方资本主义国家的无产阶级发动革命创造条件。这样东西方国家的无产阶级和革命人民就联合起来了，构成了宏大的反抗帝国主义的力量。反观西方资本主义国家，殖民体系的建立使得资产阶级能够获得巨额利润，再加上资产阶级统治手段的圆熟等因素，使得西方国家工人阶级的政治和经济生活都得到了一定改善，改良主义由一股情绪逐步演变成一种思潮，对马克思主义的主导地位形成了极大威胁。要改变西方国家无产阶级革命斗志日益低落的被动局面，在全世界形成社会主义革命的洪流，列宁将希望寄托于俄国等广大东方国家的革命及其胜利。也就是说，列宁是通过对广大东方民族殖民地国家人民革命能动性的考察，阐述了东方民族殖民地国家的民族解放运动在世界历史中的重要意义，以此说明，东方的民族殖民地国家可以在资本主义经济、政治因素的分解中获得独立发展的条件，从而改变自己在世界历史体系中的被动地位，成为世界历史形成中的能动因素。

列宁领导俄国布尔什维克党和俄国人民通过十月革命建立了世界上第一个社会主义国家。为了推动世界革命，他建立了世界共产党组织——共产国际，有力促进了东方民族殖民地国家的民族解放运动和世界社会主义运动。列宁主义进而也成为马克思主义在东方社会发展的主要指导思想。它始终与世界被压迫民族和被压迫人民的革命斗争实践联系在一起，至今依然牵动着被压迫民族和被压迫人民的魂魄，给予他们奋斗的力量。

三、罗莎·卢森堡未来社会理论的历史影响力

罗莎·卢森堡的理论在当时的第二国际中独树一帜。在西欧社会主义运动中，她长期处于少数派的地位，最后成为自己的革命理想的殉道者。在社会主义国家，列宁除了对她的革命立场予以尊重之外，对她的理论进行了全方位的批驳。这使得罗莎·卢森堡的理论在社会主义国家长期未得到重视。罗莎·卢森堡及她的理论所遭受的际遇令人深思。

首先，罗莎·卢森堡建立在一般性的资本积累逻辑上的帝国主义论，使得她将资本主义的历史命运深深植根于"历史必然性和经济根源"中，确信资本主义发展已经进入了最后时期。在社会主义革命实践中，罗莎·卢森堡呼吁西欧工人阶级同资产阶级进行直接对抗，认为无产阶级通过直接的对抗性的活动能不断提升革命意识并为发动社会主义革命奠定基础。因此，她反对伯恩施坦的改良主义，也反对卡尔·考茨基的"疲劳战略"，认为唯有不断的直接的对抗活动才能唤醒工人阶级的自觉意识，并最终实现社会主义。罗莎·卢森堡的这些主张确实令她与伯恩施坦修正主义划清了界限，成为当时左翼理论家的代表。但即便如此，她依旧没能阻止改良主义思潮在欧洲工人阶级中的蔓延。这是因为罗莎·卢森堡将修正主义历史观产生的原因归结为社会民主党的领袖们因长期脱离群众而产生的官僚主义。然而，恰恰相反，欧洲工人运动中的改良主义思潮，不是来自社会民主党的上层，而是来自工人运动之中。自从巴黎公社以后，西欧资本主义处于和平发展时期，合法的议会斗争是工人阶级日常政治实践的主要形式。这使得工人阶级对资本主义现行

第四章　罗莎·卢森堡：对未来社会的确信和追求

民主政治制度产生了认同感，改良主义情绪日益滋生。修正主义在理论上虽然粗浅却有着强大的工人运动的现实作为依托。这就直接导致社会民主党纲领中的社会主义革命理论因逐步脱离工人运动的实际而失去群众基础。对于这种情况，包括罗莎·卢森堡在内的社会民主党的左翼理论家们完全没有予以关注和重视。他们片面地从理论上强调唯物史观之于马克思主义的重要意义，揭露修正主义在学理上对马克思主义的违背，却忽视了长期以来合法斗争实践对马克思主义理论发展的影响，无法解答在圆熟的资本主义民主政治制度下，工人阶级日常的合法斗争与社会主义革命的最终目标之间的联系纽带或转化时机问题。也就是说，罗莎·卢森堡在对伯恩施坦主义的批判中，没有真正把握当时资本主义社会的新变化，只是着眼于从理论上批驳伯恩施坦主义的反动本质，而没有看到西方资本主义发生的新变化对工人阶级革命意识的影响，以及由此带来的社会主义运动指导思想的畸变。正是由于罗莎·卢森堡脱离了西欧工人运动的实际，致使她的理论和实践不但无力阻止改良主义在欧洲工人运动中的蔓延，也使得她喊出的革命口号也成了孤鸿哀鸣。因此，罗莎·卢森堡等左翼理论家们对伯恩施坦修正主义的批判，虽然在理论上鞭辟入里，却终因脱离实际而越来越沦为孤独的一支。

其次，罗莎·卢森堡的理论与东方国家国情之间无法弥合的差异性成为她的理论在东方国家遭受挫折的重要原因。在罗莎·卢森堡看来，东方落后国家无产阶级人数少，其无产阶级运动尚不足以触发无产阶级的主体意识，东方国家无产阶级和广大人民群众在罗莎·卢森堡的视野中始终处于从属地位。虽然罗莎·卢森堡已然看到俄国革命有着与西欧革命不同的特征，指出俄国资产阶级已经堕落为落后的阶级，无力领导俄国资产阶级革命。俄国无产阶级可以成为革命的主体，从而在俄国这样一个没有经历资产阶级革命的国家来"一次空前纯正的无产阶级革命"。然而遗憾的是，罗莎·卢森堡的视野止步于此。正如她批评伯恩施坦戴着"英国的眼镜"看德国问题，她自己却戴着"西欧的眼镜"看俄国问题。罗莎·卢森堡以西方无产阶级的斗争经验作为参照物论证俄国政党、革命和社会主义的关系，她无法意识到在俄国这样一个缺乏民主传统的国家里，如果没有坚强而统一的核心、没有严格的组织纪律和政治规训，布尔什维克党就不可能生存，俄国革命也就不可能在布尔什维克党的引领下取得开辟人类历史新纪元的伟大成就。她认为俄国革命的作用仅在于点燃西欧无产阶级的革命烈火，以至于远远低估了俄国革命的历史意义。列宁从罗莎·卢森堡思想所忽视的环节出发，论证了经济文化落后国家人民在无产阶级政党的领导下，将历史发展的生产力决定性和面对深重压迫所产生的革命能动性结合起来，化被动为主动，成为世界社会主义革命的主导力量的可能性和必然性。列宁认为，在资本主义发展和工人运动刚刚起步的时候，俄国却有了手握马克思主义理论的成熟的布尔什维克党，这一点与西欧相比具有质的不同。在他看来，一个思想统一、组织严密的革命家组织对工人运动的自上而下的引领，是无产阶级革命事业成败的关键，而社会主义革命要想实现持续的发展就必须要唤醒无产阶级的革命意识。列宁指出，自发的运动不能产生革命意识，革命意识必须通过社会民主党从运动之外"灌输"到运动中去。他强调脱离了无产阶级政党指导的完全自发的群众运动，只会被资产阶级所利用而背离社会主义轨道。正是从这个意义上来说，"没有革命的理论，就不会有革命的运动"①。列宁指出，在帝国主义时代，西欧列强通过从殖民地国家获得的超额利润豢养了工人贵族阶层，这个阶层背叛了马克思主义革命精神，促使欧洲社会主义运动整体转向了改良主义。而占世界人口绝大多数的落后国家的人民却日益联合起来，在马克思主义政党的引领下形成了强大的打碎帝国主义旧世界、建设社会主义新世界的主导力量。显然，列宁理论的创新力度和历史影响力远非罗莎·卢森堡的理论所能比拟。需要强调的是，不管罗莎·卢森堡的立场和初衷如何，在俄国革命和国内战争的危急时刻，罗莎·卢森堡批评布尔什维克的言论，不但不利于俄国党的思想统一和组织统一，对于在极端困难中坚毅前进的俄国社会主义建设事业来说，也会产生负面影响。因此，列宁对她的批评，不但是必要的，而且具有重要的理论意义和现实意义。

罗莎·卢森堡及其理论的历史命运，虽令人扼腕，却也有其历史必然性。她在西方反对改良主义和修正主义，却没有深入工人运动的实际

---

① 《列宁全集》第 2 卷，人民出版社 2013 年版，第 445 页。

中探寻改良主义产生的根源,也没有找出改良主义产生的社会基础,因而不能战胜改良主义和修正主义。她批评俄国布尔什维克的治党治国理论和策略,却不能认识到她所主张的原则脱离了俄国国情而根本无法实现。虽然不乏天才的构想,一些论断至今依然闪烁着智慧的火花,但因脱离东西方社会主义运动的实际,罗莎·卢森堡和她的理论的历史命运注定是孤独的。

第五章　卡尔·考茨基：既不坐待未来也不急躁冒进

　　卡尔·考茨基是德国社会民主党的重要理论家和领袖，也是第二国际时期马克思主义的理论权威，在马克思主义发展史和国际共产主义运动史上占有重要地位。一方面，他为翻译和解读马克思主义做了大量工作，有力地促进了马克思主义在欧洲的传播。另一方面，在资本主义发展出现新变化的帝国主义阶段，他对无产阶级政党面临的任务和无产阶级解放的实现路径进行了可贵的理论探索。他参与制定的《爱尔福特纲领》不仅指导了当时德国社会民主党的实践，也为欧洲其他国家社会主义政党纲领的制定提供了范本。第二国际时期社会主义运动的分化，使他试图在暴力革命的原则性和合法议会斗争的策略性方面保持平衡，既反对右派的修正主义，又反对左派的革命激进主义，由此形成了他独特的"中派"路线。第一次世界大战期间，卡尔·考茨基提出了"超帝国主义论"，阐释了他对于资本主义发展趋势的预测。俄国十月革命后，他反对俄国布尔什维克专政和俄国的社会主义，与列宁就社会主义革命和民主等展开论战，被列宁称为"无产阶级事业的叛徒""机会主义者""教条主义者"。他参与创建的维也纳国际，最终也与伯尔尼国际合并，回归民主社会主义主流。作为马克思主义发展史上颇具争议性的人物，卡尔·考茨基在社会主义思想史研究中的评价历来褒贬不一，在苏联影响下的社会主义国家中更多以负面形象出现。苏东剧变后，学界对卡尔·考茨基进行了系统的研究，这为卡尔·考茨基和其他理论家的对比研究提供了丰富的理论资源。虽然卡尔·考茨基与列宁的论战已经过了百年，但二者思想交锋中的很多理论闪光点对于理解当今资本主义发展状况、探索社会主义运动策略，都具有重要的现实意义。因此，对卡尔·考茨基和列宁关于资本主义发展趋势和社会主义实现路径进行比较研究，仍是一项具有理论和实践双重价值的研究课题。

一、卡尔·考茨基的马克思主义观及"正统马克思主义"的代表

第二国际时期，欧洲社会主义运动发生了分化，在与右派修正主义和左派革命激进主义的论战中，卡尔·考茨基保持"中派"立场，以正统马克思主义的代表自居，认为只有自己才真正继承和发展了马克思主义。卡尔·考茨基的"中派"立场，从根本上是由他的马克思主义观所决定的。卡尔·考茨基的马克思主义观，是他毕生理论活动和实践活动的根本遵循，在总体上规约着他对时代主题的把握、对20世纪资本主义发展趋势的思考以及对未来社会实现路径的阐发。

（一）卡尔·考茨基的马克思主义观

一般而言，"马克思主义观"就是人们对马克思主义学说的总体观点和看法。卡尔·考茨基是第二国际后期把马克思主义科学主义化和实证主义化的主要代表人物。考察卡尔·考茨基的马克思主义观，不但是理解把握卡尔·考茨基理论的关键，也是历史地认识第二国际"正统马克思主义"的重要参照。

1. 马克思主义不是哲学，而是一门经验科学

19世纪70年代，由于自然科学取得了重大进展，许多学者将自然科学研究方法引入社会科学研究领域中，出现了将社会科学实证主义化、经验主义化的倾向。在卡尔·考茨基的历史观形成过程中，达尔文主义曾经起到了举足轻重的作用。卡尔·考茨基早年曾用达尔文的进化论来论证人类社会的发展，试图用自然进化法则来论证社会主义的科学性。卡尔·考茨基明确地说："在七十年代里，整个文明世界都崇尚达尔文主

义。我也热烈赞成达尔文主义;我的历史理论无非是要把达尔文主义应用于社会发展。"① 卡尔·考茨基1880年开始系统研究马克思主义后,越来越认识到从社会经济生产的角度研究社会发展的重要性。但即使在全面接受马克思主义后,卡尔·考茨基思想中的达尔文主义因素依然存在,这使得他的马克思主义观始终带有浓重的实证科学的色彩。对于这一点,卡尔·考茨基是明确承认的。他说:"我的历史思想的萌芽……那是七十年代的事。当时达尔文主义是风行全世界的学说。……他们(指马克思和恩格斯——引者注)是从黑格尔出发的,我是从达尔文出发的。我所研究的首先是达尔文,后来才是马克思,首先是有机体的发展,后来才是经济的发展,首先是物种的生存斗争,后来才是阶级斗争。"② 也就是说,卡尔·考茨基认为,马克思、恩格斯是从黑格尔的辩证法出发,将辩证法引入对社会历史的研究中,从而创立了马克思主义,而他是从达尔文的自然进化法则出发,"努力把历史的发展与有机体的发展联系起来"③,进而建立了他自己的社会主义理论。有学者认为卡尔·考茨基是一个达尔文主义者,而非马克思主义者。比如英国学者戴维·麦克莱伦在其名著《马克思以后的马克思主义》中就明确指出:"因为考茨基在成为马克思主义者之前曾是达尔文主义者,甚至,从某种程度上说,他终其一生都是达尔文主义者。"④ 应该说,这样的说法是不确切的。卡尔·考茨基早年深受达尔文主义的影响,但在19世纪80年代接受马克思主义后,卡尔·考茨基就很少站在达尔文主义的立场来分析人类社会以及历史的问题了。卡尔·考茨基说:"经过多次的试探和摸索以后,我才逐渐地把马克思主义的特色越来越搬进我原有的历史观,并且通过我在理

---

① [德]卡尔·考茨基:《一个马克思主义者的成长》,叶至译,生活·读书·新知三联书店1973年版,第5页。
② [德]卡尔·考茨基:《唯物主义历史观》第一分册,上海人民出版社1964年版,第17页。
③ [德]卡尔·考茨基:《唯物主义历史观》第一分册,上海人民出版社1964年版,第18页。
④ [英]戴维·麦克莱伦:《马克思以后的马克思主义》,李智译,中国人民大学出版社2008年版,第36页。

第五章　卡尔·考茨基：既不坐待未来也不急躁冒进

论和实践方面的工作体会到它的富有成效。最后，我深信它已经变得与马克思的历史观完全一致。"① 卡尔·考茨基还曾经多次撰写文章捍卫唯物主义历史观，反对社会达尔文主义的观点。他认为，自然规律和社会规律发生作用的方式是不同的，不能够简单地、直接地把"对于自然是正确的规律运用于社会"，社会的规律只能通过对社会的研究才能得到。他举例说，"从生存竞争中得出战争的必然性""从最适者生存得出资本主义的必然性""从有机体的遗传规律得出世袭贵族和世袭君主国或者反犹太主义的必然性"等，都是将自然科学的观点直接用于社会科学中去的社会达尔文主义，是马克思主义者必须批判并与之划清界限的②。可以看出，卡尔·考茨基的思想中确实有达尔文主义基因，但总的说来是一个马克思主义者。

在达尔文主义的影响下，卡尔·考茨基将马克思主义作了实证主义的阐释。他指出，唯物史观和剩余价值之所以是马克思的两个伟大发现，在于它们从方法上将自然科学的规律引入社会科学领域，从而为论证社会科学的科学性提供了坚实的实证基础。在《卡尔·马克思及其历史意义》一书中，卡尔·考茨基指出，马克思最伟大的贡献在于，将社会的发展纳入自然界发展的轨道，证明人的精神的社会表现也是符合自然规律性的，从而将唯心主义哲学从它的最后一个隐匿处即社会历史观领域赶走了③。卡尔·考茨基进一步指出，马克思发现剩余价值的重大意义，在于揭开了资本主义生产的秘密，从而为资本主义社会无产阶级利益和资产阶级利益的不可调和性找到了"科学证明"，这也是马克思主义的社会主义学说被称为"科学社会主义"的原因。可见，卡尔·考茨基把马克思主义在历史观领域、在社会主义领域所进行的革命作为马克思主义"去哲学化"的论据，竭力论证马克思主义是一门纯粹的、实证的、应用

---

① ［德］卡尔·考茨基：《唯物主义历史观》第一分册，上海人民出版社1964年版，第17页。
② ［德］卡尔·考茨基：《唯物主义历史观》第二分册，上海人民出版社1965年版，第9页。
③ 卡尔·考茨基：《卡尔·马克思及其历史意义》第12页。转引自［苏］斯·布赖奥维奇：《卡尔·考茨基及其观点的演变》，李兴汉等译，东方出版社1986年版，第175页。

科学。在卡尔·考茨基看来，由于马克思主义从头到尾都是一门"经验科学"，所以才能科学地证明当前经济社会的发展，才能用于理解无产阶级的历史使命，才能指导无产阶级革命运动。而在此之前，无论是对资本主义社会的认识还是对阶级斗争的理解都是缺乏实证的、建立在直觉基础上的。顺着这样的逻辑，卡尔·考茨基完全淡化了马克思主义哲学在马克思主义理论体系中的重要地位，认为历史唯物主义作为理论和实践在本质上是全然不包括任何哲学问题上的立场的。卡尔·考茨基说："马克思主义本身只是建立于马克思和恩格斯所提出的一个明确的方法之上的一个明确的学习过程。马克思和恩格斯把这个方法称之为唯物史观。"① 考茨基在阐释马克思主义时，历史唯物主义不是一种世界观和方法论，而是作为社会历史研究中的一种唯物主义的方法，这是卡尔·考茨基宣传马克思主义、进行自己的理论构建的根本原则，也是卡尔·考茨基将马克思主义进行经验主义解读的根本原因。布赖奥维奇曾评价说："考茨基把马克思主义的方法局限于唯物主义历史观的范围之内，所以他就不能深刻地和明确地理解作为完整的世界观的辩证唯物主义和历史唯物主义。"②

卡尔·考茨基否认马克思主义哲学的重要地位，脱离主观的价值判断和革命意志的过程来谈论社会主义，这使得他的思想具有明显的"经济决定论"的倾向。在"经济决定论"的逻辑下，他认为无论是统治阶级还是人民群众，都可以根据经济学的发展对他们的行动意图所指向的结果进行准确的预测。卡尔·考茨基反复论证说，从《共产党宣言》到1864年第一国际的成立宣言，再到恩格斯1895年去世之前在《1848年至1850年的法兰西阶级斗争》新版序言中所从事的理论扩展工作，无疑展现了马克思主义从一种无产阶级的革命理论演变为一种"不仅对革命时期而且对非革命时期也有效的理论"③。既然如此，马克思主义就成了

---

① 中共中央马克思恩格斯列宁斯大林著作编译局资料室编：《考茨基言论》，生活·读书·新知三联书店1966年版，第528页。
② [苏]斯·布赖奥维奇：《卡尔·考茨基及其观点的演变》，李兴汉等译，东方出版社1986年版，第113页。
③ [德]卡尔·柯尔施：《马克思主义和哲学》，王南湜等译，重庆出版社1989年版，第63页。

第五章　卡尔·考茨基：既不坐待未来也不急躁冒进

一门具有周密性和严谨性的科学。马克思主义对社会革命条件的论证，就和科学家在自己的领域进行科学研究一样，是完全按照科学的方式进行的。马克思对社会革命在一个民族国家内爆发的条件进行了概括。首先，这个民族国家的国家政权是依靠官僚机构和军国主义强大起来的；其次，在国家政权的推动下，国家的经济高速发展，促使社会矛盾全面激化。卡尔·考茨基认为，伯恩施坦修正主义的错误就在于脱离经验科学的方法，完全从主观意识出发去论证用社会改良代替社会革命的问题。而在现实的社会经济环境中，社会革命的客观因素不但没有消减反而有所增加。这无可争议地证明了伯恩施坦修正主义是反马克思主义的。

2. 马克思主义是不断发展的学说

卡尔·考茨基将马克思主义理论分为两个层级：一是具体的理论层次。这一层次的内容是建立在马克思、恩格斯日常学习经验之上的知识体系，是马克思、恩格斯通过"不断积累经验而取得的成果"，是必须根据客观情况的变化经常加以改进的[1]。二是根本的"方法"层次。唯物主义历史观作为马克思、恩格斯用于分析社会和历史的基本原则和方法，"通常不能像知识活动的结果那样改变得快"，但也不是一成不变的[2]。总的来说，马克思主义无论从理论到方法，都是处在发展之中的。马克思和恩格斯在扬弃了德国、英国、法国这三个国家的思想成果的基础上，在总结了大革命以来法国波澜壮阔的阶级斗争和社会运动的历史经验的前提下，创立了马克思主义。自从创立以来，马克思主义经历了三次危机，每一次危机都是通过推进马克思主义的发展而得以克服的，马克思主义的生命力也因此而体现出来。第一次危机发生在19世纪40年代。西欧革命运动的高潮促进了马克思主义的诞生，但1848年革命的失败对马克思主义发展提出了严峻挑战。第二次危机发生在19世纪60年代。马克思主义在工人运动中越来越赢得了工人阶级的信任，但1871年巴黎

---

[1] 中共中央马克思恩格斯列宁斯大林著作编译局资料室编：《考茨基言论》，生活·读书·新知三联书店1966年版，第528页。

[2] 中共中央马克思恩格斯列宁斯大林著作编译局资料室编：《考茨基言论》，生活·读书·新知三联书店1966年版，第528—529页。

列宁和第二国际理论家的比较研究——关于未来社会实现理论

公社的失败再一次把马克思主义带入了低谷。第三次危机开始于1875年德国社会民主党的建立。马克思主义战胜了其他社会主义理论,影响日益增大,但同时也迎来了理论内部的派别分裂。在卡尔·考茨基看来,马克思主义的第三次危机与前两次危机有本质的不同。前两次危机是革命运动失败后对马克思主义所带来的外部的压力造成的,而第三次危机不是源于实际运动及其失败的外部原因,而是来自理论内部的分裂,是"实践的马克思主义在完全胜利地前进中发生的"[①]。当前马克思主义者面临的理论使命,就是要克服第三次危机以推动马克思主义发展。马克思主义者必须从两个方面着手去化解马克思主义的发展危机:一方面是扩大马克思主义的研究视野,另一方面是为马克思主义的真理性提供来自不同领域的经验实证。卡尔·考茨基认为自己是马克思、恩格斯学说的传播者和事业的继承者,具有神圣的责任。卡尔·考茨基晚年的巨著《唯物主义历史观》,就是在这一使命感的驱使下克服重重困难而撰写的。《唯物主义历史观》不但是卡尔·考茨基阐释马克思恩格斯思想的书,同时也是卡尔·考茨基本人思想理论的总结。这部著作运用实证主义的方法论,力图将进化法则作为自然界与人类社会的共同的、普遍的规律,进而达到对马克思主义进行"经验科学"阐释的目的。卡尔·考茨基在书中写到,由于进化的规律统摄着人类社会和自然界,那么环境的变化对自然界的有机体和人类社会发展来说就具有决定意义。因此,"有机体和社会组织的新形态是由于适应改变了的环境才出现的",环境的改变是促进自然和人类社会发展的根本动力[②]。就自然界而言,环境的改变是促使有机体进化的原因;就人类社会而言,环境的变化即社会经济结构的变动,才是促进人类社会形态演进的根源。卡尔·考茨基在《唯物主义历史观》中用进化原则统摄自然界、人类社会以及精神世界,根本目的是扩大马克思主义的研究视野,为马克思主义提供科学的、实证的基础从而解决来自马克思主义理论内部的危机,推动马克思主义发展。对

---

① [苏]斯·布赖奥维奇:《卡尔·考茨基及其观点的演变》,李兴汉等译,东方出版社1986年版,第170—173页。

② [德]卡尔·考茨基:《唯物主义历史观》第五分册,上海人民出版社1964年版,第337页。

于马克思主义的未来,卡尔·考茨基充满了信心。他认为,马克思主义一定能经受住第三次危机的考验①。他说:"力和美的王国将会出现;我们将不辜负我们最优秀、最崇高的思想家们的这一伟大理想。"② 所以,卡尔·考茨基终其一生是一个马克思主义者。

3. 必须坚定马克思主义信仰,反对任何形式的教条主义和修正主义

卡尔·考茨基认为,要树立坚定的马克思主义信仰,必须像马克思、恩格斯那样正确把握马克思主义。马克思反对任何终极的知识,认为所有的知识都只是不断学习的过程,唯物主义历史观是建立在经验基础上的不断发展的历史观,是"时代的产儿,是一定的条件的产儿,必须随着那些条件而改变,必须适应新的经验、新的认识并将它们接受到自己本身来",只有这样才"同它本身所代表的观点相适应"③。所以,不能将马克思主义理解为一种宗教信仰般的教条汇编④。马克思主义之所以在无产阶级中影响力日益增大,用其威力排挤了无政府主义,战胜了其他社会主义理论,国际社会主义之所以能胜利地、一往直前地前进,首要原因是"由于马克思和恩格斯对于这个斗争的条件和任务的深刻理解"⑤。马克思主义具有科学性与灵活性相结合的理论特质,科学性使得它能对未来社会的发展做出正确判断,灵活性使得马克思主义从来不把无产阶级的斗争限于某一种僵化的政策。无论是马克思主义者,还是每个愿意批判地研究马克思的人,只要他认识和理解唯物史观的方法这条发展的路线,那么他就能根据实践经验的发展而不断接受马克思主义。卡尔·考茨基结合自身的经历对这一点进行了说明。他说,在他研究社会主义的初期,他"极不同情马克思的理论",对马克思理论曾采取批评和

---

① 《考茨基言论》,生活·读书·新知三联书店 1966 年版,第 84 页。
② [德] 卡尔·考茨基:《社会革命》,人民出版社 1980 年版,第 123 页。
③ [德] 卡尔·考茨基:《唯物主义历史观》第五分册,上海人民出版社 1964 年版,第 335—336 页。
④ 中共中央马克思恩格斯列宁斯大林著作编译局资料室编:《考茨基言论》,生活·读书·新知三联书店 1966 年版,第 528 页。
⑤ 中共中央马克思恩格斯列宁斯大林著作编译局资料室编:《考茨基言论》,生活·读书·新知三联书店 1966 年版,第 98 页。

不信任的态度。但是,"每一次新的研究,每一次再考察的企图都使我更加信服,更加承认那种学说,这学说的应用及推广成了我毕生的责任"①。

卡尔·考茨基反对教条主义的言论主要是针对俄国布尔什维克的。卡尔·考茨基说:"任何形式的教条狂热主义,以及要把马克思主义变成不可改变的教条的任何企图,都违反了马克思主义。"② 他认为布尔什维克在夺取国家政权成为执政党后,完全垄断了对马克思主义的解释权,任何与之不同的解释都要受到政府的监督和国家的严厉处罚,这将先进的现代无产阶级的指导思想下降成中世纪或东方迷信的地位。他甚至说,布尔什维克"以西班牙宗教裁判的方法来实行统治,以火刑和屠杀来进行宣传,实行一种戏剧性的仪式(例如列宁尸体的防腐保存)",这实际上就是"把马克思主义变成国教",如果恩格斯活着看到这些,会把这种马克思主义称为"教条狂热主义"③。与布尔什维克相反,修正主义对待马克思主义的态度问题是丧失马克思主义信仰。卡尔·考茨基在对伯恩施坦修正主义进行批评时指出,怀疑和否定马克思主义是修正主义者的根本错误。修正主义不但不能发展马克思主义,反而是"退回到马克思主义以前的思想方法上去"④。在马克思主义发展过程中,信念不牢靠的人终究会背叛马克思主义,不必为这些人的离开而惋惜。只有对马克思主义保有坚定信念并把推进马克思主义发展作为毕生责任的人,才是合格的马克思主义者⑤。

4. 必须将马克思主义"灌输"到工人运动中去

卡尔·考茨基指出,社会主义意识不是无产阶级阶级斗争必然的、直接的结果,它只能"产生于资产阶级学者的头脑中"⑥。虽然社会主义

---

① [德]考茨基:《土地问题》,生活·读书·新知三联书店1955年版,著者序第9页。
② 王学东编:《考茨基文选》,人民出版社2008年版,第408页。
③ 王学东编:《考茨基文选》,人民出版社2008年版,第407页。
④ [德]卡尔·考茨基:《唯物主义历史观》第五分册,上海人民出版社1964年版,第336页。
⑤ 中共中央马克思恩格斯列宁斯大林著作编译局资料室编:《考茨基言论》,生活·读书·新知三联书店1966年版,第40页。
⑥ [苏]斯·布赖奥维奇:《卡尔·考茨基及其观点的演变》,李兴汉等译,东方出版社1986年版,第105页。

第五章 卡尔·考茨基：既不坐待未来也不急躁冒进

和无产阶级阶级斗争都根源于现代资本主义经济关系，但二者是并行产生的，而不是一个从另一个中产生出来。由于社会主义只有在深刻的科学知识的基础上才能产生出来，而在资本主义社会里，资产阶级才是科学知识的特权代表，所以社会主义最初的和唯一的来源，是上层阶级中的慈善家对贫苦不幸的人民表示的同情①。工人运动虽然也是现代资本主义经济关系的产物，但工人运动不能产生现代科学和现代技术。工人阶级的阶级斗争只能产生社会主义的本能。要把这种本能引向明确的社会主义意识，必须通过马克思主义政党的"理论灌输"才能实现。也就是说，无产阶级的阶级斗争和社会主义的意识是并行的，要使无产阶级运动成为强大的、生机勃勃的社会主义运动，就必须将社会主义理论灌输到工人运动中去②。社会民主党正是将马克思主义理论灌输到无产阶级运动中去的主体。社会民主党要使无产阶级成长为具有坚强的战斗力的队伍，就必须从理论上武装无产阶级，"使无产阶级的阶级斗争能够成为更自觉和更合目的的斗争"③。

卡尔·考茨基的马克思主义观是在第二国际特殊的历史背景下形成的。欧洲资本主义经历了多年的和平发展开始进入帝国主义阶段。马克思主义在欧洲工人运动中战胜了无政府主义等思潮，成为西欧工人运动的指导思想。但是，马克思主义在完成自身理论构建并得到广泛认同的同时，也迎来了巨大挑战。德国在废除反社会党人法之后，社会民主党不但取得了合法地位而且在议会活动中取得了重大成就。这使得德国社会民主党内部坚持革命和崇尚改良的理论和策略斗争尤为突出。卡尔·考茨基作为第二国际和德国社会民主党的领袖，在理论上努力尊崇马克思主义"正统"，在组织上尽力维护第二国际和德国社会民主党的统一，这样的历史环境对卡尔·考茨基马克思主义观的形成起到了重要的作用。另外，恩格斯晚年的思想对卡尔·考茨基也产生了一定的影响。晚年的恩格斯，因注意到了资本主义的新现象，改变了一些他和马克思之前作

---

① 王学东编：《考茨基文选》，人民出版社2008年版，第39页。
② 转引自[英]戴维·麦克莱伦：《马克思以后的马克思主义》，李智译，中国人民大学出版社2008年版，第41页。
③ 王学东编：《考茨基文选》，人民出版社2008年版，第45页。

过的具体结论。这也在一定程度上影响了卡尔·考茨基马克思主义观的形成。总之，卡尔·考茨基的马克思主义观带有鲜明的资本主义和平发展时期的时代烙印。

卡尔·考茨基的马克思主义观在卡尔·考茨基的理论中具有重要地位，从总体上规约着卡尔·考茨基的社会主义理论，是透视卡尔·考茨基的理论的关键，也是解读第二国际正统马克思主义者的中派主义的重要参考。

（二）第二国际正统马克思主义的代表

第二国际时期，资本主义发展出现了新的特征，展现出新的生命力。面对这种新情况，许多马克思主义者开始怀疑马克思主义的时代性，甚至背离、抨击马克思主义。卡尔·考茨基作为第二国际中的正统马克思主义者，始终坚定地维护马克思主义，并以马克思主义理论为指导制定了《爱尔福特纲领》。该纲领得到恩格斯的基本肯定，成为第二国际中各无产阶级政党制定党纲的范本。在与以伯恩施坦为代表的右派修正主义和以罗莎·卢森堡为代表的左派革命激进主义的论战中，卡尔·考茨基始终坚持捍卫经典马克思主义原则，坚持"中派"立场，并形成了其独特的社会主义理论。

1.《爱尔福特纲领》及卡尔·考茨基的中派主义定位

1890年，德国废除了《反对社会民主党企图危害治安的法令》，德国社会民主党的发展进入一个新的阶段。在新形势下，尤其是随着马克思主义在德国的传播，原有的党纲——《哥达纲领》越来越有了修改的必要。为此，德国社会民主党决定起草新党纲。

为了使新党纲摆脱《哥达纲领》的影响，卡尔·考茨基顶着党内各种反对压力在1891年1月发表了马克思的《哥达纲领批判》，从而打击了党内的拉萨尔分子，为德国社会民主党制定一个符合马克思主义要求的新党纲做出了贡献。同年，因对德国社会民主党草拟的新党纲不满，卡尔·考茨基在恩格斯的指导和伯恩施坦的协助下另写了一份草案并发表，该党纲草案在1891年的爱尔福特党代表大会上获得绝大多数代表支持，

第五章　卡尔·考茨基：既不坐待未来也不急躁冒进

成为新的纲领，即《爱尔福特纲领》。

《爱尔福特纲领》由两部分组成，理论部分由卡尔·考茨基撰写，实践部分由伯恩施坦负责。在理论部分，卡尔·考茨基以马克思主义为指导，以《共产党宣言》《资本论》等著作为基础，指出资本主义发展所带来的无产阶级贫困化必将引起社会矛盾的尖锐化，资产者和无产者之间的阶级斗争必然越来越激烈，最终必然引起无产阶级反对资产阶级的社会主义革命。由此阐明了资本主义必然灭亡和社会主义必然胜利的历史趋势。在伯恩施坦负责的实践部分，《爱尔福特纲领》指出社会民主党的主张是实现普遍、平等、直接的选举权和投票权，以及人民直接立法，实行累进的所得税和财产税等。为了对《爱尔福特纲领》进行详细的解释说明，卡尔·考茨基于1892年出版了《爱尔福特纲领解说》，对资本主义社会经济的发展、无产阶级的状况和阶级斗争、科学社会主义对于未来社会的论述等问题做了详细的阐释。书中提到，一方面，无产阶级只有联合起来推翻资本主义制度，才能实现社会主义。卡尔·考茨基通过对有产阶级、佣人、流氓无产阶级、工资无产阶级、小资产者、农民、资产阶级中的理想家的分析，指出，"社会主义事业，不能寄过多期望于有产阶级"，而社会主义大军的唯一丰富的补充来源，只能是无产阶级①。现代生产方式把无产者推进了泥潭，但单个无产者却无法通过自己的力量爬出这个泥潭，而只有通过自己所属的那个阶级的全体上升，才能达到自己上升的目的②。所以，无产阶级必须团结起来，与资本主义作斗争，而社会民主党的任务，就是使工人阶级的这种斗争变成自觉的斗争并使它统一起来③。而且，在卡尔·考茨基看来，在私有制基础上的任何改良，无论如何广泛，都无法改变资本主义经济发展所带来的一系列问题和资本主义的基本矛盾，所以这种私有制的灭亡是一定的，只是时间问题而已④。因此，即使德国社会民主党当前在实践中不得不

---

① 王学东编：《考茨基文选》，人民出版社2008年版，第1—5页。
② 王学东编：《考茨基文选》，人民出版社2008年版，第13页。
③ 王学东编：《考茨基文选》，人民出版社2008年版，第1页。
④ ［德］卡尔·考茨基：《爱尔福特纲领解说》，陈冬野译，生活·读书·新知三联书店1963年版，第87页。

实行改良的措施以改善工人的生存状况,但从长远来看最根本的还是要推翻资本主义制度,实现社会主义。可以说,《爱尔福特纲领》坚持了马克思主义基本原理,阐明了社会革命之于社会改良的重要意义。正如张光明所说,这个纲领"以其明确无误的马克思主义精神赢得了各国社会主义者的赞颂"①,是"最早阐述革命与改良关系的著名文件之一"②。

但是,《爱尔福特纲领》的理论和实践部分是存在裂隙的。具体来看,纲领的理论部分强调了社会革命的最终目标,指出合法改良是发动和组织群众、提高群众的政治觉悟的手段,它的意义在于为社会革命时机的最终成熟创造条件。也就是说,合法改良不具有独立价值,离开了社会革命的最终目的,合法改良就失去了意义。但是纲领的理论部分并没有明确指出社会革命时机成熟度的标准是什么,或者说社会改良所创造的条件要达到怎样的程度就必须发动社会革命。而纲领的实践部分却将合法改良作为当前唯一现实的手段加以强调,号召社会民主党重视日常改良工作及其成就。理论部分的留白和实践部分对日常改良价值的强调,为日后第二国际的理论裂变留下了隐患。在随后发表的《爱尔福特纲领解说》《社会民主党的教义问题》中,卡尔·考茨基对此问题的解释并没能起到"补天裂"的作用。根据马克思主义基本原理,社会主义革命必须具备主观和客观两个条件。从社会主义革命的客观条件来说,社会主义新社会是不能通过"随意发明"来实现的,必须是建立在发达生产力的基础上。从社会主义革命的主观条件来说,社会主义革命必须建立在无产阶级的阶级觉悟和民主素质极大提高的基础上。在卡尔·考茨基看来,欧洲乃至世界都不具有社会主义革命的条件。卡尔·考茨基对世界社会主义革命时机不成熟的判定,是贯穿卡尔·考茨基思想的基本原则,规定了他的理论特质和实践特性。卡尔·考茨基对经典马克思主义的阐发、对马克思恩格斯之后世界资本主义和社会主义运动的理解和判断,都是以此为根本原则的。在这样的认识前提下,他强调社会民主

---

① 张光明:《布尔什维主义与社会民主主义的历史分野》,中央编译出版社1999年版,第35页。

② 张光明:《布尔什维主义与社会民主主义的历史分野》,中央编译出版社1999年版,第35页。

第五章　卡尔·考茨基：既不坐待未来也不急躁冒进

党不要随意发动革命，而要将注意力放在日常的合法改良所取得的成就上，认为改良才是唯一现实的斗争手段。他说，"目前，社会主义者面临的任务，不是随意发明新社会，而只是从现存社会中发现新社会的因素"，社会主义者应当"提高它（指无产阶级——引者注）的阶级觉悟，帮助它的政治组织和经济组织，以便使它自力解放自己的时日能够迅速而没有痛苦地到来"①。他告诫社会民主党不要轻易地去谈论"革命"，尽量节制对现存制度的一切"不必要挑衅行为"，避免对现存制度的"虚声的恫吓"。但是卡尔·考茨基只是认为社会主义革命的条件不成熟，并没有放弃社会主义革命的目标，所以，他提醒社会民主党在当前做一个改良的党，不要忘了"我们是对整个现存制度进行不调和斗争的战斗的党"。至于如何在革命的最终目的和当前的改良任务之间建立有效的联系，卡尔·考茨基自己也承认"在这中间，掌握必要的分寸是极其困难的"②。正因为社会民主党的理论和实践之间裂隙的存在，使得卡尔·考茨基或者说第二国际正统马克思主义者无法在革命原则和改良策略之间建立真正有效的联系，从而"为日后的马克思主义者和改良主义者都留下了可资利用的余地"③。伯恩施坦就是从《爱尔福特纲领》的这一裂隙出发，赋予社会民主党的日常合法改良以独立的价值，否定社会革命的最终目的，进而发起了对整个马克思主义的质疑。

以上分析就很清楚地表明了卡尔·考茨基后来被称为"中派主义"的根本原因：既要坚持革命目标又要避免对敌人不必要的挑衅，既要着眼于现实的改良活动又要防止走向改良主义，既要重视现在又要不忽略将来。正如德国社会民主党理论家狄特·多沃所说，"不能忽视在承认现存国家与拒绝现存国家之间的这种二元主义态度，拒绝现存国家，是纲领第一部分的基础，而没有对于现存国家的承认，纲领第二部分所提出

---

① 王学东编：《考茨基文选》，人民出版社2008年版，第44—45页。
② 中共中央马克思恩格斯列宁斯大林著作编译局资料室编：《考茨基言论》，生活·读书·新知三联书店1966年版，第33页。
③ 张光明：《布尔什维主义与社会民主主义的历史分野》，中央编译出版社1999年版，第38页。

的要求就是毫无意义的"①。

1910年8月，卡尔·考茨基发表了《在巴登与卢森堡之间》，用一语双关的方式表达了他既反对右派修正主义又反对左派革命激进主义的观点。卡尔·考茨基指出，从地图上看，马克思的故乡特里尔位于巴登和罗莎·卢森堡大公国之间，从特里尔向左越过国境线就可以到达罗莎·卢森堡，向右越过莱茵河就可到达巴登，"地图上的位置是现在德国社会民主党内状况的象征"，"我们将从巴登和卢森堡中间走向胜利"②。可见，在卡尔·考茨基看来，无论是右派修正主义者还是左派革命激进主义者，都不是真正的马克思主义，只有自己才是代表特里尔的正统的马克思主义者。

2. 卡尔·考茨基对右派修正主义的批判

随着资本主义经济的新变化，资本主义政治也出现了新情况。面对米勒兰入阁、伯恩施坦问题等一系列政治事件，第二国际中形成了具有不同倾向的理论派别。作为第二国际最有影响力的理论家之一，卡尔·考茨基同其他具有坚定社会主义信念的理论家一样，投入对以伯恩施坦为代表的修正主义的批判之中。

第一，卡尔·考茨基驳斥伯恩施坦对马克思主义学说的否定，强调马克思主义的科学性。作为第二国际和德国社会民主党主要理论家的卡尔·考茨基，从阐明马克思主义方法论入手，提出了工人阶级政党怎样进行理论创新的方法论问题。他指出，工人阶级必须在坚持马克思主义基本原理的基础上，结合政治经济形势进行理论创新，既不能借口政治经济形势的变化而否认马克思主义，认为马克思主义"过时了"；也不能对变化了的政治经济形势置若罔闻，固守马克思恩格斯的个别理论，犯教条主义的错误。卡尔·考茨基将马克思、恩格斯的理论分为两个层次，即"方法"层次和"结论"层次。他说："在马克思主义的社会主义中，决定性的是方法，而不是结论。结论是能够改变的，有些结论就已经改

---

① 张世鹏编译：《德国社会民主党纲领汇编》，北京大学出版社2005年版，第170页。
② 卡尔·考茨基：《在巴登和卢森堡之间》，《新时代》第28卷（1909—1910）第2册，第667页。转引自张玉宝：《卡尔·考茨基及其中派主义》，中国社会科学出版社2014年版，第90页。

第五章 卡尔·考茨基：既不坐待未来也不急躁冒进

变，还有些结论在发展过程中还会继续改变。发展过程不仅提供研究的新的事实，而且还提供了研究的新的手段。我们在某些方面作出不同于马克思和恩格斯在制订《共产党宣言》时的判断，这是理所当然的；但是，《共产党宣言》用以得出结论的方法，却愈益光辉地被证明是正确的。"① 他认为，对于"方法"层次，必须始终不渝地坚持。对于"结论"层次，不能只停留在马克思已有的理论结论上，要联系资本主义世界出现的新情况进行理论创新，推进马克思、恩格斯的某些"结论"。卡尔·考茨基指出，伯恩施坦正是借口资本主义社会出现的新情况，从"方法"这一根本层次上"修正"马克思主义的唯物史观和辩证法，因此他对马克思主义的"修正"，不是在坚持马克思主义基本"方法"的基础上对马克思主义具体"结论"的发展，而是彻底背离了马克思主义。针对伯恩施坦提出的"运动就是一切，最终目的是微不足道的"的信条，卡尔·考茨基说："（社会主义代替资本主义）应该被当作历史进程来理解，它的到来是不可避免的，但是它到来的形式和速度是难以确切预测的。我们要想确定马克思理论的正确性，既不取决于这种灾变的或大或小的概率，也不取决于或快或慢的发展速度，而是取决于它所遵循的方向。预测在什么情况下或者在什么时候发生政治的或社会的灾变，这不是马克思主义理论的必然结论，而是要从一定的政治的和社会的态势中推断出来。"② 卡尔·考茨基进一步指出：伯恩施坦把资本主义社会发展出现的新情况与资本主义生产方式的历史趋势混为一谈，用资本主义现实经济社会发展中出现的现象，来否定资本主义生产方式的内在矛盾和社会主义社会的历史必然性，是十分荒谬的。他对马克思主义的批判，并不是为了用一种更高明的观点来替代马克思主义，而只是为了动摇马克思主义的理论基础，以便掺入一种"与马克思主义不相容的成分"③。卡尔·考茨基认为，从方法论上反对马克思主义，实际上就是"在马克思主义

---

① 中国人民大学马列主义发展史研究所编：《马克思主义史》第2卷，人民出版社1995年版，第36—37页。
② 中国人民大学马列主义发展史研究所编：《马克思主义史》第2卷，人民出版社1995年版，第41页。
③ ［德］卡尔·考茨基：《一个马克思主义者的成长》，叶至译，生活·读书·新知三联书店1973年版，第21页。

和自由主义之间搞调和"①，必须坚决反对这种"调和"。针对伯恩施坦试图把新康德主义融入社会主义从而代替马克思唯物主义的行为，卡尔·考茨基出版了《伦理学和唯物主义历史观》，对康德的伦理学进行否定，并建构了马克思主义伦理学。

第二，卡尔·考茨基批判了伯恩施坦认为随着资本主义发展阶级矛盾将趋于缓和的观点。卡尔·考茨基根据相关数据指出，随着资本主义经济的发展，工人工资虽然也在增长，但工资增长速度远低于经济增长速度，工资在国民收入中所占比重也越来越小，这说明无产阶级和资产阶级的差距在不断拉大，剥削日益加深，马克思的无产阶级贫困化理论仍然是正确的②。卡尔·考茨基强调资产阶级与无产阶级的矛盾和无产阶级的贫困化并不是两个相互孤立的问题。无产阶级和资产阶级之间的阶级矛盾归根到底源于资本主义剥削日益加剧的问题，而资本主义剥削的加剧实际上就意味着无产阶级贫困化加深。随着资本主义经济的发展，大地主、大工业资本家、金融巨头越来越成为保守的力量，他们不仅通过垄断更加无节制地剥削工人阶级，而且导致垄断之外的私人资本受到威胁，由此便加剧了社会矛盾。因此，资本主义的发展导致阶级矛盾暂时趋于缓和的这种情况，仅仅是"一个小地区的事实"③，并不具有普遍代表性。此外，卡尔·考茨基还指出，如果伯恩施坦的观点是正确的，那么以他的逻辑推演下去，资本主义通过改良不断发展完善，资本主义制度越来越稳固，资本家的数量就会逐渐增多而无产者的数量却越来越少。照此逻辑，资本主义成了永恒的社会形态，而我们不仅无法达到社会主义的目的，反而离社会主义越来越远，那还谈什么和平长入社会主义呢？

第三，卡尔·考茨基反驳了伯恩施坦仅仅依靠合法斗争过渡到社会主义的观点。卡尔·考茨基指出，无产阶级力量在增长的同时，资产阶级的力量也在增长，且无产阶级力量的增长并没有给他们带来多少政治、

---

① 中共中央马克思恩格斯列宁斯大林著作编译局国际共产主义研究室：《德国社会民主党关于伯恩施坦问题的争论》，生活·读书·新知三联书店1981年版，第77页。
② 张玉宝：《卡尔·考茨基及其中派主义》，中国社会科学出版社2014年版，第65页。
③ 王学东编：《考茨基文选》，人民出版社2008年版，第129页。

经济、社会地位的改善。而垄断资本家却越来越成为反动的力量,他们利用自己的优势地位来操纵和利用议会以达到自己的目的。与此同时,资本主义的发展使议会中原本拥护民主的力量瓦解为"互相敌视的派别",而且使得"议会多数派往往比政府更反动,更敌视工人"①。于是,在统治阶级的政党和政府的双重夹击下,议会制度显得越来越"老态龙钟和软弱无力了"②。在此情况下,仅仅依靠民主制度来实现社会主义是不可能的。因此,卡尔·考茨基认为,只有通过无产阶级社会革命才能拯救议会民主制度,并使议会为"无产阶级的目标服务"。议会民主制度无法阻止革命或抹杀革命的意义,相反,它需要通过革命来"重新唤起它的青春和活力"③。在卡尔·考茨基看来,无产阶级可以通过议会民主制度了解阶级力量的对比,议会民主制度是"无产阶级成熟起来以适应社会革命的手段"④。但是,这并不意味着仅仅依靠参加议会斗争就能过渡到社会主义。正如卡尔·考茨基所说,修正主义者希望无产阶级"尽可能在和平的、合法的道路上前进",但"历史并不是根据我们的善良愿望发展的。……当统治阶级处于危险之中而且他们对国家政权的掌握受到严重威胁时,那时他们就会改变法律,使任何较广泛的进步都被打断"⑤。因此在卡尔·考茨基看来,"社会改革和无产阶级组织的加强,都不能阻止革命"⑥,修正主义者认为仅仅依靠合法手段可以和平过渡到社会主义的想法,只能是一种空想。

第四,卡尔·考茨基认为伯恩施坦的策略不适用于德国的现实。在他看来,英国有着其历史、地理、社会等方面的特殊性。英国这个岛国,是与全世界不同的完全例外的国家。"没有军队、没有官僚、没有农民",而且"博爱主义在英国与在任何别的地方不同,是一种力量",即便如

---

① 王学东编:《考茨基文选》,人民出版社 2008 年版,第 136 页。
② 王学东编:《考茨基文选》,人民出版社 2008 年版,第 137 页。
③ 王学东编:《考茨基文选》,人民出版社 2008 年版,第 137 页。
④ 王学东编:《考茨基文选》,人民出版社 2008 年版,第 139 页。
⑤ 中共中央马克思恩格斯列宁斯大林著作编译局国际共产主义研究室:《德国社会民主党关于伯恩施坦问题的争论》,生活·读书·新知三联书店 1981 年版,第 593 页。
⑥ 王学东编:《考茨基文选》,人民出版社 2008 年版,第 140 页。

此，和平改良道路对于英国来说，也只是一种可能性的存在①。但是对于到处都充斥着军国主义和专制主义以及官僚统治的欧洲大陆而言（包括法国），大地产还起着决定性影响，"资产阶级向刺刀的统治低头"，"民主的胜利只有通过无产阶级的胜利才能取得"，无产阶级是唯一的民主力量②。在这样的事实之下，虽然英国的道路比较好，要求的牺牲比较少，但这一道路在德国是"行不通的"。由此可见，在卡尔·考茨基的思想中，伯恩施坦的策略也并非完全不可行，但那种策略只可能适合英国，而并不适合欧洲大陆的客观现实情况。

总的来看，卡尔·考茨基对伯恩施坦的批判，是从方法论原则和具体结论两个层面入手，对伯恩施坦理论的背叛性进行了有力批驳。卡尔·考茨基坚持阶级冲突的现实性，正确地认识到资产阶级随着资本主义的发展变得更加反动，所以改良是无法触动阶级冲突的根本现实的，而民主也无法替代革命，议会民主制强化了阶级意识、加剧了阶级冲突，使无产阶级得到了政治锻炼，从而为最后的决战做准备。通过对伯恩施坦的批判，卡尔·考茨基强调了社会主义革命的必要性。

在第二国际批判伯恩施坦主义的理论家队伍中，以卡尔·考茨基为主要代表，罗莎·卢森堡、普列汉诺夫等理论巨擘都参与其中。但最终未能阻止修正主义在欧洲工人运动中的影响力不断扩大。这其中的原因是值得深思的。学术界曾经将修正主义代替马克思主义而成为欧洲工人运动指导思想的原因，片面归结为第二国际理论家没有进行坚决的理论斗争，这显然是不符合实际的，也未能触及问题的本质。

3. 卡尔·考茨基与左派革命激进主义的争论

卡尔·考茨基和罗莎·卢森堡都是德国社会民主党的领袖和第二国际的重要理论家，在批判伯恩施坦修正主义的问题上，二者的立场是一致的。但在对革命形势和革命条件的判断上，卡尔·考茨基与罗莎·卢

---

① 中共中央马克思恩格斯列宁斯大林著作编译局国际共产主义研究室：《德国社会民主党关于伯恩施坦问题的争论》，生活·读书·新知三联书店 1981 年版，第 47 页。
② 中共中央马克思恩格斯列宁斯大林著作编译局国际共产主义研究室：《德国社会民主党关于伯恩施坦问题的争论》，生活·读书·新知三联书店 1981 年版，第 48 页。

森堡产生了重大分歧，这种分歧主要表现在对德国革命条件及十月革命性质的认识上。

第一，卡尔·考茨基反对在德国革命问题上的急躁冒进。1905年俄国革命激发了德国无产阶级的革命斗志，再加上德国国内社会矛盾的激化，导致德国出现了政治危机。在此背景下，卡尔·考茨基与以罗莎·卢森堡为代表的左派革命激进主义展开了激烈的争论。虽然二者的论战是围绕政治性群众罢工展开的，但双方论战的焦点则在于德国社会主义革命的时机是否已经到来。罗莎·卢森堡等革命左派要求将革命理论转化为实践，对示威游行进行升级，举行政治性群众罢工，从而推动无产阶级政党开展进一步的革命行动。罗莎·卢森堡认为，德国群众革命热情高涨，正是进行社会革命的有利时机，群众罢工是进一步动员群众准备革命的手段，应当通过组织群众罢工来调动群众的革命积极性，推动革命形势的发展，进而实现社会变革。卡尔·考茨基则认为，群众运动的推动因素不是党的领导，而是来自群众本身。既然人们还在争论是否要进行群众罢工，那就说明无产阶级整体的愤怒情绪和力量感还没有达到需要罢工的程度①。卡尔·考茨基在《唯物主义历史观》中指出："唯物主义历史观最明确地教导了我们：不仅要认识迄今的历史，而且要创造往后的历史，没有任何神秘教义，既不清净无为，坐待未来，也不急躁冒进，拉紧必然链条，以跳过不可避免的发展阶段，强制历史发展的进程。"② 所以，他认为罗莎·卢森堡的主张过于激进，是由俄国革命引发的"急躁情绪"③。而罗莎·卢森堡则批评卡尔·考茨基是在革命面前倒退了，是把政治性群众罢工越来越往后推，是"从社会革命的遥远天涯嘲笑我们"④。尽管罗莎·卢森堡在理论上对卡尔·考茨基进行了言辞激烈的批评，但在实际斗争中，由于左派的理论没有与广大工人群众的

---

① 卡尔·考茨基：《一个新战略》，《新时代》第28卷（1909—1910）第2册，第417页。转引自李宗禹编：《卢森堡文选》，人民出版社2012年版，第288页。
② ［德］卡尔·考茨基：《唯物主义历史观》第六分册，上海人民出版社1964年版，第236页。
③ ［德］卡尔·考茨基：《一个马克思主义者的成长》，叶至译，生活·读书·新知三联书店1973年版，第24页。
④ 李宗禹编：《卢森堡文选》，人民出版社2012年版，第280页。

实际相结合,忽略了改良主义思潮在德国社会民主党和无产阶级群众中的蔓延。再加上,以卡尔·考茨基为代表的"中派主义"在当时是以正统马克思主义的面貌出现,因此,以罗莎·卢森堡为代表的左派在实际的工作中力量薄弱,影响力也远远不如以卡尔·考茨基为代表的中派。

第二,卡尔·考茨基否认十月革命是社会主义性质的革命。在卡尔·考茨基看来,当时的俄国并不具备实现社会主义的条件,因此,十月革命只能是资产阶级性质的革命。如前所述,卡尔·考茨基认为社会主义的实现需要具备一定的主客观条件。在卡尔·考茨基看来,就俄国的现实状况来看,一方面,俄国爆发十月革命并非是在无产阶级人数占大多数的情况下,更不用说无产阶级走向成熟。另一方面,十月革命前,虽然俄国的资本主义经济有了一定的发展,但仍相对落后,且国民经济中仍然存在的封建农奴制残余仍然束缚着俄国社会经济的发展。此外,俄国的资本主义经济还严重依赖外国资本。因此,即使卡尔·考茨基曾对俄国革命高度赞赏,但他始终认为,俄国革命是资产阶级性质的革命,革命后的俄国应该走向资本主义的前途,建立民主制度和发展资本主义经济,而非立即实现社会主义。基于此,卡尔·考茨基对十月革命和布尔什维克党的策略提出了尖锐批评。他认为俄国建立社会主义制度,就像"一个怀孕妇女,她疯狂万分地猛跳,为了把她无法忍受的怀孕期缩短并且引起早产。这样生下来的孩子,通常是活不成的"①。这就是卡尔·考茨基著名的"早产论"。与卡尔·考茨基不同,罗莎·卢森堡认为十月革命是一次社会主义革命。她指出,卡尔·考茨基对俄国革命的认识实质上是对马克思主义的教条式理解。首先,十月革命的爆发是国内外因素共同作用的结果,是符合社会革命的一般规律的。从国内条件来看,俄国革命的爆发"在自己的国土里有着深厚的根源,并且内部已经完全成熟了"②,即俄国革命的爆发是俄国社会历史发展的必然产物,是根源于俄国社会内部的现实发展状况。俄国革命的爆发本身同时也意味着阶级觉悟的觉醒和阶级力量的壮大。从当时的国际环境来看,作为帝国主

---

① 王学东编:《考茨基文选》,人民出版社2008年版,第376页。
② 李宗禹编:《卢森堡文选》,人民出版社2012年版,第377页。

义链条上的薄弱环节,第一次世界大战的爆发使得俄国国内的各种社会矛盾尖锐化,这直接成了俄国革命爆发的"催化剂"。从革命进程来看,罗莎·卢森堡指出:"俄国革命的第一阶段(从它在三月爆发到十月革命)就其一般进程来说是完全符合英国大革命和法国大革命的发展图式的。这是资产阶级社会内部孕育的革命力量同旧社会的桎梏进行的任何一次最初的伟大总决战的典型发展过程。"① 可以看出,罗莎·卢森堡认为俄国革命的发展是符合社会革命的一般进程的。其次,俄国革命也有其特殊性。这种特殊性在于,由于革命的最初动力是立即实现和平和得到土地,即城市无产阶级群众和士兵群众要求立即实现和平,农民群众要求立即得到土地。因此,革命一经胜利,革命队伍内部就围绕和平与土地问题展开了激烈斗争。在这种情况下,罗莎·卢森堡指出,"这些问题在'资产阶级'革命的范围内是无法解决的"②,这说明俄国革命已经超出了资产阶级革命的范围。罗莎·卢森堡说:"布尔什维克也立刻提出了完整的最彻底的革命纲领作为夺取政权的目标:不是巩固资产阶级民主制,而是建立无产阶级专政以达到实现社会主义的目的。他们由此树立了不朽的历史功勋,第一次把社会主义的最终目的宣布为实际政治的当前纲领。"③ 所以,在罗莎·卢森堡看来,俄国十月革命实际上是社会主义革命。

基于以上分析可以看出,卡尔·考茨基在第二国际的理论论战中始终坚持其"中派"立场,坚持维护"正统马克思主义"。不过需要指出的是,尽管卡尔·考茨基始终坚持捍卫马克思主义,坚持从马克思主义的基本原理出发,丰富和发展了马克思主义理论,也为我们提供了一种解读马克思主义的新视角。但由于他对马克思主义的教条式理解,使其无法看到时代发展过程中无产阶级革命条件的变化。因此,他始终认为无产阶级革命条件尚未成熟,这就导致其理论具有无法避免的时代局限性。

---

① 李宗禹编:《卢森堡文选》,人民出版社 2012 年版,第 379 页。
② 李宗禹编:《卢森堡文选》,人民出版社 2012 年版,第 382 页。
③ 李宗禹编:《卢森堡文选》,人民出版社 2012 年版,第 384 页。

二、卡尔·考茨基有关资本主义发展趋势和未来社会实现路径理论

19世纪末20世纪初,随着资本主义社会出现的一系列新变化,马克思主义理论也面临着新的挑战。作为第二国际时期的马克思主义理论权威,卡尔·考茨基始终坚定不移地站在马克思主义一边,坚持马克思主义基本原则,并以马克思主义理论为出发点,结合资本主义的新变化,提出了他关于资本主义发展趋势和社会主义实现路径的设想。

(一)卡尔·考茨基的超帝国主义论

作为第二国际中的正统马克思主义者,卡尔·考茨基始终坚持对马克思、恩格斯留下的思想遗产的继承。但面对新的时代背景下资本主义发展出现的新情况、新变化,马克思、恩格斯思想遗产中能够提供的仅有方法论原则。在这种情况下,卡尔·考茨基根据自己对资本主义社会的认识,在新的历史时代提出了新的观点。

1. 超帝国主义论提出的前提

19世纪末至20世纪初,欧洲资本主义发展出现了变化,表现出明显不同于马克思、恩格斯所处时代资本主义的特点。与此同时,资本主义国家所面临的国内外矛盾日益尖锐化。随着第二次工业革命的兴起,生产力得到进一步发展,资本集中趋势加强,规模巨大的产业和垄断组织相继建立,金融资本在国家经济生活的地位越来越突出。同时,民主政治进一步发展,工人的组织性增强,组织规模有所扩大。另一方面,欧洲资本主义国家进一步加大对殖民地的剥削,掀起了瓜分殖民地的狂潮,资本主义国家与殖民地之间矛盾更加突出,资本主义国家之间为了争夺殖民地摩擦不断。资本主义社会已经发生的巨大变化,引起了资产阶级理论家和马克思主义理论家的关注和思考。对这一新形势进行理论分析和阐释成为时代赋予理论家们的重要任务。

为了对资本主义新的发展趋势进行理论分析,各理论家纷纷出版了

自己的研究成果。约翰·霍布森1902年出版了《帝国主义：一项研究》，鲁道夫·希法亭1910年出版了《金融资本》，罗莎·卢森堡1912年出版了《资本积累论》。卡尔·考茨基也不例外，开始研究帝国主义问题，并发表了《民族国家、帝国主义国家和国家联盟》《再论裁军》《两本论述重新学习的书》等一系列理论成果。其中，最具标志性的是1914年9月出版的《帝国主义》一书。在这些文章中，卡尔·考茨基全面系统地阐述了自己对于资本主义发展新情况的理解。

第一，帝国主义是一种特殊的政治意图，而不是资本主义的发展阶段。卡尔·考茨基指出，"帝国主义"这个词被人们到处使用和讨论，人们把现代资本主义的一切现象全都归结到帝国主义的名下，如卡特尔、保护关税、金融统治以及殖民政策。如果这样来理解，帝国主义就是资本主义生存所必需的了。但是，"这种认识只是意味着最乏味的同义反复，除了说资本主义如果没有资本主义就不能生存以外，什么也没有说"①。由此可以看出，卡尔·考茨基并不认可将帝国主义与现代资本主义等同的观点，反对将帝国主义看成资本主义发展的新阶段。卡尔·考茨基认为，如果从"帝国主义"这个词起源于英国的历史确定性来看，"它所指的就只是那些政治意图的一种特殊类型，这些政治意图固然是由现代资本主义产生的，但是决不等于现代资本主义"②。卡尔·考茨基指出，英国人对"帝国主义"有两方面的理解：一方面是把巨大殖民国家的所有部分同宗主国合并成一个统一国家的意图，另一方面则是越来越扩大这个国家的意图。他认为，后一种意图才是英国以外的其他国家所谓的"帝国主义"，因为没有其他国家像英国那样拥有独立的殖民地。但是，卡尔·考茨基也强调，并不是任何扩张本国领土的意图都是帝国主义，否则帝国主义就"像有文字记载的历史那样古老了"③。于是，卡尔·考茨基给出了自己对于帝国主义的定义："帝国主义就是每个工业资本主义民族力图征服和吞并愈来愈多的农业区域，而不管那里居住的是什么

---

① 王学东编：《考茨基文选》，人民出版社2008年版，第295页。
② 王学东编：《考茨基文选》，人民出版社2008年版，第295—296页。
③ 王学东编：《考茨基文选》，人民出版社2008年版，第296页。

民族。"① 卡尔·考茨基指出，实现这一意图可能会采取各种不同的形式，自由贸易是其中的一种形式，现在所讨论的帝国主义也是其中的一种特殊形式。可见，卡尔·考茨基并不认为帝国主义是资本主义新的发展阶段，而只是把它视为资本主义国家在一定时期内实行的一种特殊政策。这一政策的形成，首先是西欧各国和美国同英国的工业相对立而从农业国发展成工业国，他们通过保护关税对英国的贸易垄断形成挑战，并通过"对于世界上还没有被占领而又无力抵抗的那些农业地区的瓜分"② 来代替英国所追求的世界分工。英国对此进行了反击，于是产生了帝国主义。换言之，帝国主义产生于资本主义工业国之间的竞争。其次，帝国主义也受到了向农业地区进行资本输出制度的促进。经济竞争不仅存在于工业国之间，还存在于工业国和农业国之间。农业国为了繁荣和独立，必须力求变成工业国。于是，为了阻止农业地区发展自己的工业，使它们被限定在农业生产的范围，资本主义工业国就有了把农业地区直接地当成殖民地或间接地当作势力范围来加以征服的新的动机。在卡尔·考茨基看来，"这是代替了自由贸易的帝国主义的最重要的根源"③。可见，卡尔·考茨基把帝国主义视为现代资本主义在一定时期采取的一种特殊政策，而保护关税、资本输出和殖民扩张政策，都是它的重要内容。

第二，帝国主义是高度发展的工业资本主义的产物。卡尔·考茨基从资本主义生产方式中农业和工业的相互作用入手，通过对简单商品生产的分析指出，资本主义经济发展的结果是工业生产和农业生产这两大部类的分离。只有当工业和农业这两大部类的生产之间保持一定比例时，再生产过程才能不间断地继续下去。但是，这两大部类之间却经常存在比例失调的危险，其原因在于，一方面乡村农业劳动力"外流"为城市工业劳动力，另一方面城市中"知识和技术的发展"提高了工业生产效率④。造成的结果是，工业产品具有比农业产品增长得更快的趋势，这

---

① 王学东编：《考茨基文选》，人民出版社2008年版，第296页。
② 王学东编：《考茨基文选》，人民出版社2008年版，第307页。
③ 王学东编：《考茨基文选》，人民出版社2008年版，第308页。
④ 王学东编：《考茨基文选》，人民出版社2008年版，第299—300页。

第五章　卡尔·考茨基：既不坐待未来也不急躁冒进

就导致了资本主义国家工业和农业之间的矛盾，限制了工业的发展。不仅如此，卡尔·考茨基还分析了资本主义生产方式下工业和农业的关系，指出工业相比于农业更容易扩大再生产且更容易受到竞争的影响。资本家除了必须在任何情况下进行资本积累和日益扩大再生产之外，还必须"用一切力量来人为地提高需求，扩大市场"①。由于在工业中比在农业中更容易积累资本和扩大生产，所以工农业之间的差别将会进一步扩大，从而更加威胁资本主义工业的发展。卡尔·考茨基指出，"只有当工业使作为供应者和购买者而为它服务的那一农业地区不断扩大（这使交通工具的不断扩大和改善成为必要）的时候，工业中的资本积累才能毫无阻碍地进行和自由地发展"②。于是，为了进一步发展资本主义，工业资本主义国家只能不断扩大它所控制的农业区域。而实行这一扩张意图的政策，就是帝国主义。所以，卡尔·考茨基认为帝国主义是高度发展的工业资本主义的产物。

第三，帝国主义导致工业国之间的军备竞赛和战争。如前所述，卡尔·考茨基认为，帝国主义不但加剧了工业国与农业国的矛盾，也加剧了工业国之间的竞争。他指出，"强大的军队……也属于帝国主义的本质"③。所以，军国主义政策也是帝国主义的重要内容。同时，卡尔·考茨基指出，在资本主义继续发展的过程中，垄断的时代到来了，这一时代不仅使资本越来越集中于少数人手中，而且使资本集中的进程更加迅速。在此情况下，先进的资本主义工业国就出现了大垄断的统治及其对国家政权的支配。大资本家依靠国家政权通过保护关税或殖民政策等帝国主义政策来获取超额利润。帝国主义获得的超额利润，除了靠牺牲本国部分居民和殖民地劳动阶级的利益外，也有一部分是靠牺牲其他国家资本家的利益。特别是这样一种意图，使得大资本家阶层依靠自己的实力控制国家政权，并造成了各国之间日益增长的对立和激烈的军备竞赛。

---

① 王学东编：《考茨基文选》，人民出版社2008年版，第304页。
② 王学东编：《考茨基文选》，人民出版社2008年版，第304—305页。
③ [德]卡尔·考茨基：《帝国主义》，史集译，生活·读书·新知三联书店1964年版，第46页。

列宁和第二国际理论家的比较研究——关于未来社会实现理论

所以,卡尔·考茨基说:"如果不了解帝国主义,一定不能了解当前的战争。"①

2. 超帝国主义的构想

超帝国主义论是卡尔·考茨基建立在其对帝国主义的认识基础上的,体现了他在新的时代背景下对资本主义发展趋势作出的新判断。在卡尔·考茨基看来,"帝国主义是资本主义各国政策的最近的和最强大的动力,但不是它的唯一动力"②。同样,作为一种政策的帝国主义也并不是资本主义经济发展的必然选择。因此,帝国主义国家除了军备竞赛和战争之外,也有一种走向和平的可能。由此,卡尔·考茨基提出了他的"超帝国主义"论。

根据卡尔·考茨基的逻辑理路,第一,超帝国主义实现的前提条件是资本主义国家联盟的形成。卡尔·考茨基早在1911年就指出,欧洲资本主义国家要想永久维持和平,只有一个选择,那就是"欧洲文明各国联合成一个具有共同的贸易政策、联邦议会、联邦政策、联邦军队的联邦——建立欧洲联邦"③。并且,他把欧洲联邦以及由它扩展而成的文明世界的联邦看成未来社会主义社会的国家基础④。由此可以看出,在卡尔·考茨基的理论中,超帝国主义实际上就意味着国家的联盟,这种联盟为资本主义达到最高级形态奠定基础。他认为,资本主义扩大国内市场的最好办法不是把民族国家扩展为多民族国家,而是要把各个具有同等权利的国家联合成国家联盟,"大帝国的形式应该是国家联盟……这种联盟……最终可以一直发展到世界联盟"⑤。可见,在卡尔·考茨基看来,超帝国主义就是资本主义国家联合起来,组成国家的联盟共同剥削世界,这种联盟将为资本主义达到最后的、最高级的形态奠定基础。并

---

① 王学东编:《考茨基文选》,人民出版社2008年版,第312页。
② 王学东编:《考茨基文选》,人民出版社2008年版,第312页。
③ 《考茨基言论》,生活·读书·新知三联书店1966年版,第110—111页。
④ 《考茨基言论》,生活·读书·新知三联书店1966年版,第112页。
⑤ [德]卡尔·考茨基:《民族国家、帝国主义国家和国家联盟》,何疆等译,生活·读书·新知三联书店1963年版,第77页。

第五章 卡尔·考茨基:既不坐待未来也不急躁冒进

且在这一过程中,无产阶级将会不断抗争并在资本主义进入最高级形态后夺取权力。因此,卡尔·考茨基对第一次世界大战后建立的国际联盟给予了高度评价,其原因正是在于国际联盟在一定程度上证实了他的国家联盟设想。

第二,资本主义国家联盟有形成的可能性归根结底是由于资产阶级逐利本性的驱使。卡尔·考茨基认为,帝国主义所造成的殖民地和宗主国的矛盾,是与资本主义制度相联系的,只有当殖民地人民争取民族独立并推翻资本主义的统治,或宗主国无产阶级推翻资本主义制度之后,这种矛盾才能消除。但是,帝国主义国家之间的矛盾并不如此。帝国主义政策所引起的军备竞赛、世界大战以及殖民地的反抗和本国无产阶级的抗争等,不但威胁着单个帝国主义国家,而且威胁着它们全体。这种政策给资本主义强国也带来了巨大的负担,他们的利益可能在帝国主义战争中受损,资本的逐利性驱使他们不得不考虑改变扩张的方式。所以,卡尔·考茨基说,"任何一个有远见的资本家今天都要向他的伙伴们大声疾呼:全世界资本家联合起来!"① 也就是说,帝国主义战争会损害资本家的企业和资本,充分认识到这一点的资本家就会站出来阻止战争。因此,他不赞同"资本主义就是战争"的说法。

第三,超帝国主义能够实现是因为帝国主义有放弃战争而选择和平手段的可能。卡尔·考茨基认为帝国主义只是实力问题,是国内不同阶层在对待帝国主义问题上的实力对比问题。他指出,帝国主义政策是否能够和在多大程度上能够在国家中得到贯彻,将取决于国内能够从帝国主义政策中获利进而支持帝国主义的阶层和反对帝国主义的阶层之间的力量对比。同样的,如果一个国家缺乏遵循帝国主义政策的力量的话,那么在对外政策上仍然无法实行帝国主义。所以,卡尔·考茨基说:"帝国主义的政策正是实力政策,别无其他。"② 在卡尔·考茨基看来,帝国主义政策并不是所有发达资本主义国家的政策,而只是资本主义大国的政策,因为只有它们才有实行帝国主义的军事实力。所以他认为,帝国

---

① 王学东编:《考茨基文选》,人民出版社 2008 年版,第 309 页。
② [德]卡尔·考茨基:《帝国主义》,史集译,生活·读书·新知三联书店 1964 年版,第 50 页。

主义不是经济必然性的问题，更不是资本主义经济发展必须经历的阶段，那么，帝国主义政策就是可以改变的。同时，由于帝国主义政策的实行取决于国内的力量对比，所以帝国主义本身既包含着挑起战争的派别，也包含着反对战争的派别。那么，随着这两个派别力量对比的变化，帝国主义避免战争的可能性也是存在的。卡尔·考茨基认为，帝国主义的武力政策并不是资本主义经济发展中不可或缺的扩张方法，也不是最有效的一种方式，而是最费钱和最危险的。除了武力政策之外，还可以采用其他经济意义大得多的方法。他观察到了资本主义工业国在战前的新变化——关税的降低、资本输出的缩减、裁减军备的意图、金融资本集团的国际联合等。这些变化使他意识到帝国主义可能会用国际上联合起来的金融资本对世界的共同剥削来代替各国金融资本间的相互斗争，从而使帝国主义政策被超帝国主义政策所取代。他认为资本主义的这样一个新阶段是可以设想的，至于它能否实现，将取决于战争的不同结局。卡尔·考茨基指出，帝国主义的战争有两种可能的结局：一种是"使金融资本家间的民族仇恨达到极点"，使军备竞赛继续下去，从而使世界大战"完全摧毁超帝国主义的嫩芽"；另一种结局则是"可能使超帝国主义的嫩芽茁壮起来"[①]。对于这种设想的可能性，他认为，金融资本会从世界大战中得到教训，从而认识到这种扩大剥削范围的方法太过冒险，而如果过渡到超帝国主义，这种所有国家的金融资本家都能获益的国际卡特尔反而对他们更有利。所以，资本主义的发展存在这样一种可能性，即在国际范围内把帝国主义国家组织起来，形成一个超级的国际垄断组织，通过和平合作的方式来共同剥削世界，以此来代替帝国主义之间的掠夺战争，从而使世界范围内出现一个持久和平的资本主义新阶段。但是，这样一个"超帝国主义"阶段是否一定会出现，卡尔·考茨基并没有给出明确的答案，而只说"是可以设想的"。所以，在他看来，超帝国主义只是资本主义发展的一种可能性，同时也是资本扩张的最佳选择，至于能否实现，还"没有足够的前提"给予解答。

第四，超帝国主义会在一定程度上挽救资本主义，但仍改变不了资

---

① 《考茨基言论》，生活·读书·新知三联书店1966年版，第230页。

第五章 卡尔·考茨基：既不坐待未来也不急躁冒进

本主义灭亡的命运。卡尔·考茨基曾指出，资本主义的进一步发展呈现出两种重要趋势，一种是阶级斗争的尖锐化趋势，另一种是资本主义在道义上破产的趋势，即社会上剥削者和被剥削者之间的敌对情绪，并且认为资本主义在道义上的破产可能比它在经济上的破产更早出现①。但是，在超帝国主义时代，如果能够达到各民族间的协议、裁军和持久和平，实现资本主义国家的联盟，"那么至少资本主义道义上的破产趋势就有可能暂时缓和下来"②。他认为，虽然资本主义的新阶段在不久以后就会带来更坏的灾难并且使无产阶级和比较中立的阶层和阶级也受害，但就像曾经的曼彻斯特主义一样，在那之前，"超帝国主义暂时也可能带来资本主义范围内的一个新希望和新期待的时代"③。正是基于此，他认为无产阶级革命的时机还没有成熟。在卡尔·考茨基看来，工人阶级应该像过去那样，在资本主义制度下发展自己，一方面同资本主义作斗争，另一方面支持资产阶级有利于提高生产力的措施，在积攒力量以等待决战时机来临的同时，促进资本主义的发展以便为实现社会主义创造条件。因此，他反对立即进行社会主义革命的主张。客观来看，虽然卡尔·考茨基认为超帝国主义会在一定程度上暂时缓和资本主义道义上的破产趋势，但也指出了资本主义的新阶段会带来更坏的灾难。他认为，资本主义的伸缩性和适应能力并不能使它无限发展下去，而只能使阶级力量对比关系变化得至少足以引起政治和社会灾难，使社会主义可以在资本主义经济没有崩溃的情况下实现④。从这里可以看出，卡尔·考茨基认为超帝国主义也无法改变资本主义灭亡的命运。

总而言之，面对资本主义新变化带来的新的时代课题，卡尔·考茨基根据自己对马克思主义的理解，对资本主义的发展和未来社会的实现

---

① ［德］卡尔·考茨基：《帝国主义》，史集译，生活·读书·新知三联书店1964年版，第34页。
② ［德］卡尔·考茨基：《帝国主义》，史集译，生活·读书·新知三联书店1964年版，第36—37页。
③ ［德］卡尔·考茨基：《帝国主义》，史集译，生活·读书·新知三联书店1964年版，第37页。
④ ［德］卡尔·考茨基：《民族国家、帝国主义国家和国家联盟》，何疆译，生活·读书·新知三联书店1963年版，第17页。

做出了独立判断并提出了超帝国主义理论。超帝国主义论从一定意义上来说，是卡尔·考茨基对资本主义发展趋势的判断，也是卡尔·考茨基的时代观的体现。从他的超帝国主义论中可以看出，他认为世界历史处于资本主义向帝国主义发展阶段，资本主义发展依然具有生命力，社会主义革命时机是在资本主义生命力不断走向枯竭的过程中逐步成熟起来的。卡尔·考茨基对资本主义生命力的判断既不同于当时的左派又不同于右派，表现出独特的立场。

（二）卡尔·考茨基关于未来社会实现的理论

在分析资本主义发展新情况的基础上，卡尔·考茨基的超帝国主义论对世界资本主义的未来发展进行了擘画。以此为前提，卡尔·考茨基阐释了他的未来社会理论，进而完成了"中派主义"的理论建构。一方面，卡尔·考茨基坚持无产阶级革命理想，认为革命必将到来，告诫社会民主党不能醉心于眼前的点滴改良，不能忘了无产阶级的历史使命；另一方面，他又强调，无产阶级革命时机的到来，取决于生产力的高度发展和无产阶级道德水平进入更高层次，而德国乃至西欧都不具备革命条件。

1. 卡尔·考茨基关于社会主义革命的理论及其对俄国革命的态度

如前所述，卡尔·考茨基批判了伯恩施坦修正主义"和平长入社会主义"的观点，他认为随着资本主义的发展，社会主义革命不可避免，资本主义的灭亡同样不可避免。但同时，卡尔·考茨基也认为社会主义革命的时机还未到来，不能人为地制造革命。由此可以看出，卡尔·考茨基试图在革命和改良之间保持平衡。卡尔·考茨基的社会主义革命理论，主要包含以下内容。

第一，社会主义革命需要一定条件。社会主义革命的首要条件，就是要求资本主义生产方式高度发达。因此，就要求大企业的充分发展。原因在于：其一，大企业的充分发展能够为社会主义准备其所需要的物质条件；其二，大企业的高度发达就意味着工业的进一步发展，这就促进了无产阶级发展壮大并走向成熟；其三，以上两方面内容的发展为社会主义意志的产生准备了前提条件。卡尔·考茨基提到的社会主义革命的条件便是资本主义生产方式的高度发达、无产阶级人数增多并逐渐走向成熟以及"要实现社会主义的意志"[①]。可以看出,卡尔·考茨基是从主客观两方面来分析社会主义革命的条件。就客观条件而言,一是要求生产力高度发达到足以为实现社会主义提供物质基础;二是要求无产阶级成为人数众多的阶级。就主观条件而言,一是要求无产阶级有实现社会主义的意志,即要求采取社会化的形式取得对生产资料的所有权;二是要求无产阶级要足够成熟,能够被有效组织起来发挥力量且具备相应的斗争能力。社会主义革命所需要的客观条件,可以通过经济上的资本主义化来实现;而无产阶级所应具备的主观条件,则需要通过政治上的民主化来进行。卡尔·考茨基把政治上的民主化和经济上的资本主义化视为社会主义实现的条件之一。民主可以促进无产阶级最快地趋向成熟,从而在资本主义向社会主义过渡的过程中实现革命牺牲的最小化,实现向社会主义的平稳过渡[②]。他认为,民主可以清晰地显示不同政党和阶级之间的力量对比,从而使"新兴的阶级不去试图完成它所不能胜任的任务",也能使"统治阶级不去拒绝那些他们已不再有力量来拒绝的让步"。在卡尔·考茨基看来,资产阶级形式化的民主可以对无产阶级起到教育和组织作用,从而为无产阶级提供政治操练。

第二,社会主义革命是从社会革命到政治革命的历史过程。在社会主义到来之前,资本主义的发展为社会主义需要的物质生产条件做准备,而民主制度则在促进着无产阶级政治意识的成熟。当社会化大生产与管理的社会革命已经完成,而无产阶级也已经足够成熟的时候,就需要把社会革命推向政治革命,从而完成政权过渡,实现社会主义。在卡尔·考茨基看来,社会主义革命是一个从社会革命到政治革命的线性历史过程,他反对在社会革命缺位的情况下所进行的政治革命。卡尔·考茨基反对布朗基和魏特林式的革命,认为这种革命容易造成两种后果:一是无产阶级还没有成熟到需要进行革命的时候,这种情况下即使革命成功

[①] 王学东编:《考茨基文选》,人民出版社2008年版,第329—330页。
[②] 王学东编:《考茨基文选》,人民出版社2008年版,第336页。

了无产阶级也不能成为统治者和管理者；二是大权独揽的救世主在革命后会成为新的独裁者，从而使社会主义革命丧失原来的目的而走向改朝换代。所以，卡尔·考茨基主张社会主义革命是整个无产阶级的事业，而不是一小撮革命家所能完成的。他强调，在社会主义革命的条件还没有成熟之前，无产阶级应该利用好普选权和议会斗争这两个武器，在民主制度下逐步走向成熟。否则，缺少了民主的操练，即使一小撮革命家实现了社会主义的政治革命，广大无产阶级仍然只是一群乌合之众，无法有效行使统治权和管理权，那么政治革命的结果便失去了意义。而且，卡尔·考茨基认为，在社会主义革命的条件尚不成熟的时候，盲目地进行社会主义革命，只可能造成无产阶级不必要的牺牲和损失。

第三，在社会主义革命时机尚未成熟时，可以采用"疲劳战略"。卡尔·考茨基认为，无产阶级革命通常有两种不同的战略，即击破战略和疲劳战略。击破战略是集中自己的全部力量给予敌人致命一击，从而获得革命的胜利；而疲劳战略则是尽量避免决战，通过迂回机动的方式迫使敌人处于紧张状态，从而使其疲劳不堪、士气低落、战斗力下降，进而最终战胜他们。在卡尔·考茨基看来，疲劳战略不同于击破战略的地方在于，它并不是直接和敌人进行决战，而是对决战进行长期的准备，在充分削弱敌人之后才进行决战。他指出，巴黎公社之后，击破战略的时代已经结束，并认为恩格斯晚年所提出的新战略就是疲劳战略。在此逻辑下，卡尔·考茨基把群众罢工细致地划分为示威性罢工、威逼性罢工、经济罢工和政治罢工等，并认为在进行罢工时要进行严格区分，以避免在社会主义革命条件还未成熟的时候过多挑衅资产阶级政府。不过，卡尔·考茨基也认识到社会主义夺取政权的方式并非只有一种。在相对专制的国家，统治阶级习惯于用暴力镇压人民群众，所以暴力在革命过程中就具有重要作用。而在具有民主共和传统的国家，人民的权利得到一定程度的巩固，暴力和内战的方式就显得代价过大了。如果用卡尔·考茨基的"两种战略"来进行审视，就会发现，在相对专制的国家，卡尔·考茨基对击破战略也是认可的。还需要指出的是，在专制落后的国家，无产阶级虽然有可能通过与农民的联合以暴力形式夺取政权，但卡尔·考茨基并不认为这个国家就进入了社会主义，而是把它视为资本主义向社会主义的过渡并强调无产阶级取得政权后的首要任务是建立民主制度而非实现社会主义①。卡尔·考茨基的疲劳战略招致了不少批评，罗莎·卢森堡认为卡尔·考茨基对群众罢工进行严格的分门别类是纸上谈兵，潘涅库克把卡尔·考茨基的观点称为"消极的激进主义"和"毫无作为的等待论"②。只要我们详加考察，就会发现，卡尔·考茨基在理论上不排除无产阶级夺取政权的大决战，但是把它作为遥远将来的事情，而采取的改良措施却是实实在在的当下的事。遥远的革命与当下的改良、原则上的革命与策略上的改良之间存在着巨大的张力，疲劳战略也正是在这个张力之中走向了实践上与修正主义相同的路径。因此，卡尔·考茨基在后来常常被视为和伯恩施坦同流合污的机会主义者。

第四，卡尔·考茨基对俄国革命的态度。俄国是受着封建制度残余束缚的后发的资本主义国家，俄国第一批马克思主义者是在第二国际的指导下成长起来的。作为继恩格斯后第二国际正统马克思主义理论的代表，卡尔·考茨基的著作在俄国马克思主义者中享有很高的声誉。在第一次世界大战前，列宁对卡尔·考茨基的观点和著作是持肯定态度的。随着俄国革命形势的发展，卡尔·考茨基也开始注意到俄国革命的情况，继马克思、恩格斯之后对俄国革命和欧洲革命之间的关系作出了阐释。总的说来，卡尔·考茨基对俄国革命发展的态度，经历了从赞赏到谴责的过程。首先，他指出俄国将成为"革命思想和革命事业"的中心。卡尔·考茨基对20世纪初俄国资本主义发展的情况和俄国无产阶级所面临的历史任务有一定的认识。他认为，20世纪初的俄国正处在革命的前夜。卡尔·考茨基1902年发表了《斯拉夫人与革命》，对19世纪的社会主义运动史进行了全面回顾。他指出：19世纪上半叶，社会主义运动的中心在法国，有时在英国。普法战争之后，社会主义运动的中心从法国转向了德国。卡尔·考茨基说："新的世纪开始时所发生的一些事件，使人们感觉到我们正在面对着革命中心的进一步转移，亦即移向俄国。"③

---

① 参见张玉宝：《卡尔·考茨基及其中派主义》，中国社会科学出版社2014年版，第141页。
② 殷叙彝：《第二国际研究》，中央编译出版社1998年版，第550页。
③ 王学东编：《考茨基文选》，人民出版社2008年版，第90页。

列宁和第二国际理论家的比较研究——关于未来社会实现理论

其次,他指出,俄国革命的爆发有可能清除西欧社会主义运动中改良主义的消极影响,起到振奋人心鼓舞士气的作用。他明确地说,俄国从西方接受了革命首创精神后,可能成为西方社会主义革命的动力源泉。"热火朝天的俄国革命运动,看来可能成为清除那种开始在我们队伍中流行的萎靡不振的庸人态度和谨小慎微的政客伎俩的最强大手段,从而迫使斗争的渴望和对我们理想的耿耿忠忱重新像烈火一般燃烧起来。"① 再次,卡尔·考茨基提出俄国民主革命和西欧社会主义革命具有密切联系。在1905年俄国革命时期,卡尔·考茨基提出,由于俄国社会矛盾的复杂性,俄国革命的烈火不可能一下子被扑灭,革命将持续一段时间。俄国革命持续的时间越长,西欧无产阶级大众的革命情绪就会在俄国革命的感染下不断高涨,"于是阶级斗争最最锐利的时期在西欧也开始了"②。在1909年的《取得政权的道路》中,卡尔·考茨基再一次对俄国的社会主义运动给予了很高的评价。但是,卡尔·考茨基始终认为俄国革命是资产阶级革命,革命后应该走向资本主义前途,俄国不具有首先实现社会主义的条件。在1905年革命前夕,卡尔·考茨基就指出:"俄国的革命将不可能立即建立起社会主义制度。俄国的经济条件还没有成熟到这种程度。它首先只能实现民主制度,这种制度是为强大的、不可战胜的、奋勇前进的、正为自己争取巨大让步的无产阶级所支持的。"③ 在《取得政权的道路》一书中,卡尔·考茨基重复了这个观点。总体来看,在第一次世界大战前,卡尔·考茨基对俄国的社会主义运动充满信心和期待,对俄国革命表现出很大热情。同时,他也清楚地认识到,俄国社会主义者不能立即在俄国实现社会主义,他们在自己国家要做的首先是建立民主制度、发展资本主义经济。十月革命爆发后,卡尔·考茨基根据他对俄国革命前途的固有看法,坚持认为俄国不具备实现社会主义的条件。在此固有的前提和观点下,他对十月革命和布尔什维克党的策略提出了尖锐的批判。

---

① 王学东编:《考茨基文选》,人民出版社2008年版,第91页。
② [德]卡尔·考茨基:《社会主义伦理学》,叶星译,平凡书局1929年版,第5页。
③ 王学东编:《考茨基文选》,人民出版社2008年版,第208页。

第五章　卡尔·考茨基：既不坐待未来也不急躁冒进

2. 卡尔·考茨基关于无产阶级专政的理论及对苏维埃政权的批评

第一，卡尔·考茨基所理解的无产阶级专政是建立在民主基础之上的，民主在卡尔·考茨基的理论体系中占据着重要地位。卡尔·考茨基认为，现代社会主义不仅意味着社会化地组织生产，而且意味着民主地组织社会，在这个意义上，社会主义和民主是不可分割地联系在一起的。基于此，卡尔·考茨基提出"没有民主，就没有社会主义"的论断①。在卡尔·考茨基看来，"民主意味着多数派的统治。但是民主同样也意味着保护少数派"②。用这个尺度来衡量俄国十月革命，卡尔·考茨基认为巴黎公社比苏维埃共和国优越，因为各个社会主义派别都在巴黎公社中参加了这个无产阶级的事业，而布尔什维克却是在反对其他社会主义政党的斗争中取得政权的③。针对苏维埃政权剥夺了俄国一部分人尤其是俄国资产阶级选举权的问题，卡尔·考茨基同样进行了激烈批评，他认为苏维埃并没有平等地给俄国所有公民选举权，有权选举苏维埃代表的，只是某些特定类别的人而不是俄罗斯国家的全体公民④。因此，卡尔·考茨基认为自己有义务出来反对它，"不仅反对那种认为像俄国这样落后的国家能够在社会主义道路上超过工业的西方这一信念，而且还反对这种妄想：可以用几次强暴的打击把社会主义建设起来，而且是由一个享有特权的少数派在同人民大多数相对抗的情况下来建设社会主义"⑤。他认为，这样诞生出来的苏维埃注定会是一个专制机构，并且会因为缺乏有效的监督而很容易产生一个官僚阶层，"官僚机构的专制统治，力图永久保持其统治。用暴力来镇压一切反对派，是它的生存原则"⑥。正因如此，在卡尔·考茨基看来，布尔什维克政权所结的果，就是建立了一种

---

① 王学东编：《考茨基文选》，人民出版社2008年版，第326页。
② 王学东编：《考茨基文选》，人民出版社2008年版，第339页。
③ 王学东编：《考茨基文选》，人民出版社2008年版，第323页。
④ 王学东编：《考茨基文选》，人民出版社2008年版，第366页。
⑤ [德]卡尔·考茨基：《一个马克思主义者的成长》，叶至译，生活·读书·新知三联书店1973年版，第31页。
⑥ 王学东编：《考茨基文选》，人民出版社2008年版，第339页。

新的阶级统治，它所建立的政权不是真正民主的社会主义政权，只是一个专制的国家资本主义政权①。

第二，在卡尔·考茨基看来，无产阶级在掌握国家政权之后更需要发扬民主。在1909年《取得政权的道路》一书中，卡尔·考茨基就提到了为了实现社会主义革命必须实行无产阶级专政。在这里，卡尔·考茨基所指的无产阶级专政不是战争状态，也不是雅各宾式的独裁，而是无产阶级在充分民主的议会制度下行使多数人的统治。在《无产阶级专政》中，卡尔·考茨基对马克思所说的"无产阶级的革命专政"进行了解释，他主要从两个方面理解无产阶级专政，其一，他认为马克思没有详细说明他是如何理解专政的，于是他就讲专政就是要消灭民主，就是不受任何法律约束的个人独裁。其二，他认为马克思所说的无产阶级专政"不是一种政体，而是指一种在无产阶级夺得政权的任何地方都必然要出现的状态"②。卡尔·考茨基对于夺取政权初期的暴力专政方式是予以认可的，因为在夺取政权初期实施民主还是专政并不取决于理论，而是取决于新生政权所面临的政治环境。但是，这样的专政仅仅是作为一种"过渡状态"的专政，并不能无限期地推延甚至使之成为一种剥夺人民群众民主管理社会事务的权利的经常性的政治行为。所以，卡尔·考茨基反对把专政看作一种稳定的政体。在他看来，作为政体的专政同剥夺反对派权利的含义相同，都是完全废除了民主。这样的专政，不能说是一个阶级的专政，而只能是个人的专政或一个组织的专政、无产阶级政党的专政。在此情况下，一旦无产阶级本身分成不同的政党，无产阶级政党的专政也就会变成"无产阶级的一部分对另一部分的专政"③。卡尔·考茨基认为，这种专政只有在无产阶级试图违反大多数人民意志来夺得政权的情况下才能加以考虑。一旦在这种状况下取得政权，这个专政便只有两条路可走：耶稣教团的道路或拿破仑主义的道路。而在这种基础上

---

① 方章东：《第二国际思想家若干重大理论争论研究》，中国社会科学出版社2017年版，第178页。
② 王学东编：《考茨基文选》，人民出版社2008年版，第346页。
③ 王学东编：《考茨基文选》，人民出版社2008年版，第348页。

建立起来的社会主义是无法长久存在的①。卡尔·考茨基以巴黎公社为例,将马克思所说的无产阶级专政解释成一种状态。并且他指出,作为状态的专政不是废除民主,而是以普选制为基础的最广泛地应用民主。

三、卡尔·考茨基和列宁：社会主义理论与路线的分野

作为第二国际正统思想的代表卡尔·考茨基和第三国际正统思想的代表列宁,在理论上进行了激烈的交锋。列宁和卡尔·考茨基之间的理论分歧,是社会主义运动由欧洲走向世界、马克思主义由西方向东方、由原生态向民族化发展的体现。从理论性质的判定上,虽然卡尔·考茨基的立场和观点与伯恩施坦修正主义完全不同,但列宁认为,卡尔·考茨基是口头上的马克思主义者,实际上的修正主义者,相比伯恩施坦主义,卡尔·考茨基理论的虚伪性更具有危害性。

（一）"社会民主主义对抗共产主义"

在《社会民主主义对抗共产主义》一书中,卡尔·考茨基从社会主义的起源出发,谈论了马克思主义与无产阶级专政、布尔什维主义与俄国革命以及社会主义与民主等问题,其中明确表达了他对俄国革命和无产阶级专政的态度。为了批判卡尔·考茨基,列宁在俄国革命局势瞬息变幻、革命事务异常繁杂的危险时刻,亲自撰写了多篇文章。列宁和卡尔·考茨基之间斗争的焦点,集中在以下两点。

1. 帝国主义：是可供选择的政策还是必须经历的阶段

列宁与卡尔·考茨基对于帝国主义本质的认识不同。在卡尔·考茨基看来,帝国主义不是资本主义发展所必须经历的历史阶段,而只不过是资本主义国家所采取的一种特殊政策,或者说是一种政治意图。资本主义国家为了扩大再生产的顺利进行,必须在第一部类和第二部类之间

---

① 方章东：《第二国际思想家若干重大理论争论研究》,中国社会科学出版社 2017 年版,第 177 页。

列宁和第二国际理论家的比较研究——关于未来社会实现理论

维持一定比例关系。而第一部类的增长速度和规模远远高于第二部类，这就使得二者之间的比例关系不断打破平衡。为了维持比例关系的平衡，资本主义国家不断扩张吞并农业地区以满足第一部类增长的需要。从这一点来看，卡尔·考茨基和罗莎·卢森堡的帝国主义论有些类似。他们二人都是从资本主义扩大再生产所要维持的比例关系来论述帝国主义，将帝国主义看作是为了维护资本主义经济关系而进行扩张的政治意图。卡尔·考茨基从资本主义再生产第一部类和第二部类比例关系出发论述帝国主义，罗莎·卢森堡从资本主义和非资本主义生产方式之间的关系来论述帝国主义。在卡尔·考茨基看来，"帝国主义只是一个力量问题，而不是经济必然性问题"[①]。帝国主义是只有具有实力的资本主义强国才能采取的政策，并不是所有的资本主义国家都能采取帝国主义政策，所以并不是所有的资本主义国家都是帝国主义国家。以扩张为特征的帝国主义政策并不是有实力的资本主义国家唯一的选择。军国主义、世界大战不但会造成对资本主义国家经济上的重大负担，而且容易引起国内外矛盾的尖锐化，这对资本主义国家来说也是十分不利的。于是，资本主义国家有可能改变军事扩张政策（意图）而进入超帝国主义状态，从而在一定程度上挽救资本主义的危机。卡尔·考茨基的这一独特视角，与罗莎·卢森堡和列宁都不相同。罗莎·卢森堡认为，帝国主义是资本主义国家为了争夺非资本主义社会环境而在世界范围内进行的最后争夺，无论作为政策还是作为阶段来说，帝国主义都是由资本积累规律所决定的必然趋势。而在列宁看来，垄断是帝国主义的本质，资本主义由自由资本主义阶段发展到垄断资本主义阶段是历史的必然。正是资本主义发展的内在规律导致了生产和资本的集中、银行资本和工业资本的融合以及商品输出到资本输出的变化。在帝国主义时代，瓜分世界的资本家国际垄断同盟已经形成，但最大的资本主义大国已把世界上的领土瓜分完毕。资本主义发展的不平衡必然导致资本主义大国之间重新划分领土的战争，并加剧帝国主义国家和殖民地的对立。在此情势下，社会主义革

---

① ［德］卡尔·考茨基：《民族国家、帝国主义国家和国家联盟》，何疆译，生活·读书·新知三联书店1963年版，第18页。

命有可能在帝国主义统治链条的薄弱环节首先取得胜利。由于对帝国主义本质的认识不同，列宁和卡尔·考茨基对于帝国主义战争必然性的认识也有分歧。列宁认为，帝国主义是战争的根源。只要有帝国主义存在，战争就不可避免。只有社会主义革命才能制止战争。而在卡尔·考茨基看来，既然帝国主义仅仅是资本主义国家进行经济扩张的一种政策选择，那么这种政策并非资本主义经济发展的必然产物。帝国主义战争的爆发与经济也没有直接的必然联系，仅仅是由作为政策的帝国主义所带来的。总之，在卡尔·考茨基看来，帝国主义的产生是资本主义国家偶然的政策产物，不是资本主义的进一步发展所不可缺少的。

列宁和卡尔·考茨基两种不同的帝国主义论的分歧，归根结底在于对资本主义是否还具有生命力、社会主义革命时机是否成熟的不同回答。在列宁看来，既然帝国主义是资本主义发展的必经阶段，且帝国主义战争也是不可避免的，那么随着帝国主义战争给世界所带来的严重破坏和各种社会矛盾的尖锐化，打碎帝国主义世界体系的斗争不但迫在眉睫，而且必然取得胜利。东方国家反对殖民主义的斗争可以作为西方资本主义国家无产阶级社会主义革命的导火索，东西方联合起来推翻资本主义旧世界，建立社会主义新世界的世界革命指日可待。从俄国十月革命和战时共产主义时期布尔什维克的实践策略来看，列宁对世界社会主义革命爆发曾经寄予了很大的期待。反观卡尔·考茨基，他反对把帝国主义看作资本主义发展必经阶段的观点，认为帝国主义国家可以选择通过和平的方式进入"超帝国主义"阶段。"超帝国主义"阶段意味着资本主义有重新焕发生命力而获得新发展的可能。虽然卡尔·考茨基终其一生都没有从理论上放弃社会主义的目标，但是卡尔·考茨基认为，资本主义还有生命力，社会主义革命的时机还不成熟，主张社会民主党通过合法的改良斗争为社会主义的到来准备条件。这样一来，在社会民主党的日常实际工作中，很难将他与伯恩施坦主义划清界限。戴维·麦克莱伦在《马克思以后的马克思主义》中谈到卡尔·考茨基的理论时指出，卡尔·考茨基不同于伯恩施坦的关键之处在于，他坚持阶级斗争的现实性，认为改良不能改变阶级斗争的基本现实，民主权利的保障不能取代社会革命。他认为工人阶级及其政党参与选举活动的目的是提高工人阶级的阶

列宁和第二国际理论家的比较研究——关于未来社会实现理论

级意识,进而加剧阶级冲突。但在面对现实问题时,卡尔·考茨基往往强调在革命条件没有"成熟"到足以介入的程度时,不能轻易从事任何"挑衅"活动。戴维·麦克莱伦评价卡尔·考茨基说,对无产阶级必然胜利的信念"在实际生活中每每磨去了它们应有的锋芒"①。而列宁对卡尔·考茨基的批驳更加直接尖锐。他说,卡尔·考茨基和普列汉诺夫一样,"承认马克思主义中的一切,就是不承认革命的斗争手段,不承认要为采用这种斗争手段进行宣传和准备用这种精神教育群众"②。列宁认为:"卡尔·考茨基要求的是没有革命的革命,没有激烈斗争的革命,没有暴力的革命"③,卡尔·考茨基"口头上承认革命而实际上背弃革命"④。

2. 无产阶级专政:是状态还是政体

列宁与卡尔·考茨基作为马克思主义的继承者,都非常重视马克思主义的无产阶级专政理论,二者对无产阶级专政的理解出发点都是马克思主义,但二者对这一理论的理解却有很大差异。

卡尔·考茨基将无产阶级专政看成一种"过渡状态",反对将无产阶级看作一种稳定的政体。卡尔·考茨基在阐释自己对无产阶级专政的理解时极力强调民主的作用。卡尔·考茨基认为,"在马克思看来,无产阶级专政是一种在无产阶级占压倒多数的情况下从纯粹民主中必然产生出来的状态"⑤,由此卡尔·考茨基得出结论,"专政并不意味着革命暴力,而是意味着在资产阶级的——请注意这个形容词——'民主'条件下'和平地'获得多数"⑥。列宁指出,卡尔·考茨基在谈到民主和专政的问题时,回避了马克思关于无产阶级专政的概念。他批评卡尔·考茨基将无产阶级民主建立在自由主义的超阶级的观念之上。从这种观念出发,无产阶级专政就被卡尔·考茨基解释为一种状态。在这种状态下,无产

---

① [英]戴维·麦克莱伦:《马克思以后的马克思主义》,李智译,中国人民大学出版社 2008 年版,第 39 页。
② 《列宁全集》第 26 卷,人民出版社 2017 年版,第 335 页。
③ 《列宁全集》第 35 卷,人民出版社 2017 年版,第 319 页。
④ 《列宁全集》第 31 卷,人民出版社 2017 年版,第 113 页。
⑤ 王学东编:《考茨基文选》,人民出版社 2008 年版,第 347 页。
⑥ 《列宁全集》第 35 卷,人民出版社 2017 年版,第 237 页。

第五章　卡尔·考茨基：既不坐待未来也不急躁冒进

阶级就因为在人数上占绝大多数，而不需要国家暴力来维护统治。列宁批判说，卡尔·考茨基将无产阶级专政理解为一种状态，不但取消暴力革命夺取政权的必要性而且还否定了无产阶级民主的阶级性。而抹杀民主的阶级性空谈纯粹的民主，正是改良主义的本质特征。因此，列宁极力反对卡尔·考茨基将无产阶级专政理解为一种状态的看法，指责卡尔·考茨基因转向改良主义而投靠了资产阶级。他认为无产阶级不用暴力反抗资产阶级就无法获得胜利，无法获得真正的自由，也就无法实现真正的民主。

列宁更加强调无产阶级专政是对资产阶级采用的暴力镇压手段，强调这种暴力"是不受任何法律约束的政权"①，反对将无产阶级专政看成一种状态。首先，列宁提出"无产阶级专政是马克思学说中的'主要之点'，是否承认无产阶级专政是区分真假马克思主义的'试金石'"②。无产阶级专政是消灭资本主义、建设社会主义，最后逐步消灭一切阶级的必由之路。由于无产阶级专政是无产阶级掌握政权后对敌对势力进行的斗争，所以需要"'铁一般的在斗争中锻炼出来的党'的领导才能得以巩固"③。其次，列宁强调民主具有阶级性，不存在超阶级的民主，民主不能作为实现社会主义的手段。民主具有阶级性，分为资产阶级民主和无产阶级民主，而卡尔·考茨基对于民主的理解回避了资本主义民主的阶级实质。资产阶级民主虽然具有一定的进步性，但这种进步性是相对于封建社会而言的。如果将民主作为实现社会主义的手段，那就具有欺骗性。"资产阶级民主同中世纪制度比较起来，在历史上是一大进步，但它始终是而且在资本主义制度下不能不是狭隘的、残缺不全的、虚伪的、骗人的民主，对富人是天堂，对被剥削者、对穷人是陷阱和骗局。"④ 资本主义社会的民主只是形式上的民主，并非实质上的民主。即便资本主

---

① 《列宁全集》第35卷，人民出版社2017年版，第237页。
② 俞良早等：《20世纪马克思主义发展史》，中国人民大学出版社2019年版，第184页。
③ 俞良早等：《20世纪马克思主义发展史》，中国人民大学出版社2019年版，第185页。
④ 《列宁全集》第35卷，人民出版社2017年版，第244页。

义社会提倡民主，但资产阶级对无产阶级的剥削和压迫却从未停止。正如恩格斯所说，现代代议制国家，是资本主义剥削工人的工具。在资本主义社会中，资产阶级专政是占统治地位的政党对资产阶级少数的保护，而对无产阶级来说，他们不仅不保护少数，反而会对无产阶级实行暴力行为。列宁指出，从阶级的观点来看，只有无产阶级的民主即苏维埃政权所实行的民主才是真正意义上的民主，才是多数人的民主。俄国无产阶级专政是对最广大人民实行的真实的民主而对一小部分敌对势力实行的专政。他反驳了卡尔·考茨基所说的俄国无产阶级专政剥夺了一部分人的权利。列宁说："全世界的工人只要从资产阶级报纸上看到承认真实情况的片断报道，就本能地同情苏维埃共和国，正因为他们看到它是无产阶级的民主，是对穷人的民主，不是对富人的民主，而任何的、甚至最完善的资产阶级民主，实际上都是对富人的民主。"① 针对卡尔·考茨基认为无产阶级专政是建立在资本主义生产方式高度发展、无产阶级已经经过足够民主训练基础上的言论，列宁批驳说，在资本主义制度下，资产阶级和无产阶级之间的矛盾不可调和，无产阶级专政只能通过暴力的方式实现。

（二）卡尔·考茨基和列宁理论论战的根源

卡尔·考茨基和列宁的思想都是根据各自所处的国内环境以及对时代的不同理解，在继承马克思主义的基础上运用马克思主义的结果。二人产生思想分歧的根源，主要有以下两点。

第一，方法论根源。卡尔·考茨基忽略唯物辩证法，片面从社会客观经济条件的发展来谈论社会历史；列宁认为辩证法是马克思主义哲学的重要组成部分，在面对历史和实践问题时，必须始终坚持马克思主义的革命辩证法，反对割裂理论与现实之间的联系，反对将马克思主义片面化、庸俗化。卡尔·考茨基忽略马克思主义辩证法的指导意义，将自然科学的研究方法直接运用到社会科学研究中，把马克思主义看成一门可以通过自然科学的方法进行实证的历史科学，这是卡尔·考茨基在政

---

① 《列宁全集》第35卷，人民出版社2017年版，第250页。

治上采取折中主义立场的方法论根源。卡尔·考茨基片面强调社会发展的必然趋势和一般规律，否定社会历史发展中的一切偶然性和特殊性。在面对群众运动、社会革命等问题时，卡尔·考茨基特别重视客观物质条件的决定性作用，忽视无产阶级政党和工人群众的主观能动性的作用，坚决反对在物质条件尚未成熟时贸然发动起义去挑衅统治阶级，主张采取渐进的"疲劳战略"。在俄国革命问题上，卡尔·考茨基认为，列宁和布尔什维克党在夺取政权后所实行的社会主义治国方略，完全违背了社会发展规律，是注定要失败的。由于俄国实现社会主义的客观条件还没有成熟，俄国革命无论从政治内容还是从经济内容来说都只是资产阶级性质的革命，革命胜利后必须建立资产阶级专政，发展资本主义。只有经过资本主义广泛而深入的发展，俄国才能奠定实现社会主义的物质基础，俄国无产阶级的阶级自觉才能得以充分培育。反之，列宁认为，在新的时代背景和斗争环境下，要彻底贯彻马克思主义的革命辩证法，灵活运用马克思主义理论指导革命实践。人类社会发展的一般规律具象到不同国家的实际发展过程中，会产生具有民族特色的发展道路，而卡尔·考茨基却固守着"万古不变的金科玉律"，完全无法认识到这一点。俄国布尔什维克党对社会主义道路的抉择，既符合人类社会发展的一般规律，也符合俄国特殊国情的需要，是马克思主义辩证法原则的充分体现。列宁曾这样评价包括卡尔·考茨基在内的第二国际理论家们："马克思主义的革命辩证法，他们一点也不理解。马克思说在革命时刻要有极大的灵活性，就连马克思的这个直接指示他们也完全不理解，他们甚至没有注意到。"[①] 列宁认为，卡尔·考茨基等第二国际理论家既没有看到俄国革命与世界资本主义大时代的紧密联系，也没有看到帝国主义大战在俄国所造成的迫切且独特的革命形势，更不了解俄国资产阶级从一开始就不具有独立而坚定的革命性。俄国资本主义的发展是托庇于封建专制制度的，如果布尔什维克党将政权交给资产阶级，那么俄国迎来的将是封建专制制度的回归，这意味着革命成果的完全葬送和俄国社会的整体倒退。这正是俄国社会发展与西欧社会发展的不同之处。列宁说："世界历史发

---

① 《列宁全集》第43卷，人民出版社2017年版，第373页。

展的一般规律,不仅丝毫不排斥个别发展阶段在发展的形式或顺序上表现出特殊性,反而是以此为前提的。……这些特殊性当然符合世界发展的总的路线,但却使俄国革命有别于以前西欧各国的革命,而且这些特殊性到了东方国家又会产生某些局部的新东西。"① 列宁强调,卡尔·考茨基等人将马克思主义的生产力决定论解读成了"书呆子的理论",布尔什维克党要坚决丢掉卡尔·考茨基的那本"规定了今后世界历史发展的一切形式"的教科书②。虽然俄国不具有实行社会主义的客观物质前提,但布尔什维克党完全可以先建立起社会主义制度,然后带领全国人民在社会主义条件下建立起社会发展的物质前提,并在此基础上进一步前进。列宁明确地说:"既然建立社会主义需要有一定的文化水平……我们为什么不能首先用革命手段取得达到这个一定水平的前提,然后在工农政权和苏维埃制度的基础上赶上别国人民呢?"③

第二,时代观根源。卡尔·考茨基和列宁对时代主题的把握不同。随着19世纪末20世纪初资本主义发展出现的新情况和新变化,卡尔·考茨基指出,帝国主义并不是资本主义经济发展的必然,且资本主义国家发展到帝国主义阶段不一定意味着战争,也有可能会给世界带来持久和平。在卡尔·考茨基看来,资本主义国家间的军备竞赛会阻碍资本主义经济的发展,而联合则会消除资本主义国家间的矛盾。因此,为了资本主义的进一步发展,资本主义有可能再经历一个新的阶段,即"超帝国主义的阶段"。基于此,卡尔·考茨基在面对19世纪末20世纪初"半民主半专制"的德国时,提出了既要坚持改良策略,又要坚持革命目标的主张。卡尔·考茨基的孙子卡尔·约翰·考茨基将欧洲工人运动划分为三个阶段。第一阶段,工人阶级的力量弱小,无法表达自己的利益诉求,也没有政治自由,因此这一阶段他们主要寄希望于通过暴力革命来维护自己的利益;第二阶段,工人阶级的力量相对强大,拥有了一定的合法权益,也获得了一定利益,便逐渐放弃了暴力革命的策略,但由于缺乏话语权和政治权力,所以这一时期工人阶级的策略是将革命和改良

---

① 《列宁全集》第43卷,人民出版社2017年版,第374页。
② 《列宁全集》第43卷,人民出版社2017年版,第376页。
③ 《列宁全集》第43卷,人民出版社2017年版,第375页。

相结合；第三阶段，工人阶级的力量已经非常强大，也有了相应的政治权力和民主权利，有合法途径表达诉求和维护自身权益，因此，这一阶段的工人便不会再将暴力革命提上日程，而更多的是寄希望于合法途径①。若基于以上划分，那么当时的德国正处于第二阶段。卡尔·考茨基说："德国废止反社会党人法以后，出现了第三类国家。同过去一样，大陆军国主义国家中的无产阶级要不经过革命而取得政权看来仍然是不可能的。但是，在大多数这些国家中，现在非常需要尽可能推迟同国家发生决定性的冲突。而另一方面，在俄国，却又十分需要尽快地爆发人民反对专制政权的起义。"② 可以看出，卡尔·考茨基将废除了非常法之后的德国看作"第三类国家"，它既存在君主制度，又具有较高的民主发展水平。这说明在德国社会的客观环境中，既有进行社会革命的元素也有进行社会改良的元素。他认为，伯恩施坦的错误，在于用"英国的眼镜"来看待德国。英国是一个民主制度发展程度很高的国家，社会改良具有一定的客观现实依据。所以伯恩施坦的改良主义并不适用于德国。对于德国来说，社会民主党依然不能放弃社会革命的目标。但是，随着第一次世界大战的爆发，卡尔·考茨基的理论无法适应动荡的德国环境，最终因为无法有效指导实践而只被当作停留在书本上的理论。

列宁主要着眼于俄国和东方国家，认为俄国革命可以作为世界社会主义革命的导火索。十月革命前的俄国，还是一个军事封建的帝国主义国家，且俄国资本主义的发展落后于西欧资本主义国家。第一次世界大战的爆发，使得俄国的国民经济遭到严重破坏，国内外矛盾空前激化。在这样一个长期受封建专制统治、缺乏民主传统的国家中，通过和平方式发展民主、实现社会主义是不现实的。因此，列宁提出了这样的问题："试问，既然特殊的环境把俄国卷入了西欧所有多少有些影响的国家也被卷入的帝国主义世界大战，其次使处于东方即将开始或部分已经开始的革命边缘的俄国，发展到有条件实现像马克思这样的'马克思主义者'在1856年谈到普鲁士时作为一种可能的前途提出来的'农民战争'同工

---

① 张玉宝：《卡尔·考茨基及其中派主义》，中国社会科学出版社2014年版，第254页。

② 王学东编：《考茨基文选》，人民出版社2008年版，第419页。

人运动的联合,那该怎么办呢?"① 由此可以看出,列宁认为俄国具有革命的条件并且迫切需要进行革命,而且列宁已然看到了俄国及所有东方国家的革命都具有不同于西欧国家的特殊性。所以,列宁从世界革命理论出发,认为俄国的特殊国情使其能够率先进行社会主义革命,最终推进世界社会主义革命。事实上,列宁与卡尔·考茨基对时代主题的不同认识,归根结底反映了第二国际与第三国际理论家在东西方社会主义运动中的理论分野。

(三) 卡尔·考茨基未来社会实现理论的特质及其历史影响

作为第二国际"正统马克思主义"的代表,卡尔·考茨基对马克思主义进行了继承和阐释,为马克思主义的传播作出了重要贡献。但是,由于他无法根据社会环境的变化对马克思主义进行创新性发展,其理论最终在社会民主主义运动中渐受冷落,成为社会民主主义历史上的"一具僵尸"。除了自身的理论局限,卡尔·考茨基被列宁称为无产阶级事业的"叛徒",也是卡尔·考茨基未来社会实现理论在社会主义国家长期受到批判的重要因素。列宁对卡尔·考茨基的评判,并不是完全否定,而是建立在辩证法的两点论基础上的,既肯定其贡献又批判其路线。今天,我们在看待列宁和第二国际理论家之间的理论斗争时,应当回到历史具体情境中,在历史和现实的逻辑中去看待先辈们争论的问题。

1. 在社会民主主义运动中渐受冷落

卡尔·考茨基在与伯恩施坦修正主义的论战中,始终站在马克思主义的立场上,坚决捍卫马克思主义基本原理,强调不能因为当前出现的改良因素而放弃社会革命这个最终目标。在与罗莎·卢森堡和列宁等左派理论家的争论中,始终坚持从德国的社会现实和社会民主党的实际出发,提出在社会主义革命条件尚未成熟时,无产阶级及其政党要避免对敌人进行不必要的挑衅,要充分利用资本主义制度所创造的条件壮大自己,积蓄力量,等待革命时机的到来。卡尔·考茨基这种既要坚持改良,

---

① 《列宁全集》第43卷,人民出版社2017年版,第375页。

第五章 卡尔·考茨基：既不坐待未来也不急躁冒进

又要坚持革命的立场，形成了他独特的"中派"立场。这一立场也贯穿于他的社会主义理论之中。但是这种立场是特定历史时期和特定社会环境的产物，因此只适用于特定的状况和场合。当这种特定环境发生变化时，即使卡尔·考茨基作为第二国际"正统马克思主义"的代表，对马克思主义进行了继承和阐释，但由于他没能灵活运用马克思主义的方法解决现实社会问题，没能根据变化了的实际对马克思主义进行创新性发展，使得其理论最终因为无法适应社会环境的变化而逐渐受到"冷落"。一方面，对于发达资本主义国家来说，卡尔·考茨基的"中派主义"只适用于特定时期的德国，并不适用于民主政治发展程度较高的其他国家。而当德国的社会现状发生变化时，卡尔·考茨基的主张也无法适应变化了的德国环境，所以他的主张在欧洲发达资本主义国家没有受到重视。另一方面，对于资本主义经济和民主政治发展较为落后的俄国等社会主义国家来说，无产阶级无法通过和平改良的途径争取权利或表达诉求，他们只有通过暴力革命的方式才能争取到一定的民主权利，所以卡尔·考茨基既要改良又要坚持革命的主张也不适用于不发达国家。正如卡尔·约翰·考茨基所说："考茨基主义的特征是既特别强调议会民主又特别强调革命。因此，它既不适用于不发达国家也不适用于先进的工业化（或'后工业'）国家，因为在前者革命不可能是议会的或民主的，而在后者议会民主不是革命的，甚至不是在革命的旗帜下发挥作用的。……正是由于这个原因，卡尔·考茨基主义的马克思主义不像列宁主义的马克思主义，它在一些不发达国家中已经没有吸引力了，就是在某些先进的工业化国家中也仅仅是社会民主主义历史上的一具僵尸。"① 也就是说，卡尔·考茨基的"中派主义"无论是在发达资本主义国家还是在俄国东欧等社会主义国家都不适用。

2. 列宁对卡尔·考茨基思想的批判及其对社会主义国家理论的影响

除了卡尔·考茨基"中派主义"本身适用范围的局限性外，列宁对

---

① ［美］卡尔·约翰·考茨基：《卡尔·考茨基和欧洲共产主义（摘录）》，《国际共运史研究资料》1986年第2期，第299—323页。

列宁和第二国际理论家的比较研究——关于未来社会实现理论

于卡尔·考茨基的评价也成为卡尔·考茨基的理论在社会主义国家长期受到批判的重要因素。在俄国十月革命取得胜利并建立无产阶级专政后,卡尔·考茨基于1918年8月底在维也纳出版了小册子《无产阶级专政》,批判了无产阶级专政理论。而作为回应,列宁发表了《无产阶级专政和叛徒考茨基》一书,称卡尔·考茨基是无产阶级事业的"叛徒"。长期以来,社会主义国家的理论界在讨论卡尔·考茨基的思想时,完全忽视了列宁批判卡尔·考茨基时所采取的"两点论"立场,将卡尔·考茨基的思想作为反证列宁主义的思想材料,片面夸大列宁对卡尔·考茨基的反面评价。"叛徒"这一历史定位成为社会主义国家理论界全面认识卡尔·考茨基思想必须逾越的前提。其实,列宁之所以将卡尔·考茨基称为"叛徒",说明列宁对于卡尔·考茨基的评价有一个转变的过程。这主要表现在,对于卡尔·考茨基早期作为一位马克思主义者,为翻译和解读马克思主义所做的大量工作,以及为马克思主义在欧洲的传播中所做的贡献,列宁给予了高度肯定。列宁曾说:"卡·考茨基在1914—1916年间的战争以前是马克思主义者,他的一系列极为重要的著作和言论将永远是马克思主义的典范。"[1] 而当面对资本主义发展出现的新情况时,列宁认为卡尔·考茨基没有坚定马克思主义立场,而是成了"资产阶级的奴才"。这主要表现在,其一,第一次世界大战期间,卡尔·考茨基在关于是否支持政府军事拨款问题上持中间态度,并提出"保卫祖国"的主张。列宁认为,承认"保卫祖国"就是为现在的战争辩护,这是完全背叛社会主义的。其二,卡尔·考茨基认为资本主义的发展可能促成资本主义国家之间的联盟,进入"超帝国主义"阶段。列宁认为这背弃了马克思主义的革命原理。其三,卡尔·考茨基在要求利用帝国主义战争进行无产阶级革命的巴塞尔宣言上签了字,但他在行动上却背叛巴塞尔宣言。列宁指出:"考茨基是用采取革命策略会收到不妙的'实际效果'这一理由,来替背叛社会主义的行为辩护的。"[2] 其四,卡尔·考茨基对俄国布尔什维克政权进行了猛烈抨击。列宁认为,卡尔·考茨基"不是作

---

[1]《列宁全集》第28卷,人民出版社2017年版,第125页。
[2]《列宁选集》第2卷,人民出版社1972年版,第661页。

第五章 卡尔·考茨基：既不坐待未来也不急躁冒进

为理论家而是作为向机会主义者和资产阶级献媚的奴才来反对布尔什维克"①，认为卡尔·考茨基完全背弃了马克思主义。基于以上分析可以看出，列宁对卡尔·考茨基的评判，正如列宁对第二国际的评判一样，是建立在辩证法的两点论基础上的。列宁一方面肯定了第二国际在传播马克思主义、推广社会主义方面的卓越贡献，另一方面对第二国际后期走向改良主义路线进行了坚决批判。在第二国际整体走向改良后，列宁建立了第三国际。第三国际高举世界革命的旗帜，与第二国际改良主义路线彻底决裂。列宁对卡尔·考茨基的批判，与对第二国际的批判是一致的。他不但一分为二地分析了卡尔·考茨基的理论，而且实事求是地评价了卡尔·考茨基思想发展的历程。对于卡尔·考茨基在第一次世界大战前在马克思主义大众化方面所做的贡献，列宁给予了高度评价。卡尔·考茨基的无产阶级思想意识必须从外部进行"灌输"的理论、俄国革命和世界革命之间互动关系的思想等都对列宁产生了深刻的影响。列宁不但积极学习并接受了这些理论，而且将这些思想进行了发展，成为了具有鲜明列宁主义特色的重要理论成果。这说明，列宁对待卡尔·考茨基的贡献与错误的评判，都是站在马克思主义立场、运用唯物辩证法的方法论来进行的。列宁曾经强调，对任何人物、理论和事件认识和评价，都必须回到当时的历史具体情境中。

　　重温列宁和第二国际理论家之间的理论斗争，至少有以下两点宝贵经验值得总结。一方面，要尊重历史事实，抵制历史虚无主义。19世纪末20世纪初，马克思主义和世界社会主义运动遭遇严重挑战。列宁和第二国际理论家站在时代的交汇处，努力探索并力图回答资本主义如何发展、社会主义如何实现的问题。以列宁为代表的马克思主义者对修正主义的批判、对卡尔·考茨基第二国际正统理论的批判具有重要的历史意义，体现了先辈们在历史转折关头的责任担当。今天，重新审视第二国际理论家们的理论，不能简单地将理论抽象化、去情境化。要回到原初的历史条件和理论语境加以辨析和批判。这是列宁在理论斗争中给我们留下的重要的思想遗产。另一方面，要立足当代，在历史和现实的逻辑

---

① 《列宁全集》第35卷，人民出版社2017年版，第257页。

中看待先辈们争论的问题。历史发展到今天，我们在坚持列宁的帝国主义论的前提下，对于其他理论家们在对帝国主义问题进行分析时的具体结论进行具体分析，从中提炼出具有真理性的认识加以借鉴。这对于中国参与全球治理体系的改革和建设，倡导并推动构建人类命运共同体，推动世界历史向着共产主义的方向发展具有重要的理论意义和现实意义。

参考文献

[1] 中共中央马克思恩格斯列宁斯大林著作编译局. 马克思恩格斯全集：1—50卷［M］. 北京：人民出版社，1956.

[2] 中共中央马克思恩格斯列宁斯大林著作编译局. 马克思恩格斯全集：1—50卷［M］. 北京：人民出版社，2006.

[3] 中共中央马克思恩格斯列宁斯大林著作编译局. 马克思恩格斯文集：1—10卷［M］. 北京：人民出版社，2009.

[4] 中共中央马克思恩格斯列宁斯大林著作编译局. 马克思恩格斯选集：1—4卷［M］. 北京：人民出版社，2012.

[5] 中共中央马克思恩格斯列宁斯大林著作编译局. 列宁全集：1—39卷［M］. 北京：人民出版社，1955.

[6] 中共中央马克思恩格斯列宁斯大林著作编译局. 列宁全集：1—60卷［M］. 北京：人民出版社，1984.

[7] 中共中央马克思恩格斯列宁斯大林著作编译局. 列宁选集：1—4卷［M］. 北京：人民出版社，2012.

[8] 中共中央马克思恩格斯列宁斯大林著作编译局. 列宁专题文集［M］. 北京：人民出版社，2009.

[9] 中共中央马克思恩格斯列宁斯大林著作编译局. 资本论：1—3卷［M］. 北京：人民出版社，2004.

[10] 中共中央马克思恩格斯列宁斯大林著作编译局. 斯大林全集：1—13卷［M］. 北京：人民出版社，1953.

[11] 中共中央马克思恩格斯列宁斯大林著作编译局. 斯大林选集：上卷［M］. 北京：人民出版社，1979.

[12] 中共中央马克思恩格斯列宁斯大林著作编译局. 斯大林选集：下卷［M］. 北京：人民出版社，1979.

[13] 中共中央马克思恩格斯列宁斯大林著作编译局. 邓小平文选：第 2 卷［M］. 北京：人民出版社，1994.

[14] 同舟共济战"疫"记：中国抗击新冠肺炎疫情全纪实［N］. 人民日报，2020-09-07（1）.

[15] 亚纳耶夫. 捍卫苏联的最后一搏［M］. 北京：社会科学文献出版社，2012.

[16] 李兴耕. 苏联史学界对第二国际若干问题的研究概况［J］. 国际共运史研究资料，1985（2）：1-74.

[17] 林艳梅. 当代俄罗斯马克思主义的主要理论关注［J］. 中共中央党校学报，2014，18（5）：98-103.

[18] 佩里·安德森. 西方马克思主义的探讨［M］. 高铦，等译. 北京：人民出版社，1981.

[19] 戴维·麦克莱伦. 马克思以后的马克思主义［M］. 李智，译. 北京：中国人民大学出版社，2008.

[20] 高放. 国际共产主义运动史纲 1847—1917［M］. 西安：陕西师范大学出版社，2018.

[21] 曾银慧，孙厚权. 列宁主义早期传播与马克思主义中国化研究［J］. 马克思主义与现实，2017（1）：63-68.

[22] 中共党史和文献研究院. 十八大以来重要文献选编：下［M］. 北京：中央文献出版社，2018.

[23] 舒新. 承袭与僭越：中国共产党对社会民主党及民主社会主义的认知历程［M］. 中国社会科学出版社，2013.

[24] 曹浩瀚，列宁革命思想研究［M］. 北京：中央编译出版社，2012.

[25] 舒新，新经济政策的理论价值和现实启迪再探［J］. 社会主义研究，2020（3）：37-44.

[26] 王学东. 考茨基文选［M］. 北京：人民出版社，2008.

[27] 洪韵珊. 苏共超越历史阶段是从什么时候开始的［J］. 俄罗斯研究，2003（3）：76-80.

[28] 郑异凡. 新经济政策的俄国［M］. 北京：人民出版社，2013.

［29］郑异凡.苏俄新经济政策和中国改革开放之比较［J］.当代世界与社会主义问题,2005(4):31-39.

［30］中央编译局国际共运史研究室.布哈林文选:下册［M］.北京:人民出版社,1983.

［31］周尚文.列宁政治遗产十论［M］.上海人民出版社,2018.

［32］何宝骥,杨应柴.国际共产主义运动历史长编［M］.长春:吉林人民出版社,1987.

［33］葛兰西.实践哲学［M］.徐崇温,译.重庆:重庆出版社,1990.

［34］殷叙彝.伯恩施坦读本［M］.北京:中央编译出版社,2008.

［35］伯恩施坦.一个社会主义者的发展过程［M］.史集.译.北京:生活·读书·新知三联书店,1962.

［36］卢卡奇.历史与阶级意识［M］.北京:商务印书馆,1992.

［37］殷叙彝.伯恩施坦文选［M］.北京:人民出版社,2008.

［38］俞可平.全球化时代的"马克思主义"［M］.北京:中央编译出版社,1998.

［39］罗莎·卢森堡.卢森堡文选:上卷［M］.北京:人民出版社,2012.

［40］罗莎·卢森堡.卢森堡文选:上卷［M］.北京:人民出版社,1984.

［41］罗莎·卢森堡.卢森堡文选:下卷［M］.北京:人民出版社,1990.

［42］罗莎·卢森堡.资本积累论［M］.彭尘舜,等译.北京:生活·读书·新知三联书店,1959.

［43］罗莎·卢森堡,布哈林.帝国主义与资本积累［M］.柴金如,等译.哈尔滨:黑龙江人民出版社,1982.

［44］布哈林:布哈林文选:下册［M］.东方出版社,1988.

［45］尼·布哈林.布哈林文选:下册［M］.北京:人民出版社,1983.

［46］卡尔·考茨基.卡尔·考茨基言论［M］.中央编译局资料室,

译. 北京：生活·读书·新知三联书店，1966.

[47] 卡尔·考茨基. 一个马克思主义者的成长［M］. 叶至，译. 北京：生活·读书·新知三联书店，1973.

[48] 苏颖. 卡尔·考茨基的生平与思想研究［M］. 济南：山东大学出版社，2013.

[49] 张玉宝. 卡尔·考茨基及其中派主义［M］. 北京：中国社会科学出版社，2014.

[50] 方章东. 第二国际思想家若干重大理论争论研究［M］. 北京：中国社会科学出版社，2017.

[51] 伯恩施坦. 社会主义的历史和理论［M］. 马元德，等译. 北京：东方出版社，1989.

[52] 彭树智. 修正主义的鼻祖：伯恩施坦［M］. 西安：陕西人民出版社，1982.

[53] 中共中央马克思恩格斯列宁斯大林著作编译局国际共产主义研究室. 德国社会民主党关于伯恩施坦问题的争论［M］. 北京：生活·读书·新知三联书店，1981.

[54] 恩格斯，伯恩施坦. 恩格斯与伯恩施坦通信集［M］. 梁家珍，等译. 北京：人民出版社，1982.

[55] 布拉戈耶夫. 马克思主义还是伯恩施坦主义？［M］. 魏城，等译. 北京：生活·读书·新知三联书店，1964.

[56] 伯恩施坦. 伯恩施坦修正主义论文选译［M］. 北京：生活·读书·新知三联书店，1959.

[57] 伯恩施坦. 社会主义的前提和社会民主党的任务［M］. 殷叙彝，译. 北京：生活·读书·新知三联书店，1965.

[58] 贾淑品. 列宁、卢森堡、卡尔·考茨基与伯恩施坦主义［M］. 北京：人民出版社，2013.

[59] 斯·布赖奥维奇. 卡尔·考茨基及其观点的演变［M］. 李兴汉，等译. 北京：东方出版社，1986.

[60] 罗莎·卢森堡. 社会改良还是社会革命［M］. 北京：生活·读书·新知三联书店，1958.

［61］罗莎·卢森堡.论俄国革命·书信集［M］.殷叙彝，等译.贵阳：贵州人民出版社，2001.

［62］程人乾.罗莎·卢森堡：生平和思想［M］.北京：人民出版社，1994.

［63］费雷德·厄斯纳.卢森堡评传［M］.孔固，等译.北京：生活·读书·新知三联书店，1964.

［64］鲁道夫·希法亭.金融资本：资本主义最新发展的研究［M］.福民，等译.北京：商务印书馆，1994.

［65］卡尔·考茨基.民族国家、帝国主义国家和国家联盟［M］.叶至，译.北京：生活·读书·新知三联书店，1964.

［66］高放.国际共产主义运动别史［M］.北京：中国书籍出版社，2002.

［67］中共中央马克思恩格斯列宁斯大林著作编译局国际共运史研究室.国际共运史研究资料：1—16卷［M］.北京：人民出版社，1981—1986.

［68］中共中央马克思恩格斯列宁斯大林著作编译局国际共运史研究室.国际共运史研究资料［M］.北京：人民出版社，1981.

［69］《国际共产主义运动史文献》编辑委员会.第二国际第一次代表大会文件［M］.北京：中国人民大学出版社，1989.

［70］《国际共产主义运动史文献》编辑委员会.第二国际第二次、三次代表大会文件［M］.北京：中国人民大学出版社，1991.

［71］刘佩弦，马健行.第二国际若干人物的思想研究［M］.北京：中国人民大学出版社，1994.

［72］靳辉明，李崇富.马克思主义若干重大问题研究［M］.北京：社会科学文献出版社，2011.

［73］卡尔·考茨基.爱尔福特纲领解说［M］.陈冬野，译.北京：生活·读书·新知三联书店，1963.

［74］卡尔·考茨基.帝国主义［M］.史集，译.北京：生活·读书·新知三联书店，1964.

［75］卡尔·考茨基.陷于绝境的布尔什维主义［M］.卜君，等译.

北京：生活·读书·新知三联书店，1965.

[76] 王荣堂，等. 世界近代史：下 [M]. 长春：吉林人民出版社，1981.

[77] 埃内斯特·曼德尔. 论欧洲共产主义 [M]. 齐春子，等译. 湖北人民出版社，1982.

[78] 卡尔·约翰·考茨基. 卡尔·考茨基和欧洲共产主义 [J]. 国际共运史研究资料，1986（2）：299-323.

[79] 蒋少龙. "超帝国主义论"再认识 [J]. 当代经济研究，2004（7）：13-15.

[80] 张光明. 布尔什维主义与社会民主主义的历史分野 [M]. 北京：中央编译出版社，1999.

[81] 张世鹏. 德国社会民主党纲领汇编 [M]. 北京：北京大学出版社，2005.

[82] 卡尔·考茨基. 恐怖主义和共产主义 [M]. 马清槐，译. 北京：生活·读书·新知三联书店，1963.

[83] 中共中央编译局. 国际共运史研究资料增刊（卢森堡专辑）[M]. 人民出版社，1981.

[84] 任晓伟. 阶级民主和程序民主：考茨基和列宁政制之争再思考 [J]. 当代世界社会主义问题，2011（2）：33-39.

[85] 殷叙彝. 第二国际研究 [M]. 北京：中央编译出版社，1998.

[86] 唐永，张明. 论考茨基思想中的达尔文主义及其影响：以《唯物主义历史观》第二分册为例 [J]. 复旦学报（社会科学版），2018（2）：28-34.

[87] 俞良早，等. 20世纪马克思主义发展史 [M]. 北京：中国人民大学出版社，2019.

[88] 罗莎·卢森堡. 资本积累论 [M]. 董文琪，译. 北京：商务印书馆，2021.

[89] 中共中央马克思恩格斯列宁斯大林著作编译局. 列宁论新经济政策 [M]. 北京：人民出版社，2014.

[90] 卡尔·考茨基. 唯物主义历史观：第1—6分册 [M]. 上海：

上海人民出版社，1964.

［91］卡尔·柯尔施. 马克思主义和哲学［M］. 王南湜，等译. 重庆：重庆出版社，1989.

［92］卡尔·考茨基. 社会革命［M］. 北京：人民出版社，1980.

［93］卡尔·考茨基. 土地问题［M］. 北京：生活·读书·新知三联书店，1955.

［94］中国人民大学马列主义发展史研究所. 马克思主义史：第2卷［M］. 北京：人民出版社，1995.

［95］卡尔·考茨基. 社会主义伦理学［M］. 叶星，译. 上海：平凡书局，1929.